Profundizando y madurando nuestra fe

PARA LA FORMACIÓN
DE CATEQUISTAS
Y AGENTES
DE PASTORAL

Luigi Zanotto
y equipo de maestras y maestros catequistas
de la Arquidiócesis de Los Angeles

TWENTY THIRD 23rd PUBLICATIONS

Nihil Obstat: Reverend Eugenio Cardenas, M.SP.S., Censur Deputatus

Imprimatur: His Eminence Cardinal Roger Mahony, Archbishop of Los Angeles

Illustrations copyright ©2006 Mark Hakomaki

Twenty-Third Publications
A Division of Bayard
One Montauk Avenue, Suite 200
New London, CT 06320
(860) 437-3012 or (800) 321-0411
www.23rdpublications.com

Copyright ©2006 Luigi Zanotto. No part of this publication may be reproduced in any manner without prior written permission of the publisher. Write to the Permissions Editor.

ISBN-10: 1-58595-618-X
ISBN 978-1-58595-618-0
Library of Congress Catalog Card Number: 2006933104
Printed in the U.S.A.

Índice

Primera parte: El credo

A las personas hispanas que buscan una respuesta a su vida, la comunidad cristiana les ofrece la persona de Jesús vivo: su credo

1. ¿Qué sentido tiene mi vida?
    1. La persona hispana en Estados Unidos busca felicidad
    2. La comunidad cristiana ofrece una "vida en plenitud"
    3. El encuentro con Jesús vivo es la "buena noticia" y la Iglesia existe para anunciarla
    4. Diez palabras claves para el camino
2. Jesús de Nazaret (Creo en Jesucristo)
    1. Jesucristo construye hoy la fraternidad
    2. Jesús de Nazaret y su proyecto
    3. La personalidad de Jesús
    4. Obediente hasta la muerte y muerte de cruz
3. Jesús es el Señor (Creo en el Espíritu Santo)
    1. La resurrección de Jesús
    2. El Espíritu (santo) de Jesús
    3. La Iglesia, sacramento de la Trinidad y de la fraternidad
    4. Amo a María madre de Jesús
4. Jesús, sacramento del Padre (Creo en Dios Padre)
    1. El "Dios" de la comunidad hispana y el "Dios" de la cultura dominante
    2. Jesús revela el rostro de Dios
    3. La revelación de Dios como Trinidad
    4. Compromiso: hacer realidad el "Padre nuestro"

Segunda parte: La vida en Cristo

En el espíritu de Dios todo es diferente: la vida, el mundo y la historia alcanzan su sentido más profundo. Ya no soy yo el que vivo, es Cristo quien vive en mí. Mi vida es Cristo (Flp 1, 21)

5. Jesús nos revela el misterio de la persona humana
    1. ¿Quién es este ser que soy yo? Criatura: posibilidad de lo filial
    2. ¿Quién es este ser que soy yo? Imagen de Dios: realización de lo filial
    3. Gracia y pecado
    4. La conciencia, las pasiones y las virtudes
6. La sexualidad humana y el mandamiento del amor
    1. Identificación y maduración sexual de las personas hispanas
    2. Dimensión sexual de la persona humana
    3. La "salvación" sexual
    4. Amar a Dios y amar al prójimo: los diez mandamientos

7. La comunidad humana
    1. La comunidad en la cultura hispana
    2. La persona y la sociedad
    3. La participación en la vida social
    4. La justicia social

Tercera parte: la Biblia y la "Tradición"

Dos realidades le sirven a Jesús de modo especial para continuar su presencia y su acción a través de los siglos: la Biblia y la Comunidad Cristiana

8. La Biblia: palabra de Dios escrita
    1. Temas introductorios a la lectura de la Biblia
    2. El Antiguo Testamento
    3. El Nuevo Testamento
    4. La Sagrada Escritura en la vida de la Iglesia
9. Historia de la "Tradición" viva de la Iglesia
    1. Historia de la Iglesia
    2. Historia de la Iglesia Católica en los Estados Unidos
    3. La comunidad hispana en la Iglesia los Estados Unidos
    4. Momento histórico actual y la Iglesia "Tradición viva"

Cuarta parte: sacramentalidad y sacramentos

Jesús realiza y celebra con su comunidad la progresiva realización del Reino: varones y mujeres nuevos/as construyendo una nueva sociedad

10. Sacramentalidad y catecumenado
    1. Situación actual de los sacramentos
    2. La sacramentalidad del mundo y de la Iglesia
    3. La iniciación cristiana y el catecumenado
    4. Estructura de la iniciación cristiana de las personas adultas
11. Bautismo, confirmación y eucaristía
    1. El bautismo: el encuentro con la Divinidad
    2. La confirmación: en su Espíritu todo tiene sentido
    3. La eucaristía: se entrega la vida para crear la fraternidad
    4. "Hagan esto en memoria mía"
12. Reconciliación, unción de las personas enfermas, orden y matrimonio

    Los sacramentos de curación
    1. El sacramento de la penitencia y reconciliación
    2. La unción de las personas enfermas

    Los sacramentos al servicio de la comunidad
    3. El sacramento del matrimonio
    4. El sacramento del orden (sacerdocio ministerial)

Quinta parte: Acción pastoral de la comunidad cristiana

La comunidad cristiana por su trabajo y con sus diferentes servicios realiza y hace visible el proyecto del Padre

13. Koinonía: la "vida" de la comunidad
    1. Acción pastoral de la comunidad cristiana
    2. Iglesia evangelizadora y mediaciones de la comunidad
    3. Etapas del proceso evangelizador
    4. Koinonía: la comunidad sacramento del proyecto de la fraternidad

14. Experiencia religiosa y liturgia
    1. La experiencia religiosa
    2. Liturgia: la comunidad "celebra" la realización del reino
    3. El año litúrgico
    4. La oración cristiana

15. Martyría y diakonía
    1. Martyría: la comunidad "anuncia" la humanidad nueva
    2. La comunidad cristiana "servidora" del mundo
    3. La realidad desafía la vocación "servidora" de la Iglesia
    4. Espacios y formas de servicio social

Introducción

Experiencia catequética

Desde hace unos 25 años en la arquidiócesis de Los Angeles se está impartiendo un "curso de formación básica en la fe". Este curso se ofrece a las personas comprometidas en el ministerio catequético y a otros líderes parroquiales. Lourdes Gonzáles Rubio responsable de los Ministerios Catequéticos Avanzados y su comité consejero vieron la necesidad de tener un texto de estudio que, partiendo de la realidad, satisficiera las necesidades e inquietudes de la comunidad hispana; las necesidades de un pueblo que, desarraigado de cuajo de todo lo suyo, trata de encontrarse consigo mismo, aceptarse y valorarse y, al mismo tiempo, descubrir al Dios de sus padres y de su cultura. Este testo es fruto de una larga experiencia catequética, del trabajo de un grupo de maestros y maestras de catequistas, y de la preparación académica y catequética del P. Luigi Zanotto.

El Padre Luigi Zanotto, M.C.C.J. nació en Verona, Italia, en 1940. Misionero comboniano, fue ordenado en 1968 y ha trabajado en México en la Sierra de Oaxaca y en Costa Rica (Puerto Limón). Obtuvo su bachillerato superior de teología en la Universidad Gregoriana de Roma y su licenciatura y doctorado en la Universidad Pontificia de Salamanca (España). Fue encargado nacional de catequesis y secretario ejecutivo de la comisión de Biblia del Episcopado de México. Ha colaborado activamente en la Oficina de Educación Religiosa del Arquidiócesis de Los Angeles y en la formación de líderes de la comunidad hispana. Ha impartido cursos y conferencias en varias diócesis, universidades y congresos. Actualmente reside en Montclair (NJ) en la comisión de justicia y paz de los Misioneros Combonianos.

En la catequesis el texto verdadero son las personas, por eso quisiéramos que más allá de las palabras escritas en estas páginas, quienes las lean y estudien descubran y se encuentren con el Jesús vivo que nos ha enamorado, ha dado sentido a nuestra vida y nos ha impulsado a proclamarlo.

Destinatarios

Este texto que tienes ante ti es el material de estudio para todas las personas que participen en los cursos de formación en la fe, ya sea con el fin de obtener su título de catequistas en los diferentes niveles, o bien con el fin de conseguir la preparación básica para participar en diversos ministerios dentro de nuestra Iglesia católica o como enriquecimiento personal.

El título sintetiza la trayectoria de su contenido. Con *profundizar* queremos decir hacer algo más profundo, alcanzar la entraña de la fe que las personas llevan consigo; de ello se deriva, como lógica consecuencia, la *madurez*, esto es, la plenitud en su desarrollo.

División

La experiencia de treinta años dando este curso, ha consagrado su división en quince clases de cuatro momentos cada una.

La dinámica interna de las cinco partes

A la persona hispana que busca una respuesta a su vida, la comunidad cristiana le ofrece la persona de Jesús vivo (Primera parte: *El Credo*). En el espíritu de Dios todo es diferente: la vida, el mundo y la historia alcanzan su sentido profundo (Segunda parte: *La vida en Cristo*). Dos realidades le sirven a Jesús de modo especial para continuar su presencia y su acción a través de los siglos: *la Biblia y la Comunidad*

Cristiana (Tercera parte). Jesús realiza y celebra con su comunidad la progresiva realización del reino (Cuarta parte: *la sacramentalidad del mundo, de la Iglesia y los siete sacramentos*). La comunidad cristiana, por su trabajo, es signo del proyecto de Dios (Quinta parte: *La acción pastoral de la comunidad cristiana: Diakonía, Koinonía, Martyría y Liturgia*).

Cada lección tendrá cuatro partes: un esquema que permita ver la lección en su conjunto, el texto de los contenidos, un resumen en forma de afirmaciones sencillas y breves y una tarea. Esto ayudará al equipo a preparar su agenda. Hay amplio campo para la creatividad, la pedagogía, la adaptación a las circunstancias y al grupo siempre diferente y único.

PRIMERA PARTE

El credo

1. La comunidad hispana en su caminar por la historia y en la sociedad, en contacto con la cultura dominante y con las demás maneras de entender la vida, entra en serios cuestionamientos. La comunidad cristiana vive con Jesús, hispanoamericano del nuevo milenio. Lo ofrece como respuesta. En él, la comunidad hispana puede encontrar "vida plena".

2. ¿Cuál Jesús? En los Estados Unidos se predican muchos mesías y salvadores. La comunidad cristiana, fiel a Mateo, Marcos, Lucas y Juan, facilita el encuentro con el mismo Jesús que ha caminado durante dos mil años por la historia de la humanidad y ahora está presente entre nosotros/as.

3. El encuentro personal y comunitario con Jesús nos define como personas cristianas. Él nos da su "Espíritu" que nos hace hijas e hijos, hermanas y hermanos. Nos forma familia = Iglesia y nos da a su Madre para que nos vaya moldeando como otros/as Jesús.

4. Jesús nos lleva a la comunión con nuestro Padre. La comunión nos revela el rostro de Dios y nos hace personas solidarias de su proyecto de fraternidad.

TEMA 1

06/05/18

¿Qué sentido tiene mi vida?

1. La persona hispana en Estados Unidos busca felicidad
2. La comunidad cristiana ofrece una "vida en plenitud"
3. El encuentro con Jesús vivo es la "buena noticia" y la Iglesia existe para anunciarla
4. Diez palabras claves para el camino

1. La persona hispana en Estados Unidos busca felicidad

Nosotros/as en nuestra identidad cultural (cf. Análisis de la realidad)

Somos muchas las personas hispano-parlantes que dejamos nuestra tierra, nuestro mundo para aventurarnos en un país que nos ofreciera un futuro mejor para nosotras y nuestros hijos e hijas. Solamente cuando uno vive en un mundo diferente del país en que ha nacido, se da cuenta de los valores de su cultura.

Los pueblos hispanos tenemos una rica historia y una cultura que nos definen y distinguen. Nosotros vivimos para amar, y amar es vivir; vivir es compartir, superarse, celebrar los acontecimientos de la vida; los hijos e hijas son vida. La persona ocupa el centro de la valoración de la realidad. Las cosas y la técnica se supeditan al valor supremo de la persona. Buscamos una forma más digna de vivir; ésta no la queremos regalada; hemos de conquistarla con un trabajo justamente remunerado.

En la cultura hispana, la comunicación es vida, es dimensión indispensable y necesaria. En la comunicación la persona va dándose a las demás, se entiende a sí misma y crece. Para nosotros/as la familia es com-partir, con-vivir. La dimensión comunitaria es exigencia y vida. Todo lo entendemos en Dios. La dimensión religiosa de nuestra vida es la sangre que alimenta todo, es el corazón que hace vibrar todo.

El choque con otras culturas y situaciones (cf. Migración)

Aquí en Estados Unidos hay muchos valores, pero a veces no los captamos porque todo se vive de una forma distinta. Poco a poco, sin darnos cuenta, la falta de ideales aplasta nuestro entusiasmo. Llega el descrédito de los valores y

manera de pensar de "nuestros padres". El sentido de identidad se hace incierto e inseguro.

La situación económica nos aprieta y no tenemos más remedio que aceptar trabajos precarios, eventuales, mal remunerados y de escasa o nula calificación profesional.

Esto provoca una sensación de inutilidad, de frustración personal, un sentimiento de desesperación ante la vida. Estar sin trabajo aumenta la drogadicción. El sistema económico origina una competitividad agresiva y produce un tipo de persona egoísta, que ha de luchar para sobrevivir en lo económico, profesional y político. La sociedad está organizada en función de la productividad y competencia, no en función de la persona.

Sufrimos un *vacío de relaciones personales* en el ámbito social. Las personas nos sentimos extrañas unas a otras o unidas superficialmente por relaciones meramente funcionales; vivimos "conectadas" pero no "comunicadas". El espacio donde la incomunicación y la ruptura se hacen más críticas es la familia.

Como pueblo hispano, nos sentimos personas *discriminadas*, incomprendidas y criticadas. A veces se nos considera como menos inteligentes o capaces de ser alguien en la vida. En el área política y económica no tenemos ningún poder.

Nuestro Dios, que era quien daba sentido a nuestra vida, poco a poco va cambiando de imagen y color y se hace verde: "no tenemos otro Dios que el dólar".

¿QUÉ ES VIVIR? ¿QUIÉN SOY? ¿HACIA DÓNDE VOY? (CF. LA BÚSQUEDA DE SENTIDO)

Aquí uno necesita ser sabio y saber elegir; de otra manera fácilmente se pierde. Perdemos todo lo que somos, volvemos a cambiar oro por espejitos que brillan. La vida parece un laberinto: uno puede moverse en todas las direcciones, pero nunca encontrar la salida. La vida se parece a una autopista, lugar para perderse y huir, sin posibilidad de detenerse o dar marcha atrás.

Llega el momento en que uno se pregunta: y ahora, ¿qué es vivir? ¿Quién soy yo? ¿Hacia dónde voy? Es verdad que hay muchas personas en ésta gran ciudad que se dejan arrastrar, pero hay también quien elige ser persona digna. En lugar de tirar todo por la borda y dejarse llevar por la corriente, hay que ponerse a buscar una respuesta.

2. La comunidad cristiana ofrece una "vida en plenitud"

LA COMUNIDAD CRISTIANA TIENE Y OFRECE LA RESPUESTA DE DAR PLENITUD A MI VIDA

Después de un tiempo de andar inquieto/a buscando respuesta a mis interrogantes, un día, despertó mi atención "un grupo de personas que dentro de la gran ciudad donde vivían, manifestaban su capacidad de comprensión y de aceptación, su comunión de vida y de destino con las demás personas, su solidaridad en los esfuerzos de todas en cuanto existe de noble y bueno. Además irradiaban, de manera sencilla y espontánea, su fe en los valores que van más allá de los valores corrientes, y su esperanza en algo que no se ve ni osarían soñar. Estas personas me hicieron plantear interrogantes irresistibles: ¿Por qué son así? ¿Por qué viven de esa manera? ¿Qué es o quién es el que las inspira? ¿Por qué están con nosotros/as?" (EN 21).

LA REPUESTA

Me acerqué al grupo de personas y les dije: yo quiero entenderme, quiero saber quién soy y adónde voy. Ellas me contestaron: "ven y verás". Eran personas como yo, todas de origen hispano, todas de tradición católica. Yo busco:

Ser persona. Quiero poder realizar completamente mi ser cuerpo, mi capacidad de amar, mi inteligencia, mi ser social. Quiero tener una clara y distinta personalidad que supere mi sentido de inferioridad y muchos otros condicionamientos. Desde un punto de vista comunitario, quisiera un mundo mejor. A veces me inquietan las divisiones, los racismos, las injusticias sociales, las marginaciones y opresiones. (EN 30; GS 3, 43).

Ser hispano/a. A veces me siento orgullosamente hispano/a y a veces me molesta. Siento que lo hispano es como el color de los ojos: todo se ve y se percibe desde este ángulo. Es parte de mí. La familia, el trabajo, el dinero, los hijos e hijas, las fiestas, el futuro…toda la gente vive lo mismo pero somos muy diferentes. ¿Cómo seguir siendo hispano/a y a la vez ser ciudadano/a de este país, y conservar mis raíces?

Ser católico/a. Cuántas veces he considerado a las personas creyentes como poco inteligentes. Creen en Dios porque son retrógradas. Hace un tiempo creía, pero ahora aquí hay tantas ideas y tantas formas de religión e, incluso, gente sin religión. En fin, Dios se encuentra en todas partes. Me estoy dando cuenta de que este grupo de católicos/as vive su religión no como algo postizo, sino como algo que lo integra todo. Lo que es sinceramente humano es cristiano y lo cristiano se vive sólo desde una cultura concreta. Para realizarme como persona tengo que corregir unos aspectos, otros cambiarlos y llevar otros a plenitud. Pero, ¿por qué estas personas tienen ésta capacidad? ¿No son acaso como todas? ¡También tienen defectos y limitaciones! ¿Cómo pueden ofrecer superación y plenitud con tanta seguridad?

Empecé a acercarme más a ellos/as, a participar en sus reuniones, a convivir con ellos/as. Fue un camino largo (cf. Catecumenado). Al principio no los/las entendía. Leía y meditaba las Escrituras con ellos/as. No era igual que leerlas en mi casa por mi cuenta. Empecé a saborear la vida de otra manera. Al comienzo parecía una persona ciega que no distingue y ve "las personas como árboles que caminan" (Mc 8:24). La vista se fue esclareciendo hasta que un día tuve una experiencia que determinó mi vida: me encontré con Jesús vivo. Él entró en mí y yo en él. Nos enamoramos. Jesús vive. Yo soy testigo de ello. Y él es mi vida. (cf. ¿Qué significa tener fe?)

3. El encuentro con Jesús vivo es la "buena noticia" y la Iglesia existe para anunciarla

Jesús es importante para mi vida, para lo que busco porque él fue humano como yo. Se encontró en los mismos problemas míos y con el deseo de ser persona plena como yo. La ciudad de Jerusalén de aquel entonces era tan buena y mala como Estados Unidos hoy. Y en todo esto…él logró ser plenamente persona. Hay muchas maneras de entender esto de ser persona. Él propone su experiencia (cf. Conversión): ser persona significa ser y vivir como hijo/a de Dios y hermano/a de las demás personas. Él ha sido el primer humano en lograr esto y sigue vivo para ayudar a cuantos/as quieren realizarse plenamente (cf. Salvación integral).

El sentido religioso propio de mi ser hispano y lo que me enseñaron mis padres son una base importante para llegar a encontrarme con Jesús vivo. Al mismo tiempo, yo he cambiado tanto, y el mundo aquí y ahora es tan diferente que *se hace necesaria* para mí y mis compañeros/as una *nueva experiencia de Dios* (cf. Dinamismo cultural). Repetir las devociones y costumbres de mi pueblo sin una nueva y profunda experiencia de Dios suena a magia (cf. Conciencia crítica de mi religión).

La comunidad cristiana puede ofrecer a uno/a ser persona hispana y católica, porque Jesús está en medio de ella. La comunidad católica está integrada por personas que han hecho la experiencia de Jesús vivo. Él está vivo en su comunidad. Son comunidad porque no pueden dejar de serlo. El sentido de la vida humana es diálogo, es darse a la otra persona y en ese darse se forma la comunidad. Jesús hace posible esto.

Anuncian porque no pueden callar. Como un aparato de sonido está hecho para amplificar la voz, la comunidad católica está hecha para anunciar que Dios está presente en el mundo para formar a cada persona como hijo e hija suya, y hacer de la comunidad humana una gran familia de hermanos y hermanas (cf. Evangelización).

4. Diez palabras claves para el camino

1. Análisis de la realidad

Entendemos por análisis de la realidad un intento de comprensión de la realidad a partir de nuestras experiencias diarias y de los procesos que se desencadenan en el seno de la sociedad. Con este análisis se pretende descubrir las condiciones de posibilidad de una vida digna para todas las personas, y plantear las alternativas viables para que esta utopía se logre. Para nosotros/as, personas cristianas, la clave de interpretación de la realidad es el misterio de la encarnación.

Dios entró en la historia para caminar con la humanidad. Quienes hacen la historia somos nosotros/as y Dios. La historia y la realidad son lugares teológicos de la revelación de Dios. Su proyecto de formar una familia de hijos/as y hermanos/as entre todos los pueblos de la tierra es un proyecto histórico, encarnado en nuestra realidad. Para nosotros/as, hacer el análisis de la realidad es una dimensión de vida y de fe. La realidad del mundo y de la sociedad está en la base de todas las mediaciones de la comunidad cristiana: la catequesis parte de personas y situaciones concretas, la liturgia celebra las "maravillas" que Dios está obrando en la persona y en la sociedad, la acción social de la comunidad cristiana se dirige directamente a la realidad y a la historia.

2. Migración

Se llama *inmigración a la entrada en un área cultural distinta de la de origen* para establecer en ella una residencia más o menos permanente. Con el paso de la sociedad de origen a una nueva sociedad de destino, se interrumpen o se reducen notablemente las relaciones con la primera, mientras que se instauran otras nuevas con la sociedad de inmigración. Se desarrollan nuevas relaciones, surgen nuevas necesidades, se asimilan nuevos valores y nuevas formas, se crean nuevas agrupaciones e instituciones.

Entre los *factores de expulsión* que causan el fenómeno migratorio consideramos: estancamiento económico, disminución de los recursos naturales, ingresos bajos, desempleo, descenso del nivel de vida, discriminación política, escasas posibilidades de participación, alimentación, catástrofes naturales, posibilidades limitadas de desarrollo, y emancipación personal.

Como principales *factores de atracción* consideramos: prosperidad económica, alto nivel de ingresos y elevado nivel de vida, posibilidad de ejercer una profesión adecuada, posibilidad de educación, reintegración en el ambiente familiar....Es un obstáculo a la migración la excesiva diferencia entre los dos sistemas ya sea tanto en lo cultural como en lo político, o en cuanto al idioma.

Entre los diferentes tipos de *migraciones de retorno* recordamos "el retorno de fracaso". Afecta a aquellas personas inmigradas que no han sabido superar el período, a menudo traumático de los primeros contactos, en el que todo es nuevo, diverso, poco familiar y hostil. De esta experiencia no queda más que una mezcla de sensaciones, de sufrimiento, de decepción y miedo. El grupo hispano en Estados Unidos está llamado a no encerrarse, sino a abrirse a un diálogo fecundo y enriquecedor con las culturas que ha encontrado.

3. Dinamismo cultural

La cultura de los pueblos es un fenómeno colectivo característico de todos los pueblos y grupos humanos. Este fenómeno consiste en *el modo de vida de ese grupo humano y se manifiesta en todos los elementos de la vida social*. Los cambios socioculturales en la historia de los pueblos se verifican tanto por el contacto con otras culturas como por factores internos de la misma cultura.

Las generaciones actuales están inmersas en las tradiciones de su pueblo, viven de esa tradición que constituye sus raíces históricas. Pero cada generación no recibe pasivamente la tradición cultural: la acoge modificándola. La actitud crítica de las nuevas generaciones frente a la tradición constituye la continuidad-novedad de la historia. *Cada generación reinterpreta la tradición y la cambia*, sea por su propia creatividad, sea por la comunicación con las culturas de otros pueblos, sea por los nuevos acontecimientos de la historia, las nuevas situaciones sociopolíticas, los nuevos modos de producción y las nuevas tecnologías. En caso de crisis profundas, los grupos humanos crean dinamismos de proyección hacia el futuro.

4. La búsqueda de sentido

Hay momentos y circunstancias en la vida que, más que nunca, nos ponen de forma irresistible y nueva las preguntas: quién soy, a dónde voy, qué es la vida. La salud, el trabajo, la familia, los estudios, la política, la economía, la violencia, las pandillas, las drogas: todo esto nos preocupa porque está en juego el deseo de ser felices. ¿Qué postura tenemos que tomar? Nuestras preguntas necesitan respuesta y explicación.

La explicación viene a ser lo que llamamos dar sentido a las cosas. Dar sentido es interpretar, dar un significado. Cuando decimos: "esta es mi manera de ver las cosas", estamos aludiendo al sentido que les damos. Las preguntas más radicales que nos hacemos los seres humanos se refieren a la vida misma. El Concilio Vaticano II las formula así: "¿Qué es el ser humano? ¿Cuál es el sentido del dolor, del mal, de la muerte?" (GS 10).

Son preguntas sobre el sentido de la vida. ¿Dónde se encuentra la respuesta? Aquí, en los Estados Unidos hay muchas realidades que nos ofrecen respuestas, y éstas van desde el placer hasta la afirmación de que la vida no tiene sentido.

En lo más íntimo de nosotros mismos y nosotras mismas, proclamamos que la vida tiene sentido y que estamos llamados/as a vivir plenamente. Aún en las situaciones más desastrosas, nosotros/as, el pueblo hispano, creemos en la vida. El dolor, la opresión, la marginación y la muerte no son motivo para no creer en la vida. ¿Hacemos un acto de fe en la vida? ¿Apostamos por la vida? La fe no es una respuesta más al sentido de la vida. La fe es la opción fundamental por la que la persona interpreta su existencia y el mundo que le rodea. *Creer, en definitiva, es dar un sentido valioso, integral y último a la vida.* El sentido de la vida se identifica con la fe.

5. ¿QUÉ SIGNIFICA "TENER FE"?

La fe como experiencia humana. A veces hablamos de la fe como hablamos del dinero: "tengo fe", "he encontrado la fe", "he perdido la fe". Parece que la fe se encuentra o se pierde, aumenta o disminuye, se quita o se da.... Cuando afirmamos "tengo fe", ¿qué queremos decir? Cualquier tipo de relación humana se realiza bajo el signo de la confianza. Confiar es fiarse de alguien. La confianza llega a su máxima expresión en la experiencia del amor. En el amor, pones tu vida en las manos de la otra persona, te entregas, te adhieres a esa persona. Este acto de amor está fundamentado en un acto de fe. ¿Significa esto una pérdida de libertad? Por el contrario, es el mayor acto de libertad. Ser libre es comprometer nuestra vida en aquello que creemos, ser fieles a aquella persona en quien hemos depositado nuestra confianza.

- La fe es la respuesta a los interrogantes más profundos sobre el sentido de la vida.
- La fe es una actitud natural, presente en cualquier experiencia humana de amor y amistad.
- Para una persona creyente, *la fe es su experiencia de Dios*; acepta a Dios como el sentido de su vida y del mundo.

Los caminos que llevan a la experiencia amorosa de Dios son diversos. La persona humana puede descubrir signos de la presencia de Dios en la naturaleza, en los acontecimientos de la vida, en las religiones, en el interior de su conciencia. En cualquier caso, Dios se hace presente en la experiencia humana como la respuesta que da sentido a la vida.

Este reconocimiento de Dios no es algo automático o que se imponga a todo ser humano. Unas personas creen y otras no ¿Por qué? Aunque la fe en Dios no se apoya en razones humanas, éstas nos hacen ver que la fe es algo razonable. La persona creyente tiene que dar un salto, que es abandonarse totalmente en Dios. La actitud profunda de toda persona en búsqueda de sentido para su vida le lleva al encuentro con Dios. Dios nos habla, sale a nuestro encuentro, se manifiesta en la historia; la persona lo reconoce, acepta y en él descubre, el sentido profundo de su existencia.

El encuentro con Jesús

Jesús es nuestro hermano. Nos busca para darnos vida y vida en abundancia. En la máxima profundidad de nosotros mismos, de nosotras mismas, en la máxima autenticidad de lo humano, Jesús da a nuestra vida el sentido último de nosotros/as mismos/as, del mundo y de la historia. Al enamorarnos de Jesús, él nos llena de su Espíritu, lleva a plenitud nuestra dimensión relacional con Dios y nos hace hijos/as; lleva a plenitud nuestra dimensión relacional con las demás personas haciéndonos profundamente "hermanos/as". La comunión en él, nos va transformando a imagen suya. Así nos salva.

La fe se vive en comunidad

El ser humano es un ser relacional y la experiencia de Dios en Cristo Jesús lleva a la plenitud nuestra naturaleza. Su Espíritu es comunión y crea la comunión entre los humanos. La comunidad con Dios y las demás personas es fruto de la vida en plenitud. La comunidad cristiana se transforma en signo del proyecto de la fraternidad universal que Dios quiere crear entre todos los seres del mundo.

6. Evangelización

La comunidad cristiana es buena noticia para la humanidad. Jesús, el hombre en plenitud, vive en ella formando la humanidad en plenitud. En los Estados Unidos, donde muchas personas buscan un camino de realización y felicidad plena, la comunidad cristiana anuncia que Cristo Jesús es la respuesta. Dentro de la comunidad cristiana somos testigos en nuestra carne de lo que anunciamos. No podemos callar. Nuestra naturaleza es anunciar.

Con todo lo que somos y hacemos, *es posible vivir dignamente como humanos y así alcanzar la felicidad; porque Jesús, el hombre digno y realizado, está vivo en nosotros/as y lo está haciendo en nosotros/as*. Él es el sentido de nuestra vida, del mundo y de la historia.

La misión de Jesús se llama evangelización. "El Espíritu del Señor está sobre mí, porque me ungió para evangelizar a los pobres" (Lc 4, 18; EN 6). Para Jesús, la evangelización consistió en realizar la fraternidad humana. Por lo tanto, "solamente el Reino es absoluto y todo lo demás es relativo" (Mt 6, 33; EN 8).

La misión de su cuerpo, que es la Iglesia, se llama evangelización: "Evangelizar constituye, en efecto, la dicha y vocación propia de la Iglesia, su identidad más profunda. Ella existe para evangelizar" (EN 14).

La comunidad evangelizada y evangelizadora (EN 15)

Las situaciones cambiantes, los continuos avances de la ciencia, las modernas formas de relación entre las personas, obligan a la Iglesia a perpetuar en sí misma la novedad del Evangelio: experimentar el cambio, maduración y plenitud que produce la comunión con un Jesús que camina con los tiempos. La Iglesia, para ser evangelizadora, se debe situar con humildad en un proceso de continua conversión a la palabra de Dios que proclama.

7. Conversión

La conversión suscitada por la evangelización supone un cambio de sentido y dirección en la totalidad de la existencia humana. *La conversión no es solo un cambio de mentalidad, sino algo que afecta a la persona entera, al sentido de su vida personal y social, a los valores que la orientan, a las condiciones sociales que la hacen posible.*

La conversión es real cuando se transforman: los criterios de juicio, los valores determinantes, los centros de interés, las líneas de pensamiento, los modelos de la humanidad, las estructuras sociales de la convivencia humana, para hacerla más justa y fraterna.

8. Catecumenado

La conversión es fruto de un largo proceso. Es necesario que la conversión surja, mediante un cierto grado de reflexión, de una decisión personal, que sea gradual y progresiva y se vaya verificando en compromisos y estilos de vida concretos y reales. *El catecumenado es el proceso que lleva al enamoramiento y experiencia de Jesús vivo.* Dado que Jesús está encarnado en la vida, el catecumenado cristiano es una iniciación a la vida, en su profundidad más humana.

9. Salvación integral

La comunidad cristiana evangeliza cuando ofrece la comunión con Cristo Jesús. La comunión con Jesús hace a la persona digna y a la humanidad más fraterna. Jesús es el hombre plenamente realizado. La negatividad y las estructuras del mal no pudieron con él. *Él vive y ofrece a sus hermanos y hermanas la posibilidad de la realización plena. La salvación cristiana consta de dos elementos: la filiación divina y la fraternidad humana.*

La realidad de hijo/a y hermano/a ha de realizarse en las condiciones de esta vida, en el mundo y en la historia. La promoción humana y la evangelización no son dos realidades incompatibles, porque lo cristiano no es algo añadido a lo humano. La liberación cristiana es la misma liberación humana llevada a su plenitud (EN 29-32).

La evangelización es inseparable de la liberación integral de la persona, de su mundo y de su historia, e incluye la liberación total y real de todas las dimensiones de la vida humana, incluso la política. La evangelización incluye la creación de condiciones sociales que hagan real la convivencia entre los humanos, fundada en la justicia y el amor.

10. Conciencia crítica de mi religión

Nuestro pueblo siempre ha creído en Dios. Nunca fue necesario demostrar su existencia, porque él ha sido parte de las realidades más obvias, como la tierra, el aire y el agua. En los Estados Unidos hay miles de ideas diferentes sobre Dios, y millares de personas que niegan su existencia. Lo serio es que no es sólo la idea de Dios la que se pone en cuestión, sino el sentido de la vida entera. Dios era el sentido de la vida, del cosmos, de todo.

La crisis religiosa de nuestra gente es indicador de la *"crisis del sin sentido"*, en la que entra también nuestro pueblo. Hay que dar razón de nuestra fe. No hay que tener miedo a las preguntas. No hay que escandalizarse de las dudas. Hay que buscar con sinceridad y honestidad. Al mismo tiempo, hay que temer de quienes dicen que no dudan, que lo tienen todo resuelto o no quieren entrar en crisis; fácilmente se apoyan en estructuras, fórmulas, devociones o costumbres, porque tienen miedo enfrentarse a la realidad. Junto con una *nueva experiencia de Dios*, se hace necesario un *acercamiento crítico a nuestra religión*.

Síntesis

- Nosotros/as, las personas hispano-parlantes, somos lo que somos, ni más, ni menos.
- Venimos a este país, donde todo es diferente.
- Poco a poco vamos cambiando nuestra manera de ser y, después de haber probado un poco de todo, entramos en crisis y nos preguntamos: y ahora, ¿qué es vivir? ¿quién soy? ¿adónde voy?
- La comunidad cristiana se encuentra constantemente con Jesús. Hace 2000 años se encarnó en Palestina y fue un perfecto judío. Hoy se encarna en nuestra cultura y nuestro tiempo y es "hispano-americano".
- Jesús me da su Espíritu para que alcance aquí y ahora ser persona digna y feliz.
- La comunidad cristiana me ayudará a encontrarme con él, y en él encontrarme a mí mismo/a.
- *Análisis de la realidad*: actitud constante de escucha y contemplación de la historia. Ubicarme, detectar la acción de Dios y comprometerme.
- *Migración*: dejar mi mundo y entrar en otro.
- *Dinamismo cultural*: Cada generación no recibe pasivamente la tradición cultural: la acoge modificándola, la reinterpreta y la cambia.
- *La búsqueda de sentido*: "dar sentido" es interpretar, dar un significado. La vida tiene sentido en sí misma. Creer es dar el sentido último a la vida.
- *¿Que significa tener fe?* Experimentar a Jesús vivo. Él me introduce en el misterio de Dios. Él da sentido último a mi vida. Todo lo veo y lo vivo en él.
- *Evangelización*. La buena noticia es que Jesús es la persona en plenitud que vive hoy en los Estados Unidos y ofrece su espíritu para ayudar a todos/as a vivir la vida en plenitud y a formar una sociedad más humana. Paulo VI nos dice que evangelizar implica el "anuncio claro e inequívoco del Señor Jesús" (EN 22).
- *Conversión*: enamorarse de Jesús y seguirlo implica un cambio radical de ruta. No es

sólo un cambio de mentalidad; afecta a la persona entera, al sentido de la vida y de la sociedad.

- *Catecumenado*: es el proceso y el caminar que lleva al enamoramiento y experiencia de Jesús vivo.
- *Salvación integral*: la comunión con Jesús hace a la persona digna y a la humanidad más fraterna. Nos hace hijos/as, hermanos/as.
- *Conciencia crítica de la religión.* He recibido mi "fe" por tradición. Con tantos cambios y tantas ideas, tengo que saber dar razón de ella tanto a mis propias interrogantes como a las de los demás.

Tarea

1. Escribe los cinco aspectos que consideres más significativos para identificar la comunidad hispana de los Estados Unidos.
2. ¿Cuáles son las preguntas más vitales que se ponen las personas hispanas en este momento de su vida?
3. ¿Cómo la religión y Jesús son la respuesta?

Notas

TEMA 2

06/12/18

Jesús de Nazaret

1. Jesucristo construye hoy la fraternidad
2. Jesús de Nazaret y su proyecto
3. La personalidad de Jesús
4. Obediente hasta la muerte y muerte de cruz

1. Jesucristo construye hoy la fraternidad

Juanita, una señora de Guatemala, en un momento de su crisis de fe, escribe al párroco de su pueblo:

"Últimamente, en nuestro pueblo estaban metiéndose muchos grupos cristianos. Ya no era

como antes. Y cada cual jalando por lo suyo y echándose al infierno uno con otro. Con la Biblia bajo el brazo todos se sentían predicadores y querían salvar al pueblo a toda costa. Pero aquí es peor. En cada esquina hay una iglesia; hay más Iglesias que cantinas. En el trabajo ya no sé cómo defenderme. Cada uno lee la Biblia a su manera y me promete la salvación si formo parte de su grupo.

En la parroquia a que pertenezco, no es muy diferente. Ya no sé si existe uno o miles de dioses. Todos me quieren salvar. Pero ¿de qué? ¿Cómo? El grupo de oración presenta a un Dios milagroso, más que san Judas Tadeo. Las guadalupanas venden tacos todo el año para su fiesta de Guadalupe, y me dicen que si rezo el rosario con ellas me salvo. Los cursillistas con su "de colores" me ofrecen la salvación sólo si hago un fin de semana. Allí se me acabarán todos los problemas. Los neocatecumenales: mi respeto. Ellos tienen el culto de la palabra de Dios, se preparan muy bien, hacen muy buenas eucaristías. Lo único es que son más cerrados que un huevo: el suyo es el único camino.

Aquí traen muchos "Cristos" milagrosos, con coronas de espinas y cruces por todos lados. Son exactamente lo contrario de los que dicen: sonríe que Cristo vive porque él con su poder y su Espíritu te salvará. Pero nadie me dice cómo me va a conseguir trabajo. Las virgencitas son las que más pegan. Se aparecen por todos lados y casi siempre llorando. La de Fátima y Medjugorje son las de más moda hoy. Cada uno tiene sus devociones, y a mí me parece que cada uno se inventa el Dios que más le conviene. Los mismos padrecitos: no hay uno igual. Unos son a la antigüita, como mi abuelita, y truenan desde el púlpito mandando al infierno a todo mundo. Otros, muy modernos, permiten a todo mundo comulgar sin confesarse tanto.

Como si esto no bastara, en mi trabajo encuentro personas chinas y asiáticas. Ellas allí con su Buda; y muchas de ellas, aún sin nuestras creencias, son buenas personas.

Aquí en los Estados Unidos se da de todo: muchas personas son artistas, profesores/as, trabajadores/as, comerciantes...que no creen en nada, solamente en el verde: "*In God we trust*". Hay muchos grupos de ayuda a las personas más necesitadas y no tienen Dios. Otras resuelven sus problemas con la droga, con sentirse famosas, con la política....Hay muchas que impresionan con su cuento de que se va a terminar el mundo y dicen lo que hay que hacer para salvarse.

Ya no sé quien es Jesús y...o hay otros mesías más prometedores y poderosos que él. Al final ¿para qué sirve todo esto? A veces pienso que hasta la religión pasó de moda. Muchas personas van a misa y a sus cultos, y ¿después? Esto no tiene nada que ver con la familia, el trabajo, el tener dinero, carro....Yo busco ser feliz, y realmente ya no sé si Jesús me pueda hacer feliz y cómo".

El padrecito le contesta una larga carta de la que entresacamos estas frases: "Qué bueno que hayas entrado en esta crisis. Te ayudará a dar un paso más en tu vida."

Yo estoy convencido de que Jesús es el único salvador, porque es la única persona que supo mantenerse humano, a pesar de todas las dificultades de la vida. Terminó entregando su vida, porque era la única manera de ser fiel a su "ser humano". "Jesús que había amado a los suyos, que estaban en el mundo, los amó hasta el extremo" (Jn 13, 1). Él me da su ser, su capacidad de ser hijo/a de Dios y hermano/a de las demás personas. Esto es lo mismo que darme la posibilidad de ser feliz.

Nosotros, las personas católicas, no tenemos el monopolio de Jesús. Él está en todas las personas y en todo el mundo haciendo lo mismo que hace entre nosotros/as: construir la familia humana, familia de Dios. Cuando veas que las personas y los grupos se hacen más humanos, es que allí está Jesús actuando, "salvando".

La persona de Jesús es tan rica que es difícil abarcarlo todo de una vez. Esto es así, porque cada momento de la historia del cristianismo ha subrayado unos aspectos particulares del rostro de Jesús. Pero hay unos rasgos que no se pueden omitir, o cambiar. Haciéndolo, se traicionaría al mismo Jesús. Él está presente en los Estados Unidos tanto como lo estaba en nuestro pueblo. Allí se vestirá tal vez de forma diferente. Pero es lo mismo. Búscalo, ponte en comunión con él, así te encontrarás a ti misma y encontrarás el sentido de las cosas y de los acontecimientos.

Tu hermano en Cristo, Esteban."

Acerquémonos a la comunidad católica de los Estados Unidos. Nos pondrá en comunión con Jesús, el mismo de Marcos, Mateo, Lucas, Juan, Pablo...Jesús nos narra su experiencia de Nazaret y Palestina. Aquella experiencia ha sido básica para su vida de 2000 años, y es básica para entenderlo en su proyecto para nosotros/as hoy.

2. Jesús de Nazaret y su proyecto

Jesús, el "Nazareno"

María, una linda muchacha de Nazaret, está encinta. Vive la alegría de sentirse mujer y madre.

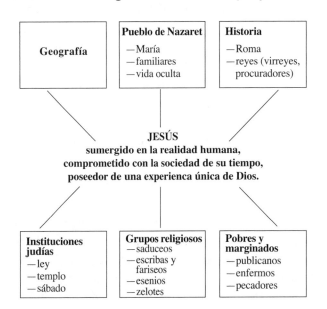

José la acompaña y sigue con emoción el proceso de la gestación. María se asombra ante el milagro de dar a luz y abraza a su hijo con emoción indescriptible.

Jesús se va haciendo muchacho y joven en el pueblo de Nazaret. En la familia y en el pueblo, se respira un aire de sinceras y transparentes relaciones humanas; todo vivido con un profundo sentido de fe, de comunión con Dios. La vida del pueblo, las interpretaciones que la gente hace de los acontecimientos, los problemas de la tierra, del trabajo y de la dominación de los romanos lo van forjando. *Jesús es un joven orgullosamente judío, hijo de su tiempo y de sus circunstancias.*

Su camino de maduración llega a un momento clave. Su familia y su pueblo lo han iniciado, pero ahora es él, y solamente él, quién está llamado a dar el paso. Un día…*Jesús entra en el misterio de Dios.* La comunión es tan profunda, la experiencia tan incisiva, que determina para siempre su vida. En el "misterio" adquirió clara conciencia de su identidad. Percibe como la "divinidad" lo iba forjando y haciendo a su imagen. La siente tan cercana y creadora, que desde lo más profundo de la vida percibe que la Divinidad lo llama: "*Hijo*". A quien Jesús responde: "*Padre*".

El Padre le comunica su sueño: una comunión vital entre la Divinidad, la humanidad y el cosmos. *Una gran familia entre todos los seres humanos.* Jesús percibe que ha nacido para esto, que está forjado para esta misión. *Esta misión es su identidad más profunda.* En el Padre contempla la significación del presente momento histórico. La historia de la humanidad ha entrado en un momento decisivo para su futuro: la Divinidad se va a hacer cargo de conducir la historia hacia su meta final. Él, Jesús, es pieza clave y decisiva en el proyecto. Jesús acepta la misión sin importarle los riesgos, inclusive la muerte.

La llegada del reino de Dios:
la buena noticia

Jesús comienza su vida pública recorriendo los pueblos de Galilea anunciando el momento decisivo en la realización del proyecto del Padre: "*Jesús se fue a Galilea, proclamando la buena noticia de Dios. Decía: El plazo se ha cumplido. El Reino de Dios está llegando. Conviértanse y crean en el evangelio*" (Mc 1, 15). Ya no se trata de seguir esperando: el plazo se ha cumplido. Éste es el tiempo de la realización definitiva. El momento exige "con-vertir" la ruta y re-orientar todo en la dirección del proyecto de Dios. Esto es ahora lo absoluto, lo único que vale y que tendrá futuro.

El reino de Dios esperado

Para los oyentes de Jesús, la expresión "Reino de Dios" era una expresión familiar y corriente en el lenguaje religioso de la época. Los judíos esperaban que un día Dios se manifestaría como rey y establecería su reinado. Esta esperanza englobaba dos dimensiones:

- La de asegurar la libertad de su pueblo, aplastando a los enemigos. En tiempos de Jesús, Palestina estaba dominada por los romanos. La esperanza de algunos grupos judíos era que Dios, al establecer su reinado, liberaría a Israel de la opresión romana e iniciaría una época de esplendor político y social.

- La de instaurar la justicia y la paz en el pueblo y en todas las naciones. Dios es rey, ante todo, de las personas pobres, oprimidas, enfermas. Dios las defenderá y acabarán sus desgracias para siempre, tal como habían anunciado los profetas. Jesús asume esta expectativa en su dimensión más profunda.

El reinado que Jesús anuncia

Hay una escena en el evangelio de Lucas, al comienzo de la predicación de Jesús en Galilea, que resume los rasgos fundamentales de la misión de Jesús.

"Llegó a Nazaret, donde se había criado. Según su costumbre, entró en la sinagoga un sábado, y se levantó para hacer la lectura. Le entregaron el libro del profeta Isaías y, al desenrollarlo, encontró el pasaje donde está escrito:

El espíritu del Señor está sobre mí, porque me ha ungido para anunciar la buena noticia a los pobres; me ha enviado a proclamar la liberación a los cautivos, a dar vista a los ciegos, a liberar a los oprimidos y a proclamar un año de gracia del Señor. Después enrolló el libro, se lo dio al ayudante y se sentó: Todos los que estaban en la sinagoga tenían sus ojos fijos en él y comenzó a decirles: Hoy se ha cumplido ante ustedes esta profecía" (Lc 4, 16-21).

Teniendo en cuenta el tipo de Reino de Dios que los judíos esperaban no es de extrañar que se gane, al principio, un rechazo. Sus compatriotas entienden que Jesús se atribuye a sí mismo funciones que no le corresponden. Jesús no era un rey poderoso. Todo lo contrario, era un hombre normal, sencillo, pobre. ¿Cómo podría ser el libertador de Israel?

Sin embargo, *Dios no sigue los caminos que los humanos habían imaginado:*

- Jesús sigue el camino del servicio humilde a las personas, en especial la solidaridad con los pobres, fiel al Padre;
- la misión de Jesús es hacer realidad el Reinado de Dios;
- el Reinado de Dios lleva consigo la liberación de la miseria humana: pobreza, enfermedad, esclavitud, opresión…;
- las personas pobres son las verdaderas destinatarias del Reinado de Dios;
- la fuerza de Jesús está en el amor gratuito y liberador de Dios que transforma los corazones y acaba con el dominio del mal, del pecado y de la muerte;
- el Reinado de Dios es una oferta que Jesús hace; no lo impone; es un don gratuito que Dios ofrece;
- el amor y el servicio son el único camino por el que la persona entra en una nueva relación con Dios, a quien se puede llamar Padre y en quien se puede confiar como hijo/a;
- el Reinado de Dios hace realidad la fraternidad universal; todos somos hermanos y hermanas, hijos e hijas del mismo Padre.

Jesús recorre, sin descanso, pueblos y aldeas

Jesús se detiene a hablar con todas las personas, sean pobres o ricas, enfermas o sanas, sencillas o importantes, creyentes o no creyentes, justas o pecadoras….El pueblo sencillo lo escucha, lo admira, lo sigue; otras personas lo acusan, lo rechazan; las autoridades civiles y religiosas lo espían.

Jesús enseña, realiza curaciones, condena el mal y el pecado, invita a la conversión, concede el perdón, ofrece la salvación…

Una de las primeras cosas que Jesús hace es *elegir a sus discípulos/as*. Jesús forma con ellos/as una *comunidad itinerante*; se confía a ellos/as, les descubre los secretos del Reinado de Dios, les dedica tiempo para formarles y les incorpora a su misión de anunciar el Evangelio. Poco después de la elección de los discípulos/as, Jesús expone las bienaventuranzas. En ellas se condensan las enseñanzas de Jesús sobre el Reinado de Dios. Son el proyecto de vida que Jesús ofrece a sus discípulos/as como garantía para lograr la felicidad (Mt 5, 3-12).

Las enseñanzas de Jesús: las parábolas

Jesús habla del Reinado de Dios. Enseña a la gente en las sinagogas, en las orillas del lago, en los caminos, en las casas, en la montaña….Hacía muchos de estos anuncios en forma de parábolas. La parábola es una historia en movimiento que Jesús usa para interpelar. Invita a pensar e invita a la acción, pues, el oyente tendrá que tomar decisiones.

Las parábolas privilegian lo que el mundo y la sociedad desprecian y atacan severamente lo que el mundo y la sociedad aplauden. Es el ideal desconcertante del Reinado de Dios, que lleva consigo un cambio radical de las situaciones establecidas y seguras: "Derribó de sus tronos a los poderosos, y engrandeció a los humildes; colmó de bienes a los hambrientos y a los ricos despidió sin nada" (Lc 1, 51-53).

Los hechos de Jesús: los milagros

Las enseñanzas de Jesús están corroboradas por los hechos. Jesús hace lo que dice. Es un enseñar con autoridad, porque se trata de una palabra que se cumple, que va acompañada de señales y signos. Jesús no sólo habla del Reinado de Dios, sino que lo hace presente actuando; es el Reinado de Dios en acción. Jesús se conmueve ante la pobreza y el sufrimiento de los seres humanos que encuentra en el camino. Por una parte reacciona contra quienes oprimen a las personas pobres, a las débiles, a los niños/as; le indigna que quienes actúan así sean capaces de hacerlo, incluso en nombre de Dios. Por otra parte, realiza una actividad eficaz en favor de quienes están necesitados/as de su acción salvadora.

Los milagros de Jesús van a derribar las barreras que marginan a las personas por causa de su enfermedad, inutilidad o falta de eficacia. Son indicios del Reino de Dios y, como tales, proclamación de una nueva situación, de la que nadie está excluido. Los evangelios, al narrar un milagro, están señalando los efectos que produce la presencia del Reino de Dios entre los seres humanos, indican la manera con que Jesús mira toda debilidad y pobreza humana, y manifiestan el proyecto salvador de Dios para toda la humanidad.

3. La personalidad de Jesús

Hombre libre

El auténtico valor de la libertad está en hacernos posible el dominio de nosotros/as mismos/as y de los condicionamientos de todo tipo, para *poder establecer unas relaciones más humanas y responsables con las demás personas*. Vivimos la libertad y la conquistamos en las diversas situaciones y circunstancias reales que nos toca vivir: es la posibilidad de conducir nuestro proceso histórico.

La libertad para amar es la finalidad de todo proceso de maduración humana. Para lograr ser libres, es preciso afrontar el riesgo de nuestra propia decisión frente al futuro, aunque no lo conozcamos en su totalidad. Exige fidelidad al proyecto y respuesta ética hacia las demás personas, respetando su libertad. Jesús fue un hombre soberanamente libre. No existe para él realidad alguna que le condicione en su tarea o le haga desistir de sus compromisos, que se derivan de su proyecto de vida (Mt 8, 22; Jn 6, 15). Jesús sabe qué quiere y adónde va: se tiene que ocupar de las cosas de su Padre (Lc 2, 49). Jesús revela su ser *"libre para amar"* en sus relaciones con la sociedad de su tiempo.

Jesús y la Ley

En la época de Jesús, la Ley es la que organiza y sostiene toda la vida de la sociedad judía. Es un valor absoluto que no se puede discutir. Ser piadoso consiste en aceptar con fidelidad todas sus exigencias, aún en los mínimos detalles. Jesús se enfrenta a la Ley y rompe con esa creencia secular judía. Quita a la Ley su valor de mediación para la salvación.

Los discípulos/as de Jesús no cumplen con el ayuno (Mc 2, 18) y prescinden de las tradiciones de los mayores (Mc 7, 5). Para Jesús no hay más pureza que la que brota del corazón (Mc 7, 21-23). La Ley del Sábado, para la comunidad judía Ley de Leyes, cuyo incumplimiento justificaba la pena de muerte (Jn 6, 16) no es un absoluto infranqueable (Mc 2, 23-3, 6). Las *necesidades de la persona* (Mc 5, 27-28) y *el respeto a la vida* (Mc 3, 4) están por encima de la Ley. La alternativa que pone Jesús a la justicia que brota de la Ley no es un conjunto de nuevas normas y preceptos. Jesús propone el nacimiento de una persona nueva (Jn 3, 3) que sabe amar hasta la entrega de la propia vida y que vive en el Espíritu de Dios (Jn 13, 34) que es la expresión de la máxima libertad.

Jesús y el templo

El culto, expresión de la relación de la persona con Dios, jugaba un papel importante en el sistema religioso judío. En tiempo de la restauración de Israel, después del destierro, el templo fue uno de los pilares para restablecer el espíritu de nación escogida. Todas las gestas del Señor se evocaban y actualizaban en él, y en él el pueblo recordaba los compromisos con su Dios. Era también un absoluto en la vida de los judíos.

Jesús lo relativiza y se muestra libre frente a la tradición cultual de sus contemporáneos. En sus gestos y palabras hace una crítica de la tradición cultual:

- expulsa del templo a los que se sirven del culto para el negocio (Jn 2, 13);
- rechaza la ritualización del culto en fórmulas y prácticas que no responde a un corazón sincero (Mt 7, 21);

- establece, como único y verdadero culto, la práctica de una vida inspirada en el amor (Mt 5, 23; Mc 12, 33).

Al ofrecer esta visión secularizada del culto, transforma la concepción habitual del templo como lugar de encuentro con Dios. Para los samaritanos ese lugar estaba en el monte Garizín; para los judíos en Jerusalén; para Jesús en la persona que sirve a Dios "en espíritu y en verdad" (Jn 4, 24).

Jesús un hombre para los/las demás

El ser humano es un ser que existe junto con otros seres. Se convierte en persona cuando se trasciende a sí mismo, se encuentra con un "tú", con otro ser humano, y se abre y se entrega a él. Abrirse a una relación plenamente humana es el término de un largo proceso de personalización. Jesús ha entendido su vida como un darse a los/las demás. Y se dio hasta el extremo. *Su capacidad de amar desde la gratuidad lo forja como prototipo de todo ser humano. "¡Éste es el hombre!"(Jn 19, 5)*

El servicio es un eje existencial en la vida de Jesús. El mismo dice que "no ha venido para que le sirvan, sino para servir" (Mc 10, 45). Adopta la forma de siervo (Jn 3, 4-6) y define su vida como un ser para los/las demás. Jesús sabe que en la historia del poder de este mundo sólo existe tiranía y opresión (Mt 20, 25). No quiere ese modelo de gobierno para su comunidad. En ésta, el poder ha de ser el servicio (Lc 22, 27).

Cercano a las personas marginadas

A los discípulos de Juan que le van a preguntar quien es él, Jesús presenta sus credenciales: "Vayan y cuenten a Juan lo que están oyendo y observando: los ciegos ven, los cojos andan, los leprosos quedan limpios, los sordos oyen, los muertos resucitan y a los pobres se les anuncia la buena noticia" (Mt 11, 4-5).

Con esto escandaliza a los discípulos del Bautista porque propone un Reinado que contrasta con las ideas generalmente admitidas, al realizar una doble inversión en el nuevo Reinado de Dios: inversión del sistema, porque la gracia y el perdón de Dios vienen a sustituir la ira y la venganza (Juan el bautista); inversión de los destinatarios, que ya no son los justos y los puros, sino las personas pecadoras y las marginadas (Mc 2, 17).

Cercano a las mujeres

Los evangelios son testigos de la discriminación de la mujer en el judaísmo tardío: la sorpresa de los discípulos al ver a Jesús hablar con una mujer en Jn 4, 27. Los varones no solo tenían prohibido hablar en público con mujeres, sino además la esposa debía caminar algunos pasos más atrás del marido. Pero, sobre todo, la legislación matrimonial de la que se hace eco Mc 10, 1-4. En el ámbito judío el derecho para romper el matrimonio correspondía unilateralmente al esposo, según Dt 24, 1.

Todo ello da idea de la inferioridad social de la mujer a la que Jesús se enfrenta. Jesús se siente libre y rompe esquemas culturales en favor de la libertad. Esta forma de valorar personas y situaciones entraña una buena dosis de conflictividad social, que Jesús no rehuye. Las actitudes y juicios de Jesús despertaban la hostilidad de las personas que estaban instaladas en posiciones de privilegio social, económico y religioso.

4. Obediente hasta la muerte y muerte de cruz

Una conducta provocativa

En los evangelios aparece claro que el curso de su ministerio debió obligar a Jesús a contar con una muerte violenta. De la manera como fueron ocurriendo los acontecimientos, Jesús se tuvo que dar cuenta de que su vida terminaría mal. Esto parecía un final irremediable.

La conducta de Jesús resultó ser de tal manera provocadora que, en repetidas ocasiones, pareció que estaba al margen de una Ley cuya violación se sancionaba con la pena de muerte. Cuando a Jesús le hacían el reproche de que con la ayuda de Belcebú expulsaba los demonios (Mt 12, 24), le estaban acusando de practicar la magia, que merecía la lapidación; cuando se le acusa de que está blasfemando contra Dios (Mc 2, 7), de que es falso profeta (Mc 14, 65), de que es un hijo rebelde (Mc 11, 19; Dt 21, 20), de que deliberadamente quebrantaba el sábado, le lanzaban acusaciones penadas con la muerte.

Merecen especial atención los repetidos quebrantamientos del sábado (Mc 2, 23-38 par.; Lc 13, 10-17; 14, l-6; Jn 5, 1-18; 9, 14). Hay que tener en cuenta que un crimen capital no llegaba a ser objeto de juicio sino después que el autor había sido advertido notoriamente ante testigos. Si reincidía, era condenado a muerte. Esto es precisamente lo que se dice de Jesús en los primeros capítulos del evangelio de Marcos.

Cuando los discípulos arrancan espigas en sábado, Jesús es advertido públicamente de su falta; a lo que Jesús responde que lo hace por convicción (Mc 2, 24-28). Jesús vuelve a quebrantar el sábado cuando cura en la sinagoga al hombre del brazo atrofiado (Mc 3, 1-6). Por eso se dice que los dirigentes, que estaban al acecho (Mc 3, 2), enseguida decretaron su muerte (Mc 3, 6).

Además, todo esto ocurre en Galilea, donde el rey Herodes podía ejecutar sentencias de muerte, como se ve por el asesinato de Juan el Bautista (Mt 14, 9-11). Por consiguiente, es comprensible la advertencia de que "Herodes quiere matarte" (Lc 13, 31).

Es también importante a este respecto la expulsión de los comerciantes del templo (Mc 11, 15-16). Sin duda este hecho fue visto como lo más grave que Jesús realizó contra las instituciones judías. De hecho, a eso se redujo la acusación definitiva en el juicio (Mc 14, 58) y los reproches en la cruz (Mc 15, 29-30).

A los ojos de los judíos Jesús había perdido el derecho a la vida; se veía constantemente amenazado de tal manera que debía tener presente la probabilidad de una muerte violenta. Esto no sería sino la consecuencia de su propia conducta.

La causa de su muerte

El *fracaso de Jesús*

La predicación y la actividad de Jesús en Galilea no terminaron en éxito, sino en fracaso. Es verdad que, al principio del ministerio en Galilea, los evangelios hablan con frecuencia de un gran éxito de la predicación de Jesús (Mc 1, 33-34; 2, 1; 3, 7-11; 4, 1; 5, 21; 6, 6.12.33). Pero también es cierto que a partir del capítulo siete de Marcos, las alusiones a la gran afluencia de gente empiezan a disminuir (Mc 7, 37; 8, 1; 9, 14; 10, 1; 11, 8-10). La popularidad de Jesús va decreciendo. Él se centra, cada vez más, no en la atención a las masas, sino en la formación de su comunidad de discípulos/as.

En realidad ¿qué ocurrió? Jesús nos da una pista cuando dice: "Dichoso el que no se escandaliza de mí" (Mt 11, 6; Lc 7, 23). Esto supone que había gente que se escandalizaba de Jesús. Su amistad con publicanos, pecadores y gente de mal vivir debió resultar escandalosa para aquella sociedad, y, sobre todo, las repetidas violaciones de la Ley debieron hacer de Jesús una persona sospechosa.

En torno a Jesús llegó a provocarse la pregunta de si Jesús traía salvación o, mas bien, tenía un demonio dentro (Lc 11, 14-23; Mt 12, 22-23). Por eso hubo ciudades enteras (Corazaín, Cafarnaún y Betsaida) que rechazaron el mensaje de Jesús (Lc 10, 13-15; Mt 11, 20-24). Y por eso también que el mismo Jesús se lamentó de no ser aceptado en su tierra (Mc 6, 4; Mt 13, 57; Lc 4, 24; Jn 4, 44), y temió el abandono de sus discípulos más íntimos: "¿También ustedes quieren marcharse?" (Jn 6, 67).

El enfrentamiento con los dirigentes

Parece que los enfrentamientos con los dirigentes judíos se produjeron relativamente pronto. El evangelio de Marcos dice que, apenas Jesús había quebrantado el sábado por segunda vez, los fariseos y los del partido de Herodes se pusieron a hacer planes para ver como lo podían matar (Mc 3, 6), la policía de Herodes andaba buscando a Jesús "para matarlo" (Lc 13, 31).

Esta tensión fue en aumento. Un día Jesús preguntó directamente a los dirigentes: "¿Por qué quieren matarme?" (Jn 7, 19). En otros momentos estuvo a punto de ser apedreado (Jn 8, 59; 10, 31), de manera que a duras penas pudo escaparse con vida (Jn 10, 30).

La vida de Jesús se vio cada día más amenazada, y sólo era respetada porque una parte del pueblo estaba con él, y los dirigentes no querían provocar un levantamiento popular (Mc 11, 18; 12, 12; 14, 2; Lc 20, 19; 22, 2).

Jesús no se detiene y se dirige a la capital, Jerusalén, muy consciente de su final (Mc 8, 31; 9, 31; 10, 33). Allí profiere las denuncias más graves contra las autoridades: les dice que el templo es una cueva de bandidos (Mt 21, 13), sólo buscan su propio provecho (Mt 23, 5-7), se comen los bienes de los/las pobres con el pretexto de la oración (Mc 12, 40). Los llama en público asesinos y malvados (Mt 21, 33-36) y les anuncia que Dios les va a quitar todos los privilegios (Mt 21, 43).

La muerte de Jesús en la cruz no fue el resultado de una decisión del Padre, sino la consecuencia de su pretensión y de una forma de vida, el resultado final de una vida entregada por causa del Reino de Dios.

LA RAZÓN DE LA CONDENA

A Jesús le hicieron un doble juicio: religioso y civil. En cada uno de ellos se dio una razón distinta de la condena a muerte.

El juicio religioso. La condena se produjo desde el momento en que Jesús afirmó que él era el Mesías, el Hijo de Dios bendito (Mc 14, 61-62). Los dirigentes interpretaron estas palabras como una blasfemia (Mc 14, 63-64). Jesús estaba afirmando que Dios estaba de su parte. Los dirigentes se veían descalificados como representantes de Dios.

Jesús, ante el interrogatorio solemne del sumo sacerdote (Mc 14, 60), se quedó callado y no respondía nada (Mc 14, 61). El sumo sacerdote, según la Ley, tenía facultad de juzgar su doctrina y su vida, y Jesús había rehusado someter su doctrina y su vida a la autoridad judía. Había guardado silencio. Esto caía bajo la sentencia del Dt 17, 12: "el que por arrogancia no escuche al sacerdote puesto al servicio del Señor, tu Dios, ni acepte su sentencia, morirá". En este caso el silencio de Jesús y su significado habrían sido la causa de su condena.

El juicio político. A juzgar por el letrero de la cruz, a Jesús lo condenaron por una causa política: por haberse proclamado rey de los judíos (Mt 27, 38). Aunque el gobernador militar confesó que no veía motivo para matar a Jesús (Lc 23, 13-16) y además declaró que era inocente (Lc 23, 4). Por otra parte, Jesús explicó ante el gobernador que su Reinado no era como los reinos de este mundo (Jn 18, 39; 19, 4.6). En realidad, el gobernador militar pudo dar la sentencia de muerte porque los dirigentes religiosos lo amenazaron con denunciarlo al emperador (Jn 19, 12).

La muerte en la cruz de Jesús de Nazaret es uno de los momentos más importantes de la historia de la humanidad: la cruz marca el momento culmen de la formación de una humanidad nueva. Jesús se siente fracasado y abandonado por su Padre: "Dios mío, ¿por qué me has abandonado?" (Mc 15, 35). A pesar de esto, el hombre de Nazaret permanece abierto a la Divinidad y a ella se abandona: "Padre, en tus manos encomiendo mi espíritu" (Lc 23, 46). Se siente traicionado y abandonado por los suyos y sigue creyendo en ellos: "Padre, perdónalos, porque no saben lo que hacen" (Lc 23, 34). Jesús realiza en su máxima potencialidad la definición y aspiración del ser humano: totalmente abierto a Dios y a los/las demás desde la gratuidad; un ser para los/las demás. A partir de Jesús, dos son las dimensiones que definen la persona humana: comunión con Dios, comunión con los/las demás y el cosmos. La maldad y la negatividad se organizaron para acabar con el proyecto de persona y de sociedad que Jesús representaba. Jesús entrega su vida como única vía para poder seguir vivo y fiel a sí mismo.

Hoy, Jesús sigue viviendo entre nosotros/as, llevando hasta el extremo las dos dimensiones que definen a la persona humana: amor a Dios y amor al prójimo. Nosotros/as somos testigos de esto: entre nosotros/as hay mártires. Jesús es quien da a ellos/as la fuerza de amar hasta el extremo, la fuerza de realizarse plenamente.

Síntesis

- Ante la búsqueda de nuestra realización y de nuestra felicidad, encontramos a nuestro alrededor muchas ofertas de salvación. Jesús fue el único que realizó plenamente el proyecto de ser persona. Él nos ofrece su Espíritu que nos permite realizarnos hoy.
- La comunidad cristiana no lo posee en exclusiva. Él está presente en todas las personas y realidades para realizar el proyecto de Dios: la fraternidad.
- Hay muchas imágenes de Jesús. La comunidad cristiana de los Estados Unidos nos permite encontrarnos con el mismo Jesús de Nazaret, fiel al Jesús de las comunidades de Marcos, Mateo, Lucas, Juan y Pablo.
- Jesús de Nazaret, judío, hijo de su tiempo y de sus circunstancias. Su comunión con Dios íntima y profunda (Padre-Hijo), lo identifica y define.
- El Padre le comunica su sueño: una gran familia entre todos los seres humanos (el Reino de Dios). Esta misión constituye su identidad más profunda. Él es al mismo tiempo la realización del Reino anunciado: la persona nueva con un espíritu nuevo, espíritu de hijo y de hermano desde la gratuidad.
- Anuncia con palabras (parábolas) y hechos (milagros).
- El anuncio lleva consigo conflictividad y rechazo por parte de cuanto y cuantos proponen un proyecto contrario a la fraternidad.
- Jesús, fiel hasta al extremo a sí mismo y al proyecto del Padre entrega, su vida como única manera para seguir viviendo.
- La cruz es el culmen del proceso de formación de la humanidad nueva: (contra todo y contra todos) un ser en comunión con la divinidad y con los seres humanos.

Tarea

1. Mirando tu alrededor, te das cuenta que muchos/as hablan de Jesús y todos/as a su manera. Describe tres de estas diferentes formas y cuál tipo de salvación proponen.
2. Escribe cinco rasgos que definen a Jesús según los evangelios.
3. Jesús trabajó, luchó, se sacrificó por la realización de un proyecto: descríbelo.
4. ¿Por qué este proyecto lleva consigo conflictividad?
5. ¿Qué significa la expresión: "la cruz marca el culmen de la formación de la humanidad nueva?"

Notas

TEMA 3

Jesús es el Señor

1. La resurrección de Jesús
2. El Espíritu (santo) de Jesús
3. La Iglesia, sacramento de la Trinidad y de la fraternidad
4. Amo a María madre de Jesús

1. La resurrección de Jesús

"Kerigma" es una palabra griega que significa "pregón" o "mensaje". Kerigma es como la noticia del día que aparece a toda plana en los periódicos, aquello que se imprime en letras de gran tamaño y suele ser lo primero que se lee y casi lo único que se recuerda después. Lucas así nos transmite el contenido del Kerigma apostólico:

"Ustedes están enterados de lo que ha ocurrido en el país de los judíos, comenzando por Galilea, después del bautismo predicado por Juan. Me refiero a Jesús de Nazaret, a quien Dios ungió con el poder del Espíritu Santo. Él pasó haciendo el bien y curando a los oprimidos por el demonio, porque Dios estaba con él. Nosotros somos testigos de todo lo que hizo en el país de los judíos y en Jerusalén. A él, a quien mataron colgándolo de un madero, Dios lo resucitó al tercer día y le concedió que se manifestara, no a todo el pueblo, sino a los testigos elegidos de antemano por Dios, a nosotros que comimos y bebimos con él después que resucitó de entre los muertos" (Hch 10, 37-41).

El camino que la comunidad recorrió para llegar a esta convicción fue largo y trabajoso. La completa adhesión no vino al día siguiente de la ejecución (después de "tres días"), cuando los discípulos/as estaban todavía trastornados/as por el triste final que tuvo su aventura. La "dispersión" de que habla Mt 26, 56 fue mucho más profunda de lo que pueda parecer. La incredulidad de Tomás (Jn 20, 25), el desconcierto y escepticismo de los discípulos de Emaús (Lc 24, 21) son un recuerdo de la crisis que sufrió la entera comunidad (Mt 28, 17). En esta fase de reflexión, de re-pensar, y re-escuchar al Cristo, los discípulos/as han "comprendido" el sentido y la importancia de la experiencia única que habían vivido con él.

Cristo había realmente muerto, pero ahora estaba realmente vivo en medio de ellos/ellas. Ellos/as lo "veían", lo "sentían", y sobretodo lo "entendían". Se hacen sus discípulos/as,

repetidores convencidos/as de su mensaje, los anunciadores/as de su esperanza de salvación para la humanidad. La "conversión", la experiencia religiosa de la primera comunidad cristiana (Mt 26, 30-32) es el hecho determinante de la historia cristiana. La Iglesia apostólica es portadora convencida del Cristo resucitado. Ella experimenta su presencia. La resurrección es el hecho que ilumina retrospectivamente la existencia de Jesús y por eso satura toda la narración evangélica. Desde su nacimiento él aparece como el Señor glorioso y poderoso, el Hijo de Dios, por eso todo el Evangelio es anuncio de la resurrección.

La resurrección es la demostración y la garantía, el sello de la obra de Cristo, pero es sobretodo *el acontecimiento de salvación por excelencia*. Divide en dos fases inconfundibles la experiencia de Jesús. Desde Belén al Gólgota Jesús lleva una existencia dividida, enfrentada, insegura, sufrida y mortal; por esta razón no logra convencer a sus amigos, vencer sus enemigos, sino que ellos le ganan. Mateo define la vida de Jesús "humilde" y "sencilla" (11, 28-30). Y en el Getsemaní "carnal" (26, 41) quiere decir frágil y débil (Rom 1, 3; Eb 2, 14; 5, 7). Jesús es el "siervo de Yavé" (12, 17-21) expuesto a las "pruebas", a las desilusiones y derrotas.

La muerte en la cruz es la conclusión, pero también el fin de esta existencia, ardua, incómoda, "insoportable". La "resurrección" no es la reanimación de un cadáver (cf. Mt 9, 25: la hija de Jaíro o Jn 11, 44: Lázaro), el regreso a la existencia precedente, marcada por la debilidad, por el pecado, sino la salida de la misma. Si Jesús hubiera regresado a su primitiva condición existencial habría tenido que volver a morir; pero había resucitado. Una cosa es *resucitar* y otra cosa es *revivir*. Jesús no revivió, sino que resucitó. Revivir es volver a la vida que se tenía antes de la muerte. Resucitar es vencer definitivamente la muerte y escapar ya para siempre a la muerte.

Es traspasar para siempre las fronteras de este mundo. La diferencia entre un estado y otro es tal que los autores sagrados hablan de "nuevo nacimiento" (Hch 13, 33), de "regeneración", de "justificación" (1 Tim 3, 16; 1 Pt 3, 18). La resurrección es la pascua de Cristo. Es una transformación, transmutación, toma de posesión de una manera de existir que antes no poseía. Cristo resucitado es "otro" Cristo: es el Señor, el salvador, el redentor. Pablo explica a los Corintios "la resurrección de los muertos" por medio de la parábola de la semilla.

"Así sucederá también con la resurrección de los muertos. Se siembra algo corruptible, resucita incorruptible; se siembra algo despreciable, resucita glorioso; se siembra algo débil, resucita pleno de vigor; se siembra un cuerpo animal, resucita un cuerpo espiritual" (1 Cor 15, 42-44). Y concluye "el primer Adán fue creado como un ser con vida. El nuevo Adán, en cambio, es espíritu que da vida." (v.45)

La imagen de la semilla que se deposita bajo tierra para que brote la nueva planta esclarece el nexo y la relación de continuidad entre las dos fases de existencia. La planta nueva nace de la semilla que muere y prolonga y perpetúa la existencia. Los discípulos han visto a Jesús morir en la cruz, y no pudieron seguir el camino nuevo que él empezaba en cuanto expiró. Ellos lo siguieron con los ojos de la fe, pero no con los de la carne. Jesús resucitado ha entrado en un mundo impenetrable, divino. La *resurrección* es un anuncio de fe. *Es una noticia (la más sensacional) que Dios hizo llegar a la humanidad* por medio de Cristo. Aceptar la resurrección es renunciar a las propias facultades cognoscitivas.

Con la resurrección, la humanidad entra en lo más profundo de la revelación: el misterio de la vida humana es una vida para siempre en comunión con lo divino y humano. No es solo entender, es participar. Es la plenitud de la buena noticia para la humanidad y el cosmos. La Iglesia apostólica fue el testigo querido por Dios, tanto del Jesús terreno como del acontecimiento de la resurrección. La Iglesia nace de la resurrección. La comunidad de los orígenes vivió *la resurrección de Cristo como un acontecimiento de salvación* para sí y para el mundo entero, como el inicio gozoso de una vida renovada, como experiencia vital del Espíritu, como presencia íntima del resucitado en la liturgia y en la vida diaria.

¿Se puede decir que la resurrección fue un hecho histórico? Si por hecho *histórico se entiende lo que acontece realmente*, sin duda alguna la resurrección fue un hecho histórico. Si por hecho histórico se entiende lo que se puede comprobar en el espacio y en el tiempo, entonces hay que decir que la resurrección no fue un hecho histórico. Jesús resucitado no estaba ya en el espacio y en el tiempo, él había rebasado definitivamente las condiciones de la historicidad. Por esto se comprende que los evangelios no cuenten el hecho mismo de la resurrección.

Jesús resucitado de entre los muertos, fue "más allá"; pero no en sentido espacial, es decir "a otro sitio", sino en sentido cualitativo: comenzó a vivir de otra manera, en plenitud de vida. El Nuevo Testamento nos habla también de la "exaltación", de la "ascensión" de la "glorificación" de Jesús. La resurrección, ascensión y exaltación de Jesús a la derecha del Padre no constituyen diferentes fases de un mismo proceso, sino que son expresiones distintas de un mismo misterio: la pascua o paso de Jesús de este mundo al Padre.

La resurrección rehabilitó a Jesús

La muerte en cruz era considerada, como una maldición divina (Dt, 21, 23; Gal 3, 13). Jesús había muerto gritando su desamparo total: Dios lo había abandonado (Mc 15, 34). Ante los ojos de aquella sociedad, muerto de aquella manera y sepultado, era un fracaso total, un desecho que no merecía considerarse.

Dios ha revisado el proceso de Jesús y le ha dado la gloria que le corresponde: "Dios ha resucitado y ha constituido Señor y Mesías al mismo Jesús a quien ustedes han crucificado".

Dios le dio la razón a Jesús, y se la quitó a todos los que no estaban de acuerdo con él. Jesús tenía razón, y su causa es el camino que salva la humanidad. Por tanto, *proclamar la resurrección es testificar que la vida tiene que ser vista como la vio Jesús*.

Dios ejerce la venganza, no matando a quienes asesinaron al Hijo, sino resucitando a éste; ahogando el mal a fuerza de bien. Dios desarma de este modo a quienes tratan de implantar la justicia por medio de la violencia. Y también condena definitivamente a quienes, a través de la historia, han tratado de acallar, con el asesinato y la humillación, el clamor de las personas oprimidas. Dios se pone del lado de los/las pobres.

Títulos de Jesús resucitado

La resurrección daba una respuesta decisiva y definitiva a la pregunta hecha por Jesús a los discípulos/as durante su vida terrena: "¿Quién dicen que soy yo?" A la vez volvía a proponer la pregunta y estimulaba a la comunidad cristiana a penetrar en el misterio de Jesús resucitado. Esta nueva búsqueda avanza bajo la guía de la revelación divina contenida en el acontecimiento de la resurrección. La Iglesia apostólica se servirá de los "títulos" (elementos conceptuales que la palabra divina del Antiguo Testamento había forjado para delinear la espera mesiánica) para formular la inaudita experiencia que había tenido del Cristo resucitado.

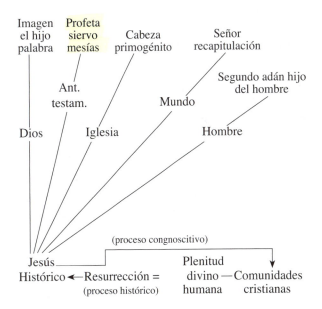

Jesús es el Cristo

El titulo de Cristo o Mesías fue considerado por la comunidad primitiva como algo sustantivo o central para referirse a Jesús, hasta el punto que pasó a formar parte de su nombre propio: Jesucristo.

Mesías (adjetivo hebreo) y Cristo (participio griego) son palabras sinónimas que significan "ungido". En el Antiguo Testamento, Mesías era el consagrado con la unción de aceite, signo del Espíritu de Dios, para cumplir una misión. Se aplicaba a diversos personajes, pero sobre todo al rey, vinculado con las expectativas de salvación de Israel. Aunque la característica del futuro Mesías es fundamentalmente de impronta real, éste aparece más tarde bajo figuras diversas: profeta, siervo sufriente, etc.

Jesús rechaza un mesianismo que responde a las expectativas político-nacionalistas y presenta, en cambio, un mesianismo que lleva consigo el sufrimiento y la cruz.

La mesianidad de la cruz se impone con fuerza después de la resurrección, como centro esencial constitutivo de la fe cristiana. El título de Mesías, identificado con la misión salvadora de Jesús, parece ser la primera confesión de fe de la Iglesia primitiva. Jesús, como respuesta legítima de todas las esperanzas de Israel, es una plenitud que supera todas las expectativas. La predicación primitiva subraya la continuidad de las dos alianzas.

Andrés, después de permanecer con Jesús exclama: "Hemos encontrado al Mesías" (Jn 1, 41). En nuestra búsqueda constante de sentido, de salvación y de felicidad hemos encontrado que él llena todas nuestras aspiraciones. Desde la experiencia del estar con él, nos "unge" para anunciar y proponer: "He visto al Mesías". Jesús de Nazaret es una persona sencilla, es el "siervo". Estando con él en la vida diaria, estando con él en las luchas constantes para una sociedad más justa, estando con él en el rechazo, el sacrificio y el martirio, lo reconozco "Salvador" y lo anuncio.

Jesús es el Señor

En el Antiguo Testamento Dios es designado "Señor" porque ha creado, rige y conduce a su pueblo. Porque ha creado el cielo y la tierra y es Señor universal. Se le invoca como Adonai = "mi Señor". Este apelativo se convierte en el nombre propio de Dios, cuando, por respeto, deja de pronunciarse el nombre de *Yahvéh*. La traducción de la Biblia de los LXX utilizan *Kyrios* (=Señor), equivalente a *Adonai*, para traducir "*Yahvéh*". En el Nuevo testamento se designa a Dios como "Señor". La Iglesia naciente proclama a Jesús "*Kyrios*": Jesús es el Señor. Dios le ha dado el nombre que sobrepasa todo nombre y el señorío universal sobre todas las cosas y sobre su Iglesia. Jesús es Señor de la historia y como "Rey de reyes" y Señor de señores" recibe los mismos títulos de Dios. Pablo dice que Jesús ha sido constituido Hijo de Dios y traslada directamente a Cristo citas del AT, en las que aparece *Kyrios* en lugar del nombre *Yahvéh*. El señorío de Cristo culminará definitivamente en el futuro escatológico expresado en el *Maranatha* (cf. Apocalipsis: "Ven Señor Jesús").

La fórmula "el que invoca el nombre del Señor" se utiliza como auto-designación de los cristianos/as. Los misioneros/as cristianos/as invitan a creer no sólo en Dios Padre, sino también en el Señor Jesús. La confesión de fe en Jesús como Señor es don del Espíritu (1 Cor 12, 3). Esta profesión de fe tiene poder salvífico (Rom 10, 9). Los cristianos/as tienen un solo Dios y un solo Señor Jesucristo. Todas las acciones de la vida del cristiano/a se realizan ante el Señor y en constante referencia a él.

Las propuestas constantes de señoríos de poder, de dinero, etc....nos ciegan y no solamente desestimamos lo humano, sino que nos pintamos a Jesús "todopoderoso" para hacerlo "Señor". Jesús fue constituido "Señor" porque fue profundamente humano, porque la persona fue lo máximo para él, porque aceptó a todos/as de igual manera y como él/ella era. Hizo del diálogo y de la comunión con los/las demás su vida. Jesús está entre nosotros/as construyendo su Reino, no en los parámetros del "mundo" sino en los de la fraternidad.

Jesús, Hijo de Dios

En el Antiguo Testamento la expresión "hijo de Dios" manifiesta las relaciones entre Dios y su pueblo. Se aplica a Israel, al rey, al Mesías, a todas las personas piadosas. En la conciencia de filiación adoptiva de Israel, se funda su esperanza de restauraciones futuras.

La comunidad primitiva aplicó muy pronto a Jesús el titulo de "Hijo de Dios". Marcos escribe su evangelio para presentar a Jesús como Hijo de Dios. Mateo y Lucas, aportando el dato de la concepción virginal, afirman que no sólo la misión, sino también el ser de Jesús es de procedencia divina. Pablo (Rom 1, 34) dice que Jesús fue siempre Hijo de Dios, aunque fue constituido como tal en la resurrección. El Hijo de Dios es preexistente (Gal 4, 4-5), es Imagen del Dios invisible, Primogénito, Cabeza de la Iglesia, Principio (Col 1, 15-20). Juan escribe su evangelio "para que crean que Jesús es el Hijo de Dios". Y presenta al Hijo en unidad e igualdad con el Padre. Dios es Padre misericordioso y su Hijo es la manifestación de ese amor.

El centurión romano, viendo cómo muere Jesús dice "Éste de veras era Hijo de Dios". La gente se preguntaba: ¿Quién es este hombre? Por la manera como murió y como vivió, manifestó ser el Hijo. Él nos ayuda hoy a vivir humana y dignamente y nos va haciendo siempre más hijos e hijas de nuestro Padre Dios y transformando la sociedad y el mundo en la familia del Padre.

Jesús nuestra "Pascua" y "cordero de Dios"

El termino "Pascua" proviene de una palabra de origen hebreo *pesah* que significa "pasar", "salto". La celebración de la pascua está en el centro y en el corazón de la experiencia bíblica, ya que está relacionada con el acontecimiento fundador del pueblo de Dios: el éxodo y la alianza. (Ex 12, 1-28; Dt 16, 1-8). En la tarde del 14 de nisán son sacrificados los corderos pascuales, y esa misma noche, durante la cena de Pascua, se come su carne asada, acompañada de pan sin levadura. Pronto la primera comunidad cristiana interpretó la vida, muerte y resurrección de Jesús, como el cumplimiento pleno del éxodo original. *Jesús es el paso de Dios*, la Pascua donde se lleva a plenitud la definitiva alianza, (unión, casamiento) entre Dios y la humanidad. Jesús fue visto como el cordero pascual cuyo amor, llevado hasta el sacrificio de la propia vida, quitó el pecado del mundo (Jn 1, 29; 1 Cor 5, 7).

2. El Espíritu (santo) de Jesús

Las experiencias de Pedro y Pablo nos ayudan a entender concretamente "el Espíritu de Jesús".

La experiencia de Pedro

Cuando Jesús propone un estilo y sentido de vida que lo llevará hasta el Calvario y la muerte violenta, Pedro huye, rechaza, niega.

"Entonces Jesús empezó a enseñarles que el Hijo del hombre tenía que sufrir mucho, que sería rechazado por los ancianos, los jefes de los sacerdotes y los maestros de la ley; que lo matarían, y a los tres días resucitaría. Entonces Pedro lo tomó a parte y se puso a reprenderlo. Pero Jesús, dirigiéndose a Pedro, lo reprendió en presencia de sus discípulos, diciéndole: "¡colócate detrás de mi Satanás! Porque tú no piensas como Dios, sino como los hombres" (Mc 8, 31-33).

Pedro no ha renacido todavía del Espíritu de Jesús y entiende las cosas desde el punto de vista del "mundo". El temor, la cobardía y la deslealtad lo dominan. Al mismo tiempo que el proceso del Maestro, se lleva a cabo el juicio del discípulo: "También los otros dijeron a Pedro: no hay duda. Tú eres uno de ellos, pues eres galileo. Él comenzó entonces a maldecir y a jurar: Yo no conozco a ese hombre del que hablan" (Mc 14, 70-71).

Pedro vive la experiencia de la Pascua, renace del Espíritu de Jesús: "Al aclarar el día, se presentó Jesús en la orilla del lago, pero los discípulos no lo reconocieron....El discípulo a quien Jesús tanto amaba le dijo a Pedro: ¡Es el Señor! Al oír Simón Pedro que era el Señor, se puso la túnica, pues estaba sin ella, y se lanzó al agua" (Jn 21, 4-7).

A partir de este momento, Pedro actúa como "hombre nuevo", como re-nacido en el Espíritu de Jesús. Es Jesús quien actúa en él. Pedro presta su cuerpo a Jesús para que él pueda hacerse visible como antes de la crucifixión.

"Estaban molestos porque enseñaban al pueblo que la resurrección de los muertos se había realizado ya en Jesús. Los arrestaron y los metieron en la cárcel hasta el día siguiente....Al ver la valentía con que se expresaban Pedro y Juan, no salían de su asombro, sabiendo que eran hombres del pueblo y sin cultura. Los reconocían como aquellos que habían acompañado a Jesús....Los amenazaron y les prohibieron terminantemente hablar y enseñar en el nombre de Jesús. Pedro y Juan les respondieron: ¿Les parece justo delante de Dios que les obedezcamos a ustedes antes que a él? Por nuestra parte no podemos dejar de proclamar lo que hemos visto y oído" (Hch 4, 2-20).

La experiencia de Pablo

Saulo era judío de Tarso. Cuando aún era adolescente, su familia lo envío a Jerusalén para que se educara en la religión. Con Gamaliel estudió la Sagrada Escritura. Saulo se unió al grupo de los fariseos y se hizo un acérrimo defensor del judaísmo. Por esta razón, Saulo veía con malos ojos a los cristianos/as y se destacó como un perseguidor implacable de los mismos/as.

En una ocasión, solicita ir a Damasco para llevar a cabo una acción contra los cristianos/as. En el camino tiene un encuentro con Jesús vivo: "Cuando estaba ya cerca de Damasco, de repente lo envolvió un resplandor del cielo, cayó a tierra y oyó una voz que decía: Saulo, Saulo, ¿por qué me persigues? Saulo preguntó: ¿Quién eres, Señor? La voz respondió: Yo soy Jesús, a quien tú persigues" (Hch 9, 4-6)

Este encuentro significó para Pablo entrar en el misterio de Dios, renacer de lo alto, revestirse del Espíritu de Jesús. Permite a Pablo ver su vida y la historia a partir de Dios. Jesús y el proyecto del Reino es su misión, él ha nacido para eso. Los cristianos/as son ahora sus hermanos/as y el mundo, el campo del proyecto de la fraternidad. No la Ley, sino el Espíritu de Jesús es el que da sentido pleno a la vida y a la historia. Pablo afirma su nueva vida y lo que significa para él el misterio de la Pascua diciendo: "Estoy crucificado con Cristo, y ya no vivo yo, sino que es Cristo quien vive en mi" (Gal 2, 20).

El Espíritu de Jesús

Jesús, el de Nazaret, vive, se relaciona, habla, actúa, piensa, ama, es tentado, sufre..., movido por la divinidad. Es la encarnación del Espíritu de Dios (*exousía, dynamis*); su vida entera lo revela. El Espíritu le permite vivir en plenitud como Hijo y Hermano. El Espíritu de Dios forma la primera persona que vive en plenitud: Jesús. Jesús es matado y su Espíritu toma cuerpo en sus discípulos/as que, a partir de este encuentro, ya no son ellos/as sino Cristo que vive en ellos/as, y las personas que los miran dicen: Jesús sigue vivo, éstos/as son como él, piensan y actúan de la misma manera. La persona nace con la dimensión trascendente, la dimensión de Dios. Ésta llega a su plenitud cuando entramos en el misterio de Dios. Este encuentro y esta experiencia profunda son madurez, plenitud de nuestro ser. A partir de este momento la dinámica de la comunión con el misterio será la dinámica de la vida.

Hablamos de "Espíritu Santo", "Espíritu de Dios", "Espíritu", "Espíritu de verdad", "Abogado", "Consolador". Lucas y las cartas de Pablo dejan entender que el Espíritu de Dios no es otro que el Espíritu de Cristo Jesús (Rom 8, 9; 1Cor 3, 18; Gal 4; Flp 1, 19). Con diferentes nombres expresamos la misma realidad. Los profetas habían anunciado una efusión futura, escatológica de la *ruah* Yahvéh. La comunidad cristiana se consideró como el pueblo de Dios escatológico: creyó que las promesas mesiánicas se habían cumplido en Jesucristo y se le había concedido el don del Espíritu, como don de los últimos tiempos.

El término hebreo *ruah* está presente en muchos textos del AT y está relacionado con la experiencia del viento captado en su poder irresistible y misterioso como fuerza de la vida. Hay que haber experimentado, en las regiones donde se asentó el pueblo bíblico, el soplo impetuoso, a menudo prolongado durante días y noches, de un viento que silba a veces furioso y terrífico para comprender la asociación de esta experiencia de una fuerza de la naturaleza con una experiencia religiosa.

El "espíritu" es el poder personal de Dios vivo, que le pertenece como si fuera su respiración. Las acciones del "Espíritu de Dios" son las acciones de Dios. La historia es especialmente para Israel, el lugar de la acción de Dios. En la historia experimenta Israel la eficacia del "Espíritu de Dios". Israel se empeña en no ligar las manifestaciones del "Espíritu de Dios" a los fenómenos de éxtasis o de adivinación, sino que capta la presencia de Dios en los designios que él realiza en la historia y a través de la historia.

La acción de Dios en la historia por medio del Espíritu se desarrolla en tres líneas: la línea mesiánica de la salvación, la profética de la palabra y del testimonio, la sacrificial del servicio y de la consagración. La confluencia final de estas tres líneas es el anuncio de una efusión del Espíritu sobre todo Israel (Ez 39, 29) como una lluvia que inunda la tierra (Is 32, 15), como una nueva creación: "Les daré un corazón nuevo y les infundiré una *ruah* nueva; arrancaré el corazón de piedra y les daré un corazón de carne" (Ez 36, 26-27).

La acción salvadora de la "resurrección" nos arrebata en el mismo misterio de Dios. Renacidos/as en su Espíritu nos entendemos nosotros/as mismos/as, la vida, la historia y el cosmos desde Dios. La *ruah* de Dios lo envuelve todo y va creando la *oikumene*, la comunión entre Dios el cosmos y la humanidad. Él impulsa la historia a su meta y nos llama a nosotros/as, nos llena de su fuerza y sabiduría para colaborar como personas en el gran proyecto de la Divinidad. Y todo esto concretamente para nosotros/as hoy en los Estados Unidos.

3. La Iglesia, sacramento de la Trinidad y de la Fraternidad

Jesús re-crea a sus amigos: experiencia de la Pascua y Espíritu

La divinidad ha tomado carne en Jesús. Jesús, por su apertura total al Padre y su incondicional amor a los humanos/as, muere en la cruz. Define la vida: es amor; perdiéndose, uno vive. Jesús por creer en el amor se enfrenta a la muerte, al abandono total, y resulta victorioso, Señor...vive.

Jesús, totalmente amor, va a buscar a los amigos/as que no pudieron con el camino de la cruz y con la fuerza del odio y del egoísmo. El caminar es largo, es un auténtico camino catecumenal. El camino para llegar a la experiencia de Jesús vivo fue, para unos/as, la meditación de las Escrituras (discípulos de Emaús); para otros/as, volver a hacerse discípulos/as interiorizando lo que Jesús vivió en Nazaret y en su ministerio en Galilea. Va camino de Galilea: allí lo verán (Mt 28, 7). Para otros/as, fue en la fidelidad sincera a sí mismo/a (camino a Damasco); para otros/as, en el trabajo de todos los días: "En esto dijo Pedro: Voy a pescar. Los otros dijeron: Vamos contigo" (Jn 21, 3).

Gratuitamente entrega su Espíritu en sus amigos/as. Entran en el misterio de Dios y son recreados/as. El camino de hacerse personas toca fondo. Jesús, el Hijo, los va haciendo hermanos/as e hijos/as. Se van transformando en "amor", "relación", "comunión". Jesús empieza a ser el "primogénito" y el hermano mayor. Como Dios ha tomado carne en Jesús, así los amigos/as de Jesús se convierten en hierofanía de Jesús. Los amigos/as reconocen a Jesús, experimentan su presencia entre ellos/as y precisamente porque están llenos/as de su Espíritu asumen totalmente la misión de Jesús: la fraternidad universal.

Donación del Espíritu y misión

Cristo resucitado desencadena una misión. Se presenta a sus amigos/as, les infunde su Espíritu y les habilita para la misión. Les dice: "la paz esté con ustedes. Como el Padre me ha enviado, yo también los envío a ustedes" (Jn 20, 21). En la misión que comienzan, necesitarán seguridad y valentía. La paz que Jesús da es para el presente y para el futuro. El punto de partida para entender la coherencia y la valentía de Jesús fue su experiencia del Padre. Lo mismo acontece con los discípulos/as: su encuentro con la Divinidad ha definido su vida. La misión es tan esencial a los discípulos/as que la elección de Jesús está en función de ella: "No me eligieron ustedes a mí, fui yo quien *los elegí* a ustedes. Y los he destinado *para que vayan* y den fruto abundante y duradero" (Jn 15, 16).

Será la misión de los/las que no pertenecen al mundo, estando en medio de él. La misión de Jesús ha consistido en dar testimonio en favor de la verdad; toca ahora a los discípulos/as realizar las obras del que los/las envió y producir fruto unidos/as a él. La misión ha de ser cumplida como él la cumplió, demostrando el amor hasta el final, simbolizado en las heridas en las manos y el costado (Jn 20, 20); ahora pueden ir a la misión sin temor alguno, dispuestos/as a morir para dar mucho fruto. Después del saludo, Jesús sopló sobre ellos y les dijo: *"Reciban el Espíritu Santo"* (Jn 20, 22).

Al dar el Espíritu, capacita para la misión y la confiere. Jesús infunde a sus discípulos/as su aliento de vida, que es el Espíritu, aquel que había entregado en la cruz. Esta humanidad nueva, nacida en la cruz, se abre al futuro por la efusión de su mismo Espíritu. La fuerza divina capacita a la persona para darse generosamente a los/las demás. El Espíritu que les infunde Jesús produce vida nueva: nace la nueva comunidad, la de los hijos/as de Dios, primicia del reino.

La fraternidad universal realizada (Escatología)

Jesús, "hombre nuevo" y "realización del Reino", es anticipación del final de la historia. La historia de la humanidad vive la gran tensión entre lo que es y lo que será: una sola gran familia, la familia de Dios. El pobre de Nazaret vive. Es una afirmación de esperanza para la humanidad. Dios está creando la fraternidad entre todos los pueblos del mundo, y Jesús es el hecho inequívoco: un hombre totalmente amor. Dios es quien ha resucitado a Jesús de entre los muertos; la resurrección es la transformación total de la persona y de la historia. Contra la negatividad del mundo, la muerte y la injusticia, Dios va recreando la humanidad, va haciendo historia. Nosotros/as somos testigos que así es Dios y así es su actuar. Los amigos/as de Jesús *son conscientes de ser testigos de un hecho histórico importantísimo, hecho que da sentido al futuro de la humanidad, y por eso tiene que ser testimoniado y difundido.* Con esta experiencia sienten que *se les hace cargo del motivo último de la esperanza del mundo y de la historia.*

Jesús es ahora Señor y los discípulos/as son ahora personas nuevas. *La resurrección de Jesús no los/las separa de la historia sino que los/las introduce en ella de una nueva forma.* El camino de la persona nueva no es otro que el camino de Jesús hacia la resurrección: el camino del descendimiento y de la fidelidad a la historia concreta, el camino de la encarnación en el mundo de los/las pobres para anunciarles la buena noticia. En esto viven ya como resucitados/as. La persona nueva es la persona servidora, la que cree en verdad que es más feliz dando que recibiendo.

Este servicio es para la salvación del mundo. Ellos/as repiten en la historia el gesto de Dios que resucita a Jesús: *dar vida a los crucificados/as de la historia*; dar vida a quienes están amenazados/as en su vida. Esta transformación del mundo y de la historia según la voluntad de Dios, es la forma que toma el señorío de Jesús, y quien a ella se dedica vive como resucitado en la historia. Conocer a Dios es hacer historia con él, porque él es quien va re-creando, haciendo la fraternidad universal. Jesús vive y está con nosotros/as como Hijo y hermano y al final entregará el Reino al Padre. *Cristo restaura así todo lo que hay en el cielo y en la tierra.*

La Iglesia es la porción consciente cristificada del mundo, el lugar del mundo en que éste toma conciencia de lo que realmente es: salvado en Cristo y llamado en él a la utopía de los nuevos cielos y la nueva tierra. Lo inaudito, lo asombroso, el misterio, el verdadero arcano que estaba escondido desde siempre y que ahora se ha manifestado, la clave oculta que desvela todo secreto de la realidad, es la humanidad nueva, el proyecto de Dios de la *fraternidad universal*. La humanidad se ha empeñado en establecer discriminaciones en medio de la comunidad humana por razones de poder, raza, cultura, sexo....Cristo manifiesta la voluntad del Padre de reconciliar, de recapitular las cosas en él.

La encarnación afecta y está destinada a afectar a toda la creación. Introduce en ella un elemento nuevo que toda creación está destinada a recibir: *la plenitud*. Como consecuencia de esta obra recapituladora de todo en Cristo, aparece en la historia la Iglesia, como llamada a vivir y testimoniar la realidad de esta relación plenificante de Cristo respecto del mundo. Ella es anticipo del Cristo total, en cuanto ha recibido de manera más explícita y consciente esa plenitud de Cristo. Su misión es poner de relieve esa donación de plenitud nueva que el mundo recibió en la encarnación y hacia la que camina. La Iglesia es la expansión de Cristo, recibe su plenitud de él. Cristo, a su vez, encuentra plenitud en la Iglesia. La Iglesia es absolutamente nada sin Cristo. Pero Cristo no es sólo Jesús de Nazaret, sino él y nosotros/as: el Cristo total.

4. Amo a María madre de Jesús

El Espíritu de Dios que formó el universo y a Jesús, ha creado a María, madre del hombre nuevo, como *sacramento de su proyecto*. Renacidos/as en el espíritu, los discípulos/as miran hacia atrás: lo ven e interpretan todo desde la luz de Dios. Como Dios va haciendo a Jesús hijo, va forjando a María como colaboradora en el proyecto. María, una mujer de Nazaret, sencilla, transparente y sensible, en una experiencia profunda con la Divinidad, entiende toda su vida como colaboradora en el proyecto de Dios. Lo asume totalmente y se identifica con él. Ella y su misión se identifican.

Da a luz al hombre nuevo y con él va creciendo, intentando entender paso tras paso qué significaba y qué implicaba todo aquello para su vida. Con su hijo, vive aplausos y rechazos. Con su hijo, vive la alegría de la comunión con Dios y la oscuridad de no saber lo que seguía. María muere en la cruz con su hijo, y vive la misma tragedia de Jesús. Vive la experiencia de la resurrección y colabora con el Padre formando ahora la familia del Padre, formando a los discípulos/as hijos/as y hermanos/as. María forma parte de la historia de Jesús y de la salvación, del proyecto de Dios, de una manera no meramente periférica y accidental, sino esencial. Nuestro Dios es un Dios que actúa en la historia de la humanidad. Jesús y María son realidades históricas, sacramentos transparentes de su proyecto.

María no solamente es colaboradora en el proyecto; es, al mismo tiempo *sacramento de Dios*. La ternura, el amor, el sufrimiento, la alegría, la responsabilidad de una madre para con su hijo revelan el rostro maternal de Dios. A la pregunta sobre quién es el Dios cristiano, no podemos responder completamente sin tener en cuenta la revelación que Dios hace de sí mismo por medio de María. Debido a la integración de María en la historia de Jesús, por medio de ella conocemos aspectos del misterio de Jesús. En todos los misterios de María se manifiesta el Dios de la salvación.

María es la madre de Jesús, el hombre nuevo; ella misma haciéndose madre se va haciendo criatura nueva, símbolo e imagen del proyecto de Dios sobre la humanidad: un hombre totalmente realizado, una mujer en plenitud. El fin de la humanidad se ha anticipado en Jesús y María.

María en el misterio de Cristo

El misterio de Cristo forma una gran unidad. Metodológicamente distinguimos tres aspectos o dimensiones:

Dimensión histórica

María entra a formar parte de la historia de Jesús de una manera esencial. Los acontecimientos de la vida de Jesús tienen plena significación en su luz pascual.

Los misterios de la infancia de Jesús están impregnados de la presencia de María. Sin embargo, Lucas no es un mariólogo. Su interés está en darnos a conocer a Cristo, pero se le impone como medio necesario María.

La Anunciación es la revelación al mundo de que Dios viene a salvarnos. A la oferta de salvación de parte de Dios responde la humanidad por los labios de María; ella como su representante acepta en nombre de todos/as la salvación ofrecida.

La Visitación es la confirmación de la encarnación. Dios ya está en medio de nosotros/as. Los frutos mesiánicos son comunicados a Isabel y Juan Bautista por medio de María. Sólo una razón explica estos hechos. La presencia de Jesús en el seno de María. Jesús y María inauguran los tiempos mesiánicos, en los que el Espíritu se dará con abundancia.

En *la Presentación* se refiere el momento oblacional de Cristo unido, mediante la profecía de Simeón, al juicio escatológico de Dios sobre la humanidad en la muerte y glorificación de Jesús. En esta profecía, María queda unida a Jesús. Lucas adelanta así una idea que Juan desarrollará posteriormente en las escenas de Caná y del Calvario. Conclusión: la comprensión total del misterio de Cristo no es posible sin María. La formación de los dogmas marianos en la tradición eclesial es una confirmación de esta unidad estrecha.

La *virginidad de María* no entra en la teología como una verdad acerca de María, sino acerca de Jesús. La misma formulación de esta verdad indica que no es María, sino Cristo, el sujeto de quien se afirma algo: "Jesús es concebido virginalmente en María por obra del Espíritu Santo". Nacido de la Virgen María significa que no hay nada en la fecundidad humana, que sea capaz de engendrar a Aquel de quien depende toda la fecundidad humana, todo el devenir de nuestra raza, porque en él han sido creadas todas las cosas. En definitiva, este prometido no lo debe el mundo más que al Espíritu de Dios. Jesús es el gran don de Dios al mundo.

Dimensión sotereológica

María es colaboradora en la obra de la redención por su vocación de *Madre de Dios*. En su encuentro con la Divinidad, María entiende el proyecto de Dios sobre la humanidad y la oferta que le hace: ser parte clave en el proyecto. Dios quiso unir a María a su proyecto. Este proyecto continúa y María, como hace 2000 años, actúa ahora responsablemente con Jesús, coherente con su misión, portadora activa de humanidad o de humanización. Ayuda a sus hijos/as a realizar el proyecto del Padre. María es figura y modelo del cristiano/a. Se fue haciendo hija de Dios y hermana de los/las demás de una manera única. Como madre-discípula de Jesús, como creyente, ella continúa en su maternidad la misión universal de Jesús privilegiando, como él, lo más pequeño y necesitado.

Dimensión eclesial

El misterio salvador de Cristo sigue presente en la historia por medio de la Iglesia. La Iglesia es la comunidad de las personas unidas mística y vitalmente a Cristo.

María es la realización más acabada de la esencia de la Iglesia. Se puede afirmar que conocemos a la Iglesia en razón y a la medida del conocimiento que tenemos de María: "El conocimiento de la verdadera doctrina católica sobre María será siempre la llave de la exacta comprensión del misterio de Cristo y de la Iglesia" (Pablo VI, en el discurso de clausura de la 3a sesión del Concilio Vat II n.23)

- María es miembro de la Iglesia;
- María es figura de la Iglesia en su maternidad y virginidad (LG 63);
- María es tipo de la Iglesia en su fe, su caridad y unión con Cristo (LG 63);
- María es ejemplo de la santidad de la Iglesia (LG 65);
- María, ya definitivamente glorificada, muestra su propia persona a la Iglesia, meta definitiva que ésta espera.

María en la piedad popular de América Latina (Guadalupe)

En América Latina el evangelio ha sido anunciado presentando a María como parte sobresaliente del mensaje de salvación. La piedad mariana pronto echó raíces en el continente, que vivió una experiencia vital e histórica que pertenece a la íntima "identidad propia de estos pueblos". La tradición de la Iglesia y la piedad mariana de los primeros evangelizadores fueron implantadas en las nuevas comunidades cristianas, que desde entonces aprendieron a amarla y a honrarla a través de las diversas prácticas piadosas de la época: recuerdos de sus misterios, edificación de santuarios y ermitas, procesiones, plegarias y actos de culto según las advocaciones o los aspectos que en María se querían resaltar.

"Desde los orígenes María de Guadalupe constituyó el gran signo, de rostro maternal y misericordioso, de la cercanía del Padre y de Cristo con quienes ella nos invita a entrar en comunión" (*Puebla* 282). Gracias al "Hecho Guadalupano" nuestra Señora se ha vinculado de una manera profunda y permanente a la historia, a la cultura y a la experiencia religiosa del pueblo.

No es posible comprender el itinerario espiritual de México sin asociarlo constantemente a la figura de Guadalupe. Esto es ejemplo de lo que pasó en todos los países latinoamericanos. La devoción a María es para el pueblo una fuente de consuelo en su situación habitual de marginación y pobreza. La experiencia que el pueblo tiene sobre el amor maternal la encuentra ampliamente realizada en la Virgen María. La maternidad, especialmente en los ambientes humildes, es un signo de abnegación, ternura, confianza; tiene un hondo sentido del sacrificio y del sufrimiento que le da una gran capacidad de aguante, de escucha y de entrega. Basado en esta experiencia y en las manifestaciones de amor que la Virgen ha dado, el pueblo le manifiesta una devoción cálida y confiada.

La genuina piedad mariana: bases fundamentales

Los santos/as son las personas que, llamadas a ponerse al servicio del reino, han respondido fielmente a esta llamada. En este sentido, María es modelo extraordinario de la Iglesia en el orden de la fe, de la caridad y de la perfecta unión con Cristo. María recibe en la Iglesia un culto singular que corresponde al puesto singular que ocupa en el plan redentor de Dios. Las actitudes fundamentales en las que el cristiano/a tiene que imitar a María son su entrega al Padre, su amor al hermano/a y su cooperación generosa en el proyecto de Dios. La piedad mariana debe expresar claramente su nota trinitaria, cristológica y eclesiológica que le es intrínseca y esencial. La piedad mariana debe inspirarse en la Sagrada Escritura, estar en armonía con la liturgia, ser sensible al movimiento ecuménico y manifestar con claridad la humanidad de la figura de María.

Unas expresiones significativas de piedad popular mariana son: el rosario, el "Ángelus", las peregrinaciones, las mandas, los novenarios, la celebración del mes de mayo, las imágenes, los escapularios, las ermitas....

María modelo de vida para la persona de hoy

- *Búsqueda del verdadero sentido de la propia existencia*. Esta búsqueda se ha hecho problemática en el momento actual, por lo que la aspiración humana a una existencia dotada de sentido permanece insatisfecha. María nos muestra que Dios es la realidad sobre la que se apoya nuestra vida: su fe no es una huída, sino una comunión que permite vivir de forma positiva y con sentido.

- *La lucha por la libertad en un mundo complejo y disperso*. La historia del mundo moderno es una búsqueda de libertad, que, hasta ahora, no ha alcanzado una genuina libertad humana. María se nos aparece como la criatura humana libre: la fe es para María el campo de su realización personal, porque la libertad no es una auto-emancipación, sino unión con el Dios que es libertad.

- *El compromiso en favor de los/las demás*. El conocimiento actual de las miserias del mundo ha suscitado un fuerte movimiento de solidaridad, traducido en actos de amor al prójimo.

María, en su calidad de sierva, nos recuerda la universalidad del amor exigida por el evangelio que quiere que todos los humanos se realicen plenamente como hijos/as y hermanos/as.

Síntesis

- Dios no abandonó a Jesús en la cruz, ni permitió que el mal tuviera la última palabra, ni se le escapó la historia de las manos. Eligió el camino de la encarnación y actuó desde allí. Conduce a la historia a su meta dentro de las personas y desde la historia misma. Por eso crea una nueva revelación y un nuevo acto de salvación: resucita a Jesús y nos anuncia que la vida sigue después de la muerte. "Sienta a Jesús a su derecha", "le da un nombre sobre todo nombre", lo constituye Cristo y Señor. Los discípulos/as entran en el misterio de Dios, recibiendo el Espíritu de Dios. Esto le permite alcanzar su plenitud: ser "hijos-hijas" y "hermanos-hermanas", y entender plenamente quién era Jesús: Dios mismo hecho uno de nosotros/as.

- Desde su nueva manera de existir, Jesús va al encuentro de los humanos y les da la capacidad de realizar su sueño profundo: ser hijos/as, hermanos y hermanas. Va formando la familia de Dios (el Reino) y envía a su comunidad a colaborar con el gran proyecto de la familia humana.

- Dios tiene su camino para realizar su proyecto; se llama "encarnación". María es la criatura que responde "sí" a su invitación. Es madre de Jesús no solamente por dar a luz sino por forjarlo como su Padre Dios quiere. Cuando Jesús, desde su nueva dimensión de existencia, va a buscar a sus hermanos/as para formar la comunidad (Iglesia), María participa de lleno en forjar a los hermanos/as a imagen del Hijo.

Tarea

1. Imita la fecundidad de las primeras comunidades cristianas en dar a Jesús nuevos títulos que, conservando la fidelidad al Jesús histórico, iluminen las esperanzas y situaciones de la persona de hoy. Describe uno de los títulos.
2. ¿Qué es lo que permitió a los discípulos/as de Jesús convertirse en Iglesia?
3. María ha sido elegida por Dios para ser, en la historia de salvación, madre. Describe cómo hoy ella va forjando a los hermanos/as a imagen de Jesús.

Notas

TEMA 4

Jesús, sacramento del Padre

1. El "Dios" de la comunidad hispana y el "Dios" de la cultura dominante
2. Jesús revela el rostro de Dios
3. La revelación de Dios como Trinidad
4. Compromiso: hacer realidad el "Padre Nuestro"

1. El "Dios" de la comunidad hispana y el "Dios" de la cultura dominante

La persona hispana, religiosa en todo su ser, llega a esta tierra. Estados Unidos le ofrece miles de caminos para realizar sus sueños de felicidad. El diálogo con este nuevo mundo le obliga a ponerse interrogantes que tocan la estructura de su existencia. Dios, que era parte de su definición y con características "católicas", sufre un cambio de imagen y de lugar. La revelación de Dios que le ofrece la comunidad católica es indispensable para encontrase ella misma y su lugar en el mundo.

En un primer momento, vamos a acercarnos al Dios de la comunidad hispana, y después, a la propuesta de Dios que le viene del nuevo mundo de los Estados Unidos.

El "Dios de la comunidad hispana"

Los hispanos/as que viven entre nosotros/as, en el mundo multicultural de Estados Unidos, *tienen a Dios como el sentido de su vida*, del cosmos y de la historia. Dios forma parte de su definición, de su identidad. Entre ellos/as podríamos encontrar *tres grupos* bien definidos:

Aquellas personas que pasando por un *proceso catecumenal de fe*, han llegado a una experiencia viva del Cristo resucitado. Una minoría de católicos/as hispanos/as ha tenido la oportunidad de vivir este proceso.

Otros/as que han vivido un *proceso de la religiosidad popular*. Esto se realiza en el seno de la familia, donde se transmiten verdades religiosas y ritos que la "religión de los padres" ha considerado fundamentales. Son trasmitidos oralmente, sin una explicación del por qué se hacen y sin un marco teórico orgánico. Este es el católico "religioso-popular".

Los últimos/as, que son la mayoría, son los *"Católicos/as-como posibilidad"*: son las personas bautizadas que no ha desarrollado ninguno de estos dos procesos: no han desarrollado la fe recibida en el bautismo, ni han cultivado la religiosidad transmitida en el núcleo familiar y social.

Acerquémonos, ahora, al alma de la comunidad hispana: *la "religiosidad popular"*.

Por religión del pueblo, religiosidad popular o piedad popular entendemos el conjunto de profundas creencias selladas por Dios, de las actitudes básicas que de esas convicciones se derivan, y las expresiones que las manifiestan. Se trata de la forma o de la existencia cultural que la religión adopta en un pueblo determinado. La religión del pueblo hispano, en su forma cultural más característica, es expresión de la fe católica. Es un catolicismo popular. La fe de la Iglesia ha sellado el alma de América Latina, marcando su identidad histórica esencial y constituyéndose en la matriz cultural del continente.

Esta religión del pueblo es vivida sobre todo por las personas pobres y sencillas, pero abarca todos los sectores sociales. Esta unidad contiene diversidades múltiples según los grupos sociales, étnicos, e incluso, las generaciones.

La religiosidad del pueblo, en su núcleo, es un conjunto de valores que responde con sabiduría cristiana a los grandes interrogantes de la existencia. Esta sabiduría es un humanismo cristiano que afirma radicalmente la dignidad de toda persona como hija de Dios, establece una fraternidad fundamental, enseña a encontrar la naturaleza y a comprender el trabajo, y proporciona las razones para la alegría y el humor, aún en medio de una vida muy dura. Esta sabiduría es para el pueblo un principio de discernimiento, un instinto evangélico por el que capta espontáneamente cuanto es conforme o no al Evangelio. Esta realidad cultural abarca muy amplios sectores sociales; la religión del pueblo tiene la capacidad de congregar multitudes. Sabiendo que el mensaje no está reservado a un pequeño grupo de iniciados/as, de privilegiados/as o elegidos/as, sino que está destinado a todos/as, la Iglesia logra esa amplitud de convocación de las muchedumbres en los santuarios y las fiestas religiosas.

La religiosidad popular, en cuanto contiene encarnada la palabra de Dios, es una forma activa con la cual el pueblo se evangeliza continuamente a sí mismo. La religiosidad del pueblo se convierte muchas veces en un clamor por una verdadera liberación.

Como *elementos positivos* de la *piedad popular* se pueden señalar: la presencia trinitaria que se percibe en devociones y en iconografías; el sentido de la providencia de Dios Padre; Cristo, celebrado en el misterio de su Encarnación (Navidad, el Niño), en su Crucifixión, en la Eucaristía y en la devoción al Sagrado Corazón; amor a María: ella y sus misterios pertenecen a la identidad propia del pueblo y caracterizan su piedad popular; los santos, como protectores; los difuntos; la conciencia de la dignidad personal y de fraternidad solidaria; la conciencia de pecado y de necesidad de expiación; la capacidad de expresar la fe en un lenguaje total que supera los racionalismos (canto, imágenes, gesto, color, danza); la fe situada en el tiempo (fiesta) y en lugares (santuarios y templos); el sentido de la peregrinación como símbolo de la existencia humana y cristiana, el respeto filial a los pastores como representantes de Dios; la capacidad de celebrar la fe en forma expresiva y comunitaria; la integración profunda de los sacramentos y sacramentales en la vida personal y social; el afecto cálido por la persona del Santo Padre; la capacidad de sufrimiento y heroísmo para sobrellevar las pruebas y confesar la fe; el valor de la oración; la aceptación de los/las demás.

La religión del pueblo muestra también *signos de desgaste y deformación*: aparecen sustitutos aberrantes y sincretismos regresivos. Los aspectos negativos son de diverso origen. De tipo ancestral: superstición, magia, fatalismo, idolatría del poder, fetichismo y ritualismo. Por deformación de la catequesis: arcaísmo estático, falta de información e ignorancia, reinterpretación sincretista, reduccionismo de la fe a un mero contrato en la relación con Dios. La religiosidad popular padece la separación de la religión de los aspectos importantes de la vida y carece de una fuerza transformadora y de cambio.

¿Cuándo una práctica religiosa es conforme al evangelio? Vestir hábitos de la Virgen o de un santo/a, cumplir con una manda, ir de rodillas por 200 metros, ayunar durante una semana por devoción, las cadenas de San Judas Tadeo...

Las prácticas que no te dejan vivir en tu dignidad de persona son prácticas falsas.

"¿Es acaso el ayuno que yo quiero cuando alguien decide mortificarse, inclinan la cabeza como una caña y se acuestan sobre ceniza con vestido de luto? ¿Eso lo llaman ayuno, día grato al Señor? El ayuno que yo quiero es éste: que sueltes las cadenas injustas, que desates la correa del yugo, que dejes libres a los oprimidos, que acabes con todas las opresiones, que compartas tu pan con el hambriento. Entonces brillará tu luz como la aurora...entonces invocarás al Señor y él te responderá" (Is 58, 5-8).

El "Dios" de la cultura dominante

Estados Unidos ofrece diferentes imágenes de Dios e incluso una vida que puede realizarse sin Dios: no se necesita a Dios para dar significación a la existencia y a la historia.

¿Cómo definimos el acto religioso? La religión no es conocimiento teórico, ni acción moral; la religión es experiencia existencial totalizante. El ámbito de lo sagrado es un espacio distinto, en el que se entra a través de una puerta invisible por la interpelación de Alguien supremo que se hace presente. La persona religiosa en un momento preciso se siente sobrecogida por las fuerzas secretas que se revelan (en los elementos naturales) y se siente afectada por esas mismas fuerzas superiores. Se encuentra en el ámbito sagrado.

Estados Unidos presenta una pluralidad enorme de formas religiosas, así como un fuerte proceso de desacralización. El proceso de desacralización de la existencia humana ha desembocado en formas híbridas de magia. La secularización rompe la continuidad entre lo religioso y lo profano, la filosofía y la teología, el cielo y la tierra. Estamos no sólo ante un declive de las creencias religiosas, sino ante un cambio profundo en la representación de las mismas.

La mayoría de *las personas "sin religión"* se siguen comportando religiosamente, sin saberlo. La persona moderna tiene, en su totalidad, una estructura o un origen mágico-religioso. Una de las señales es el conjunto de "supersticiones" o de "tabúes". Los regocijos que acompañan al "año nuevo" o a la instalación de una nueva casa presentan, en forma laica, la estructura de un ritual de renovación; lo mismo acontece en las fiestas que acompañan al matrimonio o al nacimiento de un niño/a, a la obtención de un nuevo empleo, de una promoción social, etc.

El cine vuelve a tomar y utilizar innumerables motivos míticos: la lucha entre el héroe y el monstruo, los combates y las pruebas de iniciación, las figuras y las imágenes ejemplares. La lectura procura a la persona una "salida del tiempo" comparable a la efectuada por los mitos. La lectura proyecta a la persona fuera de su momento real personal y lo integra en otros ritmos, la hace vivir en otra "historia".

La religión civil. Se manifiesta en los rituales del cuerpo diplomático, en el mito del sistema..., en los movimientos políticos y en los profetismos sociales, cuya estructura mitológica y fanatismo religioso son fácilmente discernibles. El ritual político incluye la sacralización de signos, como la bandera, el himno; las fiestas, como la de la constitución, el día de las fuerzas armadas, la conmemoración de efemérides nacionales; la veneración de textos sagrados, como la constitución. El culto competitivo nacional encuentra su momento celebrativo en las confrontaciones internacionales. El fútbol, el baloncesto, el atletismo son ritos donde la fascinación del "tribalismo" nacional encuentra momentos de éxtasis popular. El triunfo de la propia selección es vivido y recibido como una gloria nacional.

La liturgia que se celebra en el recinto del parlamento es uno de los aspectos más ritualizados y simbólicos, que desbordan la mera funcionalidad. Forman parte del culto democrático efectuado en un espacio sagrado dónde sólo tienen acceso los parlamentarios electos. Se inicia el desempeño sacerdotal del mandatario que quiere hablar en nombre de la verdad, de la sabiduría, de la libertad, del pueblo. Culto idolátrico de la política.

La institución de la justicia se rodea de un halo sagrado. Las vestiduras, el lenguaje ritualizado de los juicios, las diversas funciones, la ceremonia de juramento, la recitación de fórmulas con la mano levantada etc. está indicando una ruptura respecto a lo cotidiano y profano.

La religión de las masas. La producción económica termina generando su propia mitificación y adoración. Lo "sagrado" corre por el camino de la economía. El culto del consumismo es la "religión de las masas". Se ha dejado de producir bajo la ley de la necesidad para hacerlo bajo los imperativos del deseo. Para ello nació la publicidad. Toda una revolución en los comportamientos sociales, en los valores, en el modo de concebir y entender el trabajo y la vida misma: se fue poniendo en el centro la necesidad de tener, de comprar, de exhibir la última novedad, la última marca, el último modelo. ¿Qué es lo que hace sagrado el afán de consumo? Una cierta absolutización del dinero, una serie de ritos cultuales centrados en el comprar, tener, poseer, exhibir, que posee sus lugares de culto prototípicos (grandes almacenes, centros comerciales) momentos o tiempos particulares ligados a los ritos de paso de las estaciones, las fiestas tradicionales y otras creadas expresamente (verano, invierno, navidades, vacaciones, cumpleaños, día de la madre, día de los enamorados...) promocionadores de "devociones" a estilo "marcas", diseños, que varían cada poco tiempo. Con eso, ofrece además una promesa de realización personal y social, una suerte de salvación del bienestar, la felicidad de la abundancia, que se traduce en el ámbito social y político como desarrollo, crecimiento, modernización...

La religiosidad profana incluye también la música, el trabajo, el sexo, los deportes, el cultivo del cuerpo, la diosa tierra, la naturaleza, la identidad, el sufrimiento injusto, los viajes.

La música ha estado ligada siempre a lo sagrado, fascinante o demoníaco. Hoy la música se ha independizado de la religión en cuanto a orientación, temática, espacio de interpretación, difusión, destinatarios etc. Un concierto de música moderna es como una gran celebración juvenil en una gran explanada o un estadio, donde los jóvenes se reúnen vestidos con indumentaria propia de la celebración. La recepción del ídolo, la emoción colectiva causada por el ritmo, las luces, los efectos acústicos, el baile, el palmoteo, exaltan el público que, en momento de la celebración, entra en trance. Hay como una vivencia mística, mediante el ritmo, la música, el ambiente masivo.

El deporte. La persona cuando entra al juego está imitando un estado liberado, vive un tiempo gracioso y divino, ensaya lo que en sus sueños más íntimos desearía que fuese la vida: esfuerzo generoso, competitividad justa, solidaridad, respeto a unas reglas de comportamiento.

El cuerpo objeto de culto. La religión ha estado siempre estrechamente vinculada al cuerpo. No hay religión que no pase por la encarnación. La "carne", el cuerpo, es un elemento central de toda religión. Mientras que, por una parte, hay una creciente independencia de los cuerpos respecto a la religión, por la otra, el cuerpo se va constituyendo en centro de rituales y adoraciones, es decir, se está llegando a cierta sacralización del cuerpo. Se ha pasado de una situación del cuerpo controlado y dominado, especialmente por la religión cristiana y la medicina, a un contexto donde predominan los discursos sobre el cuerpo como medio de expresión, comunicación y gozo. Se tiende a convertir el cuerpo en valor primordial para la persona. El maquillaje es ya un ritual de la presentación social y del reclamo sexual en nuestra sociedad; es el culto a la belleza por la vía corporal. Cabe decir algo semejante respecto del esfuerzo dedicado a mantenerse en forma: desde el gimnasio a los masajes, desde el "*jogging*" al yoga. La ascesis corporal se ha liberado de la religión y la ascesis profana del cuerpo señala una nueva disciplina corporal dictada por los cánones de la publicidad, por el deseo de participar en las fuentes de la vida, de la belleza y de la juventud. Hay también peregrinaciones modernas: *el turismo* es el rito de búsqueda de algo sagrado que subyace bajo el manto de lo diferente.

La fascinación de lo oscuro y los movimientos religiosos

La cultura moderna ya no considera el progreso y la ciencia como absolutos, como Dios. La persona se ha vuelto más humilde y religiosa. Se deja sorprender por lo trascendente, vive la emoción de la religión y la considera parte importante de su equilibrio psíquico. Nacen nuevas formas religiosas que obedecen a esta sensibilidad mística de nuestra época. Millones de personas rehúsan identificarse con las grandes propuestas religiosas mundiales (las grandes religiones) y rechazan las formas institucionales de la religión.

Creen, pero no aceptan ninguna estructura de la religión. Hay movimientos religiosos fundamentalistas, como los testigos de Jehová, mormones, *Hare Krisna* y *New Age*, que anuncian y ofrecen salvación y felicidad. Junto a estos movimientos se multiplican los pequeños grupos, que teniendo la Biblia como punto de referencia, ofrecen seguridad y salvación. La persona de hoy se deja vencer por la fascinación de lo oscuro. Miles son los centros que intentan responder al esoterismo, al enigma oscuro del destino, a la fascinación de lo demoníaco.

Ante estas ofertas, *los hispanos/as entran en conflicto, en confusión y en crisis de identidad* (en sus raíces Dios es parte de su definición, de su identidad). "Ya no me entiendo". "Ya no creo". "No sé dónde voy, qué es lo que quiero".

2. Jesús revela el rostro de Dios

Estamos tentados/as a crearnos nuestro propio Dios y hacérnoslo de acuerdo con nuestras necesidades y mentalidad. En esta pluralidad de propuestas sobre Dios, propuestas a veces contradictorias, vamos a Jesús para que él mismo nos proponga el rostro de Dios. Él lo hizo hace 2000 años en la Palestina, ahora lo hará por nosotros/as en los Estados Unidos. Es necesario escuchar y dejarse envolver por él.

La historia del pueblo de Israel es una historia de "alianza", de comunión de Dios con su pueblo. Las circunstancias históricas cambian y, ante ellas el pueblo vivió la tentación de traicionar la comunión y de crearse falsas imágenes de Dios.

En el AT, *Dios se presenta como Padre del pueblo*, no del individuo. La única excepción es el rey, que representa a la comunidad. A principio del siglo II a. C., el Eclesiástico invoca a Dios como Padre: 23, 10 y 51, 10: "Invoqué al Señor: Tú eres mi Padre". El singular *rey* y el colectivo *pueblo* pueden prefigurar el NT: *Jesucristo* es el singular, y la *Iglesia* el colectivo: "Subo a mi Padre y a su Padre.

Dos actividades de la paternidad divina en el A.T.:

Rescate. Los hebreos/as son esclavizados/as por los egipcios/as: "He visto la opresión de mi pueblo en Egipto". El Señor se presenta para rescatarlos: "Israel es mi hijo primogénito, y yo te ordeno que dejes salir a mi hijo para que me sirva" (Éx 4, 22-23). El rescate es acción que ejecuta alguien que es responsable de la familia: Dios como Padre.

Pasados algunos siglos, el pueblo es conducido al destierro. La infidelidad del pueblo no invalida la fidelidad de Dios. Vuelve a intervenir para rescatarlo: "Tráeme a mis hijos de lejos y a mis hijas del confín de la tierra" (Is 43, 1-7).

La educación del pueblo. Dt 8, 1-6. La educación es laboriosa, prolongada, exigente pero animada por el afecto paterno. La *Dei Verbum* caracteriza toda la economía del AT como una pedagogía divina. Conclusión: el principio y fundamento del pueblo escogido se encuentra en el amor paterno del Señor.

En la encarnación Jesús revela a Dios como el "Emmanuel". Encarnación significa que en Jesús de Nazaret han tomado forma humana la palabra, la voluntad, el amor de Dios. En todo lo que habló y predicó, en la totalidad de su quehacer, de su actividad, en la totalidad de su persona, el hombre Jesús no actuó en modo alguno como "rival" (el segundo Dios) de Dios. Sino que reveló, anunció, manifestó la palabra y la voluntad de Dios único. En este sentido Jesús de Nazaret es la palabra hecha carne, el Logos de Dios en persona, la sabiduría de Dios en figura humana. La comunidad cristiana vio encarnado en Jesús el amor, la compasión, la capacidad de perdón…del mismo Dios.

En consonancia con la revelación de Dios en el Antiguo Testamento, el Dios de Jesús es un Dios:

- compasivo, clemente, paciente, misericordioso y fiel (Éx 34, 6-7);
- es bueno con todos/as, cariñoso con todas sus criaturas (Sal 147, 17);
- libera a las personas cautivas, abre los ojos a las ciegas, levanta a las humilladas (Sal 146, 7-8).

Y Jesús revela a un Dios que se hace uno con nosotros/as: (Cristo Jesús) "quien siendo de condición divina, no consideró codiciable el ser igual a Dios. Al contrario, se despojó de su grandeza, tomó la condición de esclavo y se hizo semejante a los hombres. Y en su condición de hombre, se humilló a sí mismo haciéndose obediente hasta la muerte, y una muerte de cruz" (Flp 2, 6-8). La comunidad cristiana da el nombre de *Kénosis* a la falta de apariencia divina de la vida terrena de Jesús: el Verbo ha asumido una condición kenótica (*Kenô* en griego significa vaciar. De aquí: anonadamiento, aniquilación, y, con matiz moral, humillación).

¿Por qué Jesús, vive treinta años en Nazaret como persona normal? ¿Por qué busca y quiere que se le identifique como el siervo de Yahvé, del hijo del hombre? ¿Qué imagen de Dios revela? Revela a un Dios que quiere mostrarse y actuar en la historia como amor, como solidaridad y no como poder. Si Dios se hace uno de nosotros/as, si lo ha dejado todo para estar con nosotros/as, si asume toda limitación y por eso llega hasta morir, significa que la realidad más grande es la comunión.

Jesús nos muestra el rostro del Padre cuando anuncia el reinado de Dios. "Jesús, anuncia ante todo un reino, el reino de Dios; tan importante que, con relación a él, todo se convierte en "lo demás", que es dado por añadidura. Solamente el reino es absoluto" (EN 8). "Busquen primero el reino de Dios y hacer su voluntad, y todo lo demás les vendrá por añadidura" (Mt 6, 33). Y también: "Mi reino no es de este mundo" (Jn 18, 36). Jesús anuncia el proyecto de Dios. Por ser el proyecto una familia, Dios se revela como "*Padre*". Para realizar el proyecto en contradicción con las divisiones creadas por el odio y egoísmo humano, Dios se revela como *partidario de los/las pobres* y de los excluidos/as de la vida.

El mismo Dios se hace cargo de la historia para llevar a cabo esta realidad. El Reino de Dios no es un territorio, es una comunión de justicia, de paz y de fraternidad, que se opone al "reino" de este mundo que es egoísmo, interés, aprovechamiento de la otra persona, muerte de la dignidad de la persona y de la sociedad. El Dios de Jesús es para que el ser humano viva, y toda institución religiosa o imagen de Dios que se oponga a esto, es falsa.

La vida constituye la gran promesa que Dios hace a la humanidad. Todas las personas que se sienten amenazadas en su vida pueden contar con el apoyo de Dios (1 Sam 17, 26.36; Dt 6, 21; Os 2, 1). La opción preferencial por las personas pobres encuentra su fundamento en la propia naturaleza divina. Dios, en sus entrañas, se siente atraído por las personas oprimidas. La ofensa que se les hace, es una ofensa a su naturaleza y a su gloria. Es explicable la frecuencia de las tomas de posición de Dios en favor de las personas que ven violados sus derechos:

El Señor hace justicia a los oprimidos, da pan a los hambrientos, libera a los cautivos, da vista a los ciegos, endereza a los curvados, protege a los extranjeros, sustenta al huérfano y ampara a la viuda. (Sal 146, 7-9; Prov 14, 31; Dt 10, 18; Jer 22, 16)

Dios se presenta como el Dios vivo, engendrador de vida y defensor de los/las que tienen su vida amenazada.

Dios aparece como entrega y solidaridad absoluta cuando Jesús muere en la cruz. Jesús asume toda la revelación que Dios había hecho de sí mismo durante la historia y presenta su vida como la imagen concreta, tangible y transparente de Dios. Las situaciones en la que se hace esta presentación se contraponen radicalmente a la imagen que Jesús tiene de Dios. Esto crea el conflicto y la condena a muerte de Jesús.

Cuando Jesús proclama "dichosos los/las pobres", está resumiendo todo lo que el pueblo de Israel cree acerca de Dios. Dios es Dios porque ve la opresión de su pueblo, se fija en sus sufrimientos y oye sus gritos. ¿Por qué Jesús da un fuerte grito al morir? ¿Se sintió abandonado por Dios? Quienes habían puesto sus esperanzas en Jesús, se sintieron defraudados/as. Entonces, ¿no es preferible ser realistas y olvidar utopías, reinos de bondad y justicia imposibles de conseguir? ¿No es mejor que cada uno pase por la vida lo menos mal posible?

Ésta ha sido la reacción de muchas personas creyentes a lo largo de la historia. Sin embargo, la experiencia cristiana confiesa que precisamente *en la cruz* es donde *el ser de Dios* se muestra de modo definitivo. Ahora podemos decir que *Dios no sólo oye el grito de su pueblo, sino que él mismo se hace "grito" en nuestro dolor*. Pero, cuando todo parece perdido, cuando parecen triunfar los/las que han acusado a Jesús y se han burlado de él, el centurión romano confiesa: *"Verdaderamente este hombre era Hijo de Dios"* (Mc 15, 39). El centurión era un pagano. En aquel momento "la cortina del Templo se rasgó" (Mc 15, 38); al Templo nuevo acuden todos los pueblos: Jesús es la verdadera casa de oración.

El crucificado es sorprendentemente *el mismo Dios*; el Hijo de Dios entregado que, en libertad amorosa, entrega su Espíritu desde la radical confianza en el Padre. La cruz de Jesús nos dice cómo es Dios. Al hacerse solidario con nosotros/as hasta la muerte, descubrimos que Dios mismo es solidaridad y comunión. Se trata de un modo de hablar distinto del que nuestros egoísmos, miedos, injusticias, intereses, proyectan sobre Dios.

- ¿Qué afirmamos de Dios cuando decimos que es *poderoso*? ¿Nuestro modo de entender el poder está influido por el modo en que lo ejercen quienes dominan las naciones? Jesús nos enseña a considerarlo de modo distinto: desde la *impotencia* de su vida entregada en la cruz. Desde allí confesamos de un modo nuevo y liberador la omnipotencia de Dios.
- También afirmamos que Dios es *justo*. Utilizamos esta palabra para aplicar a Dios "nuestra justicia", para cobrar nuestras deudas, para justificar el orden establecido. Sin embargo, desde la cruz, la justicia de Dios aparece como *reconciliación*.
- Decimos que Dios es *inmutable* e *impasible*, que no puede cambiar y que es incapaz de padecer. Tras estas palabras pueden ocultarse unos ideales comodones, y la incapacidad para dejarse afectar por las necesidades de los/las demás. Desde la cruz somos invitados/as a ponernos *al servicio del "dolor" de Dios en los/las que sufren* y a reconocer que Dios siempre es fiel, presente en todas las personas pequeñas de la tierra.
- *La paternidad de Dios* no es un refugio fácil para nuestros miedos o impotencias, ni una excusa para huir de nuestras responsabilidades en la vida. Es un aprender a *confiar* contra toda esperanza y a caminar en la libertad.
- El *Dios de los/las pobres*, desde la cruz, aparece como el que sólo se puede conocer cuando nos convertimos a los/las que sufren y compartimos el hambre y sed de justicia. Dios es para todas las personas, pero no desde cualquier lugar, sino desde allí donde el odio y la injusticia del mundo le han relegado.
- Esto es así, porque *Dios es amor*, amor fiel y comprometido, real y eficaz en un mundo duro e injusto. Confesar a Dios como amor crucificado es reconocer el *juicio de Dios* sobre este mundo y, a la vez, *su entrega y perdón*. Decir que Dios es amor es algo propio de personas creyentes maduras y críticas que buscan eficazmente cambiar el mundo que aman.

Yahvé ha resucitado a Jesús de entre los muertos: es Dios de la vida. Es el gran acto de salvación: Dios supera la barrera de la muerte. Es fiel: resucita al Hijo y dirige la historia hacia su realización total, la fraternidad. Sus caminos no son nuestros caminos.

3. La revelación de Dios como Trinidad

La Trinidad es el sentido más profundo de nuestra existencia y del cosmos. Jesús nos hace renacer en su Espíritu y nos hacer formar parte del misterio de Dios. Dios es amor y comunión. Nosotros/as somos parte de este misterio. Nosotros/as somos testigos de esto; es nuestra experiencia diaria.

Ante el misterio de Dios, judíos y musulmanes piden silencio: no podemos pronunciar su Nombre, ni penetrar el misterio; llegamos a Dios y callamos, sin formular ninguna palabra, sin evocar ninguna imagen. Por el contrario, instruidos/as por Jesús, los cristianos/as sabemos que Dios es amor, camino de encuentro del Padre y el Hijo y el Espíritu.

La Trinidad es el misterio por excelencia. No es un dogma entre otros, ni una verdad que se suma a las restantes verdades de fe: es el dogma, el presupuesto en que se fundan los restantes elementos de la confesión cristiana; la verdad donde se apoyan y de la que reciben sentido todas las verdades del símbolo eclesial. Es el primer dogma y la primera verdad de los cristianos/as y es también la última experiencia y conocimiento humano. La Trinidad pertenece al misterio cristiano: nadie fuera de la Iglesia de Cristo la conoce, nadie puede confesarla. Pero, al mismo tiempo, brota de la búsqueda religiosa de la humanidad.

La "confesión" es una fórmula de fe muy condensada que transmite la experiencia religiosa de una comunidad, concretiza su visión de Dios y delimita las fronteras espirituales de las personas creyentes. Judíos/as, cristianos/as y musulmanes/as se definen como creyentes confesionales. No se limitan a creer, sino declararán y confesarán públicamente su fe. Creen en un Dios que ha venido a revelarse en la historia, por medio de los profetas. La fe los/las vincula entre sí y los/las separa de los restantes grupos religiosos.

Los judíos/as han resumido su profesión de fe en la *Shemá*: "Escucha Israel, Yahvé nuestro Dios, es un Dios único. Amarás a Yahvé tu Dios con todo el corazón, con toda el alma, con todas tus fuerzas" (Dt 6, 4-5).

Los cristianos/as hemos empezado confesando al enviado de Dios (¡Jesús es el Cristo! Cf. Mc 8, 29), para ampliar o profundizar nuestra fe diciendo: ¡Creo en Dios Padre, creo en Jesucristo su Hijo y creo en el Espíritu Santo! De esta forma, nuestra fe recibe una estructura trinitaria; son cristianos/as los/las que descubren a Dios como Padre, los/las que aceptan su manifestación plena en Cristo (su Hijo) y creen en su Espíritu, el poder transformador de la vida pascual de Jesús y su presencia salvadora (divina) para los humanos.

Los cristianos/as no llamamos a Dios Yahvé, Señor (como los judíos), sino Padre de Nuestro Señor Jesucristo.

La Trinidad es la garantía del valor del Evangelio. Sólo porque Dios es comunión de amor entre iguales, los humanos podemos vivir en comunión, compartir la vida, en gesto de gratuidad. El Espíritu santo es "Dios", no es un mero don divino: es la comunión perfecta, culminación del encuentro de amor entre personas. El Espíritu Santo es persona y comunicación perfecta, amor realizado. Allí donde Padre e Hijo, siendo distintos, se comunican, está el Espíritu. Este es el misterio, el don supremo: la vida es regalo, la vida es comunión, comunicación perfecta, amor que es camino: Espíritu Santo. El Espíritu Santo es expresión personal de la donación, del amor del Padre y del Hijo. Es Persona-amor. Es Persona-don…Es Amor y Don (increado) del que deriva como de una fuente toda dádiva a las criaturas…(Juan Pablo II, *Dominum et Vivificantem*, 10).

Tomando en serio a Dios, la Iglesia toma en serio al ser humano. El humano (varón y mujer) se definen como proceso y encuentro personal, donación de sí y experiencia de complementariedad en el diálogo. Eso sólo es posible en la perspectiva trinitaria.

La Trinidad es la hondura de Dios, que despliega y regala su misterio, por medio del Espíritu, en la Iglesia. La Trinidad es la misma comunión divina, culminada y perfecta, que se revela como fuente de toda comunión para los humanos. Dios es vida eterna compartida: sólo por fundarse en este Dios, la Iglesia puede ser experiencia de vida compartida: encuentro de hermanos/as que regalan y reciben (comunican) la experiencia. El Dios encarnado en Jesús se revela y despliega en la Iglesia (sin dejar de ser divino) como proceso culminado y comunión perfecta: eso es lo que la Iglesia llama Espíritu Santo y así lo han definido los Padres del concilio de Constantinopla (año 381).

El Bautismo de Jesús: profesión de fe trinitaria de la comunidad primitiva

"Y sucedió entonces que llegó Jesús, de Nazaret de Galilea, y fue bautizado por Juan en el Jordán. En cuanto salió del agua vio los cielos rasgados y al Espíritu descendiendo sobre él como paloma. Se oyó entonces una voz desde los cielos: Tú eres mi Hijo Querido, en ti me he complacido". (Mc 1, 9-11)

Jesús, como judío, ha comenzado buscando a Dios en el bautismo de conversión. Moisés busca a Dios en la montaña sagrada y en el fuego de la zarza (Éx 2-4); Jesús lo busca en el límite de sus posibilidades humanas (bautismo: donde los judíos pecadores van a implorar su perdón), enfrentado a su propia destrucción, poniéndose ante el Dios del juicio. Busca a Dios siguiendo la tradición del profetismo israelita, en gesto de penitencia, pero lo encuentra de modo distinto, como Padre que le ama, ofreciéndole su Espíritu (su tarea redentora). Dios aparecía como "Yo-Soy", aquí aparece el Padre que dice a Jesús "Tú-eres", presentando y revelando su hondura divina.

Vio los cielos rasgados. Hasta ahora Dios estaba arriba ("Yo-soy") y los humanos bajo, divididos en sus luchas. Jesús abre los ojos y se unen cielo y tierra: han cesado las antiguas divisiones, se han roto las distancias: Dios es Padre para los humanos. Y vio al Espíritu, bajando como paloma sobre él, como en el principio, sobre el agua del gran caos, para suscitar el mundo (Gen 1, 1-2). Así desciende ahora el Espíritu sobre Jesús, haciéndolo Mesías y cumpliendo la palabra de Juan, representante de Israel: "Vendrá él más Fuerte y los bautizará en Espíritu Santo". La función de Jesús no será proclamar sentencias de leyes, no será mantener una comunidad penitencial. Jesús es portador del Espíritu en persona (con su vida): por eso bautizará a los humanos en el Espíritu Santo, ofreciendo la plenitud de Dios.

Escuchó una voz que decía: "Tú eres mi Hijo Querido, en ti me he complacido". Dios se define como Padre (en su más honda verdad, en su misterio más profundo) y constituye a Jesús como Hijo. Más allá del silencio de Dios (cuyo nombre no se puede pronunciar) desbordando el nivel de la penitencia del Bautista, el Evangelio nos conduce al misterio original de Dios Padre que se revela a sí mismo, diciendo a Jesús "¡Tú eres mi Hijo!" y ofreciendo así sentido y fundamento a todo lo que existe. Jesús busca en Juan el bautismo judío de la penitencia, para perdón de los pecados. Superando ese nivel, recibe en el Jordán un bautismo trinitario: nace desde Dios, como Hijo querido, en el Espíritu. Por eso, él podrá bautizar a los/las demás en el Espíritu Santo. El no ofrece agua de purificación por los pecados, sino la gracia del Espíritu.

Dios: creador del cielo y de la tierra. Jesús nos descubre el misterio del mundo

En el capítulo 6, 20-25, del libro del Deuteronomio encontramos una escena de familia muy significativa. Un niño pregunta: ¿Por qué hacemos esto? Es una pregunta que se repite en las familias judías durante la cena de la Pascua. El que preside la cena responde:

"Éramos esclavos del faraón en Egipto, y el Señor nos sacó de Egipto con mano fuerte; el Señor hizo signos y prodigios grandes y funestos contra el faraón y toda su corte, ante nuestros ojos. A nosotros nos sacó de allí para traernos y darnos la tierra que había prometido a nuestros padres".

Esto constituye el núcleo de la fe de Israel. La fe de Israel va creciendo. Su origen está en la experiencia de liberación y en el don de la tierra. Ahí Israel ha reconocido a Dios como el que rompe cadenas y saca de la esclavitud para que su pueblo camine en libertad. Pero no sólo a su pueblo. Dios ha creado y bendecido a la humanidad. La llamada a la libertad va dirigida a todo ser humano y a todas sus relaciones: varón y mujer, animales y plantas, la tierra y el mar, lo de arriba y lo de abajo. Todo tiene que ver con el Dios que llama a la vida y por ello es reconocido, desde el principio, como *creador del cielo y de la tierra*.

Si una tormenta violenta nos impresiona todavía hoy, podemos imaginar lo que suponía hace tres mil años. Sin embargo, el autor del salmo 29 se recrea en contemplar la fuerza de los elementos, porque sabe que son criaturas de

Dios, al servicio de Dios, y de un Dios que "bendice a su pueblo con la paz".

La comprensión del mundo no puede separarse de la comprensión del misterio de Jesús. La primera comunidad cristiana revive la misma experiencia del pueblo de Israel; su origen es también el don de Dios que libera, pero, en este caso, con una referencia absoluta a Jesucristo. Y, así, la comunidad cristiana canta con gozo alabando al Padre porque:

> "Él es imagen de Dios invisible, primogénito de toda criatura; porque por medio de él fueron creadas todas las cosas: celestes y terrestres, visibles e invisibles, tronos, dominaciones, principados, potestades; todo fue creado por él y para él. Él es anterior a todo y todo se mantiene en él. Él es también la cabeza del cuerpo que es la Iglesia. Él es el principio, el primogénito de entre los muertos, y así es el primero en todo. Porque en él quiso Dios que residiera toda la plenitud. Y por él quiso reconciliar consigo todos los seres: los del cielo y los de la tierra, haciendo la paz por la sangre de su cruz". (Col 1, 15-20)

Jesucristo es la clave de las dos etapas de la historia de la salvación: la creación y la redención. Cristo es el mediador de la creación y el mediador de la redención. Ambas etapas se unen en Jesucristo. El creador y el redentor es él mismo. Dios no sólo crea por Cristo el universo; crea también todas las cosas en orden al mismo Cristo, pues en él está la plenitud de lo divino. Ahora Jesús, como mediador de la redención, puede renovar la creación y restablecerla en su proyecto original.

Toda la historia de la creación y de la humanidad antes de Jesús fue evolucionando y perfeccionándose hasta lograr al "hombre perfecto": un ser comunión con la divinidad, comunión con la humanidad y comunión con la creación. El futuro de la humanidad se ha anticipado en Cristo Jesús.

Jesús nos ha hecho renacer en su *Espíritu*. Desde esta nueva vida, reconocemos a *Jesús* como la encarnación de Dios; él nos abre a la comunión con el Dios que vivimos y percibimos como *Padre*. Esta gran realidad es el misterio de nuestro Dios. Es una realidad dinámica, vital y de comunión que nos transforma en "hijos/as" del Padre, "hermanos/as" de Jesús, unidos/as en el mismo Espíritu. El universo entero, lo vivimos como creación de nuestro Dios y participa también de nuestra comunión. *Jesús revela el rostro de Dios* ["El que me ve a mí, ve al *Padre*" (Juan 14, 9)]; y *el rostro del ser humano* ["Éste es el hombre" (Jn 19, 5)] que consiste en ser "*Hijo*", "obediente hasta la muerte"

4. Compromiso: hacer realidad el "Padre Nuestro"

Compromiso consigo mismo/a. No debemos conformarnos con un Dios conocido de oídas. Hay que dar el paso desde una religión de "costumbre" a una religión crítica. Y más: desde una religión crítica a un camino de iniciación al misterio, hasta alcanzar una *nueva experiencia* de *Dios* y poder profesar: "Tú eres el Mesías, el Hijo de Dios vivo". Esto "no te lo ha revelado nadie de carne y sangre, sino mi Padre del cielo" (Mt 16, 16-17). Esta experiencia de Dios volverá a dar sentido profundo a nuestro ser: "Dios envió a nuestros corazones el Espíritu de su Hijo que grita: 'Abba', es decir, 'Padre' De modo que ya no eres siervo/a, sino hijo/a, y como hijo/a, también heredero/a por gracia de Dios" (Gal 4, 6-7). Dios nos irá haciendo encarnación y testigos de lo trascendente, de lo invisible, de Dios mismo y su proyecto en un mundo pluralista, vivaz y dinámico…también terrenal, vacío, ruidoso, que huye…

El Espíritu nos ayudará a crear procesos catecumenales que respondan a nuestra particular realidad, procesos de inculturación del Evangelio, a partir de la religiosidad popular. Repetir la experiencia religiosa "tipo" Tepeyac. Dios (la Guadalupana) presente en Estados Unidos (Tepeyac), elige a los/las pobres (Juan Diego–hispanos/as) como sacramento de su acción. Su proyecto es construir una gran familia entre todas las razas (el Templo) comenzando a dar dignidad y esperanza a cuantas personas viven derrotadas (el Tío Bernardino) e impulsando a los/las "responsables" (Juan de Zumarraga) a convertirse a los valores de los/las más pobres.

Compromiso con la comunidad cristiana, sacramento del reino. "La Iglesia es en Cristo sacramento, o sea signo e instrumento de la unión íntima con Dios y de la unidad de todo el género humano. Ésta es su naturaleza y misión" (LG 1).

La carta a los Efesios predica la unidad de la Iglesia y la relaciona con el Padre: "Ambos (judíos y paganos), con el mismo Espíritu y por medio de él (Jesucristo), tenemos acceso al Padre. De modo que ya no somos extranjeros ni advenedizos, sino conciudadanos de los consagrados y de la familia de Dios" (Ef 2, 18-19).

Compromiso con la sociedad y el mundo: "construir el reino = la fraternidad". "…Cuando el que me apartó desde el vientre materno y me llamó por puro favor, tuvo a bien revelarme a su Hijo para que yo lo anunciara a los paganos" (Gal 1, 15-16). "En esto se distingue quien es hijo de Dios y quien lo es del diablo: quien no practica la justicia ni ama a su hermano no procede de Dios" (1 Jn 3, 10).

- Dios es Padre y nos hace colaboradores de su proyecto: tener alrededor de su misma mesa a todos sus hijos/as invocándolo "Padre Nuestro" porque vivimos como "hermanos/as".
- Una sola familia: hispanos/as, afro-americanos/as, asiáticos/as, anglos/as, europeos/as…
- No basta hacer el bien, hay que luchar contra el mal para erradicar la pobreza, la cultura de la muerte, el analfabetismo, la sumisión, de la violencia domestica, el abuso, la discriminación, el racismo, el machismo, la secular opresión de la mujer…

El "Padre nuestro": símbolo de nuestra fe. El "Padre nuestro" más que oración es símbolo de nuestra fe, símbolo del sentido de nuestra vida, de nuestras relaciones con Dios, con nosotros/as mismos/as, con los/las demás y la historia. "La oración dominical es, en verdad, el resumen de todo el evangelio" (Tertuliano, Or. 1). "El padrenuestro, condensando la esencia del evangelio, sintetiza y jerarquiza las inmensas riquezas de oración contenidas en la Sagrada Escritura y en toda la vida de la Iglesia. Esta oración, propuesta a sus discípulos por el propio Jesús, trasluce la confianza filial y los deseos más profundos con que una persona puede dirigirse a Dios" (DGC 115).

- *"Padre nuestro que estás en los cielos"*. *Padre: Abba*: (arameo) significa papá, papi, padre querido. *Imma* significa mamá, mami, madre querida. Son las dos primeras palabras que el niño/a aprende. Con las dos podemos invocar a Dios, pues Dios es Padre y Madre, un Padre materno. Expresa la comunión profunda entre Dios y el ser humano, la donación de Dios de todo sí mismo para que la persona viva. *Nuestro*: nos habla del amor al prójimo. Si las demás personas no son nuestros hermanos/as, Dios no es nuestro padre. *Que estás en los cielos*. Dios es el cercano y el lejano, el inmanente y el trascendente. Está en el misterio, en lo incomprensible. Es el Dios escondido, al que hay que buscar en todas partes, a nuestro lado, pero está de manera especial en las casas de las personas miserables, emigrantes, en las camas de los hospitales, en las celdas de las cárceles, en las personas pobres, en todas las que sufren. Pero no lo vemos.
- *Santificado sea tu nombre*. Pedimos que se glorifique a sí mismo (Jn 12, 28), que se manifieste al mundo como lo que es, Padre y santo, llevando a cabo sus mirabilia, las acciones salvíficas en favor de la humanidad; interviniendo en la historia humana.
- *Venga a nosotros tu reino*: la fraternidad. Los cuatro pilares del Reino son la libertad, la igualdad, la justicia y la fraternidad. Y lo fundamental es la justicia. Por eso, lo primero que tiene que hacer una persona cristiana es "buscar el reino de Dios y su justicia" (Mt 6, 33). Toda persona es candidata a ser ciudadana del Reino (Mt 8, 11), pero los miembros preferidos son las personas pobres, las débiles, las ningunas, las excluidas, las tenidas oficialmente como pecadoras públicas, las prostitutas, las que son perseguidas.
- *Hágase tu voluntad en la tierra como en el cielo*: su plan de salvación, su proyecto de amor para la humanidad y para todo el cosmos. Le

pedimos, pues, que cumpla su proyecto y nos salve. Ya lo hizo a través de Cristo y lo sigue haciendo con la fuerza del Espíritu y a través de las personas, en cuanto estas aceptan su propia salvación y trabajan por la salvación de todas.

- *Así en la tierra como en el cielo*. Que la voluntad que Dios decidió desde toda la eternidad en el cielo, la lleve a efecto de manera plena, de verdad y cuanto antes, en la tierra.

- *Danos hoy nuestro pan de cada día*. Las cuatro peticiones de la segunda parte son como un grito de socorro: somos pobres y pedimos pan; pecadores e imploramos perdón; débiles y suplicamos ayuda para no sucumbir en el peligro.

- *Pan de cada día* (epiousion = el verdadero necesario). El ser humano lo primero que necesita es comer. Por eso pedimos el pan. Se trata del pan esencial, sustancial, necesario para nuestra subsistencia (el pan necesario), lo que cada día necesitamos para seguir viviendo. Lo pedimos para hoy, porque sólo el "hoy" nos pertenece. El futuro no está en nuestras manos y nos fiamos de la providencia. El pan es "nuestro", porque es fruto de nuestro trabajo. Pedimos que no nos falte el trabajo para ganarnos el pan. No queremos que nos caiga llovido del cielo. El pan es "nuestro" porque es de todas las personas y porque pedimos el pan para todas. El pan se refiere también al alimento espiritual, al pan de la palabra de Dios (Mt 4, 4), al pan de vida (la eucaristía: Jn 6, 35.51.54.58) al pan del banquete escatológico (Lc 13, 29; 21, 16; Ap 19, 9).

- *Perdona nuestras deudas como también nosotros perdonamos a nuestros deudores*. No se trata de que nosotros/as perdonemos para que Él nos perdone (do ut des). Es justamente al revés. Puesto que Dios nos ha perdonado, nosotros/as debemos perdonar. La regla es que cuando perdonamos imitemos a Dios. Perdonamos como El perdona: deudas, ofensas, injurias..., y sin que nos quede el menor resentimiento en el corazón (Mt 18, 35).

- *No nos dejes caer en la tentación*. Todos/as estamos sometidos/as a la tentación y al peligro del pecado y empeñados/as en la lucha contra el mal. A Dios no le podemos pedir que estemos libres de tentaciones y de pruebas que vienen de la vida, eso sería como pedirle que nos sacara de este mundo. La tentación es la prueba de la fe y de la debilidad humana. En ella el ser humano toma conciencia de que por sí solo y por sus propias fuerzas la caída es inevitable.

- *Más líbranos del mal*. Pedimos tres cosas: que nos libre del mal en general, del mal físico, del mal moral y social; que nos libre de las influencias del Maligno; que, si hemos caído, nos rescate del estado en que nos encontramos. La liberación cristiana es una liberación comunitaria, pretende un cambio substancial de la sociedad a todos los niveles, crear una sociedad nueva donde no haya esclavitudes ni opresión donde reine la justicia y el amor. La liberación que pedimos afecta a lo espiritual y a lo material, al pecado social y al pecado religioso. Líbranos del mal, así como nosotros/as ayudamos a liberar de sus males a nuestros hermanos/as. El padrenuestro empieza con Abba, Padre y termina con Maligno, mal. En medio está el ser humano, amado por Dios-Padre viviendo en un contexto de "pecado". El padrenuestro nos dice lo que debemos creer y lo que debemos practicar. En él hemos pedido al Señor siete cosas. En cambio él nos pide que vivamos como hermanos y hermanas y que nos amemos como él nos ama

Síntesis

- Para la persona hispana, Dios entra en la definición de su identidad y como sentido último de todo. En Estados Unidos, la persona hispana entra en diálogo con otras maneras de entender la vida y Dios. Esto provoca crisis y confusión.
- Hace 2000 años, en Palestina, Jesús reveló el rostro de Dios. Hoy está en medio de nosotros/as para revelárnoslo y hacernos encontrar con él. La experiencia nos definirá como hijos/as, y a él como Padre/Madre.
- Dios es amor y comunicación plena. Él nos invita a formar parte de su realidad trinitaria. Así hace posible la convivencia humana en el amor, hace posible la fraternidad.
- No es posible, en Estados Unidos, vivir del pasado. Hay que entrar en un proceso serio que nos lleve a una experiencia del Cristo resucitado. Él nos dará su Espíritu, que nos permitirá clamar "Abba", y comprometernos por el proyecto del Padre: la fraternidad.

Tarea

1. Jesús revela un "rostro" de Dios. Describe algunas características del rostro de Dios que Jesús revela.
2. La sociedad en que vives presenta diferentes "rostros" de Dios. Describe tres y compáralos con los rasgos de Dios revelados en Cristo Jesús.
3. Después de haber reflexionado sobre el misterio de la Trinidad, ¿qué consecuencias prácticas deduces para tu vida?

Notas

SEGUNDA PARTE

La vida en Cristo

Vivir, es vivir en el Señor. Incorporados a Cristo por el Bautismo (Rom 6, 5), las personas creyentes cristianas estamos muertas al pecado y vivas para Dios en Cristo Jesús (Rom 6, 11), participando así en la vida del resucitado (Col 2, 12). Los cristianos/as, reconociendo en la fe nuestra nueva dignidad, somos llamados/as a llevar en adelante una "vida digna del Evangelio de Cristo" (Flp 1, 27).

En el espíritu de Dios todo es diferente: la vida, el mundo y la historia alcanzan su sentido más profundo. Ya no soy yo el que vivo, es Cristo quien vive en mí. Mi vida es Cristo (Flp 1, 21).

La vida en el Espíritu realiza el ser profundo de la persona (Tema 5); nos habilita a amarnos hasta la entrega de la propia vida (Tema 6). La vida en el Espíritu está hecha de caridad divina y solidaridad humana (Tema 7).

Tema 5: Jesús nos revela el misterio de la persona humana

Tema 6: La sexualidad humana y el mandamiento del amor

Tema 7: La comunidad humana

TEMA 5

Jesús nos revela el misterio de la persona humana

1. ¿Quién es este ser que soy yo? Criatura: posibilidad de lo filial
2. ¿Quién es este ser que soy yo? Imagen de Dios: realización de lo filial
3. Gracia y pecado
4. La conciencia, las pasiones y las virtudes

1. ¿Quién es este ser que soy yo? Criatura: posibilidad de lo filial

Somos barro, limitados/as, finitos/as, criaturas. Pero esta realidad está en tensión hasta no alcanzar su plenitud: ser hijo/a de Dios. Este proyecto ha aparecido en su máximo esplendor en Cristo Jesús. En él, todos/as podemos alcanzar la meta de la plenitud, de la felicidad.

La intensidad del cambio y su generalización conforma y configura la vida de los pueblos, incluso el modo de pensar y de actuar de las personas y de los grupos. Debido a este cambio, se crea otro estilo de vivir y de enjuiciar la vida, otra escala de valores y de comportamientos. Se genera un nuevo tipo de persona. Señalemos unas características:

1. SOMOS SERES CREADOS

Cuando pequeños/as, nuestros abuelos/as nos contaban las "historias" de la creación. Estaban impregnadas de la sabiduría de los pueblos en su caminar histórico. El Espíritu de Dios estaba en su caminar y ellos/as se descubrían como creados/as, formados/as por las manos de la Divinidad.

En la Biblia encontramos la experiencia del pueblo de Israel. El pueblo vive la comunión con un Dios que crea con él su historia. Israel universaliza su propia experiencia de pueblo creado por Dios, y de esta manera llega a la creación del mundo. "Vio Dios lo que había hecho, y era bueno" (Gen 1, 10).

La persona humana tiene un puesto privilegiado en la creación. "Cuando contemplo el cielo, obra de tus dedos, la luna y las estrellas que has creado, me pregunto: ¿qué es el hombre-mujer para que te acuerdes de él, el ser humano para darle poder?" (Sal 8, 4-5)

La creación es buena, pero su bondad es relativa. También cuando se experimenta como

mala, su maldad es relativa y sigue siendo en algún sentido buena. Pero no estamos identificados/as con nuestra propia relatividad.

Saberse ser humano es saberse criatura. Hoy advertimos una reacción de rechazo a esta afirmación. "Un ser sólo se considera independiente en cuanto es dueño de sí, y sólo es dueño de sí en cuanto se debe a sí mismo su existencia. Un hombre que vive por gracia de otro se considera a sí mismo como dependiente" (K. Marx).

Es verdad que la grandeza del ser humano implica ser dueño de sí mismo y rechazar, todos los paternalismos. Lo que el ser humano ha recibido del Creador es su ser dueño/a de sí; lo que tiene por gracia es el ser independiente; lo que tiene es una vida que es auto-realización. Tiene el poder de ser autor/a de sí.

El ser humano es una criatura privilegiada; es el único que puede autoconocerse como criatura, el único que se da cuenta de que existe en el mundo. Presentamos dos consecuencias concretas que afectan la tarea del ser humano en el cosmos y la relación de todos los humanos entre sí.

Humanizar la tierra. La persona moderna, en la medida que se sabe dueña de la creación, se encuentra entre dos opciones opuestas: por un lado una *mística del progreso* que ha resuelto problemas, ha derribado enemigos, ha elevado los niveles humanos de la vida; por otro lado, una *alarma de la destrucción*, que le ha revelado que la humanidad puede quedarse sin futuro, ha desenmascarado la inhumanidad del progreso.

"Dominen la tierra" (Gen 1, 28): no es despotismo arbitrario, sino que el ser humano "pone sus pies" (hebreo *cabash*) sobre la tierra no para aplastarla, sino para vivir en ella. "Dominio" significa responsabilidad encaminada a humanizar la tierra.

Unidad del género humano. La preeminencia del ser humano en la creación es de todos/as. Una de las razones de la predilección de Dios por los/las pobres está en que las diferencias rompen el plan creador de Dios. El tema de la fraternidad humana queda planteado desde la primera afirmación: el ser humano como criatura.

2. SOMOS CUERPO

El ser humano como ser corporal: corporeidad. El varón y la mujer se nos muestran como un "espíritu encarnado", o como un "espíritu corporizado". Por eso, más que hablar del cuerpo, hablamos de corporeidad, en el sentido que el cuerpo afecta a la totalidad del ser. El espíritu no es algo que se añade al ser vital para convertirlo en varón o mujer, sino que la corporeidad incluye por igual cuerpo y espíritu. Afirmar que el varón y la mujer son cuerpo es decir que existen y se realizan expresándose corporalmente, incluyendo en esto la vida humana corporal y la espiritual a la vez. El cuerpo es lo que nos permite ser con los otros/as y realizarnos en el mundo. A esta experiencia de ser en el mundo es a la que se llama corporeidad, y es desde la corporeidad hay que captar la esencia del ser humano. No puedo decir "yo tengo cuerpo" sino "yo soy mi cuerpo".

Significado del cuerpo humano. El cuerpo es expresión, presencia, acción, manifestación de toda la persona. Por medio del cuerpo nos expresamos, nos comunicamos y nos hacemos presentes en el mundo. El cuerpo tiene múltiples formas de expresión y lenguaje: la palabra, el gesto, la mirada, la risa, el llanto, la sexualidad...Mediante todos estos aspectos la persona expresa quién es.

La existencia corporal diferenciada: varón y mujer. La corporeidad humana es una existencia sexuada. El ser humano concreto existe como varón y como mujer. La sexualidad es, por tanto, una manera fundamental del ser. La vida sexuada está orientada a la intersubjetividad, al encuentro personal entre dos seres encarnados, donde se manifiesta el encuentro, la donación y el amor.

3. SOMOS SERES EN RELACIÓN

Ser con los otros/as: intersubjetividad. El varón y la mujer son seres que existen junto con otros/as. Nos convertimos en persona cuando nos trascendemos, nos encontramos con un tú, nos abrimos y nos entregamos al otro ser. Abrirse a un tipo de relación plenamente humana y constructiva es el término de un largo proceso de personalización.

Ser para los otros/as: donación. En este proceso de personalización, el ser humano necesita afrontar las realidades de la convivencia, de la amistad, del amor, de la sociedad, de la cultura. El ser humano necesita ser tratado como un "tú" al que se valora y ama. Así es como su existencia se afirma y cobra sentido. Estamos hechos/as para el amor: amor interpersonal y la justicia (dimensión social y política de la relación interpersonal).

Ser contra los otros/as: incomunicación. El ser humano puede fracasar en la experiencia de la relación y convertirse en ser agresivo, cosificado y solitario.

4. Somos seres en el mundo

No podemos llegar a ser plenamente personas sin establecer una relación directa con el mundo. Somos "ser-en-el-mundo". El modo concreto de ser en el mundo depende siempre de la visión que se tenga del mismo en cada época histórica o en cada situación cultural.

Un tiempo se consideraba el mundo como una naturaleza estática y sacral; hoy se le considera como una realidad dinámica, histórica y autónoma, que tenemos que construir y modelar desde nuestra propia libertad, responsabilidad y creatividad.

Nuestra presencia en el mundo se realiza fundamentalmente mediante el trabajo humano. Este se manifiesta bajo modalidades diferentes: ciencia, técnica, cultura, organización social, reflexión filosófica...

Nuestras actividades en el mundo tienen un objetivo fundamental: conseguir un nivel cada vez mayor de libertad, justicia, solidaridad, liberación y progreso para toda la persona y toda la humanidad.

En nuestra situación actual, cambiante y ambigua, se dan posturas que tergiversan o anulan la acción del ser humano en el mundo: frustración, evasión, pesimismo, rechazo, absurdo...

5. Somos seres libres

El ser humano es libre porque puede ser autónomo y responsable de su historia, como ser dinámico en evolución aunque limitado.

La libertad es la conquista o liberación *de*: el instinto, las alienaciones, la propia individualidad, las opresiones sociales....

Que nos da *libertad para*: crear relaciones, un ideal, una utopía.

Que exige de nosotros: fidelidad al proyecto, respuesta ética respecto de los/las demás, respetando su libertad. El ser humano es libre y puede agradecer su libertad.

6. Somos seres sociales

La socialización es un proceso largo, dinámico y continuo, mediante el cual el individuo aprende los valores de la sociedad, los selecciona e interioriza y se adapta al medio social en el que vive. La finalidad del proceso de socialización es favorecer un espacio de libertad y humanización en el que cada individuo vaya madurando en relación dialéctica de sí mismo con la sociedad. El proceso de maduración debe producir normalmente una personalidad social madura.

2. ¿Quién es este ser que soy yo? Imagen de Dios: realización de lo filial

Imagen de Dios (AT), ser creado en Cristo (NT)

El ser humano como criatura encuentra su plenitud en la vida de comunión con la Divinidad. Lo encontramos afirmado en dos sentencias claves de la Biblia: "A imagen de Él los creó" (Gen 1, 27). "Elegidos de antemano, destinados a ser conformes a la imagen de su Hijo" (Rom 8, 29).

Si el ser humano fuese sólo criatura, la muerte sería un fenómeno lógico, no trágico. Experimentamos la muerte como indebida. Nos experimentamos como inmortales por derecho. Hay en nosotros/as algo más que humano: una dimensión de divinidad. El ser humano es "imagen y semejanza de Dios". Lo que distingue la persona del resto de los seres creados es algo que tiene que ver con Dios, y con un Dios al que la persona cristiana reconocerá en Jesucristo y confesará como encarnado en él. La noción de "imagen de Dios" (Gen 1, 26.27) es la noción clave de la antropología bíblica. "No harás imágenes" (Éx 20, 4.5). En la medida en que Dios, por su trascendencia, necesita de una mediación, de alguna "imagen", ésta no es otra que la persona. El proyecto sobre el ser humano se realiza en Jesús, originario de Nazaret de Galilea e "imagen del Dios invisible" (Col 1, 15).

En el Nuevo Testamento, el lenguaje sobre la imagen de Dios se convierte de antropológico en cristológico. Cristo es a la vez la verdadera imagen de Dios y la cumbre del ser humano. Jesucristo pertenece a la definición del ser humano. La creación a "imagen y semejanza" pasa a ser ahora la "creación en Cristo", en el Espíritu de Jesús. Adán era una promesa profética de Cristo. La creación, al ser recapitulada en Cristo mediante el ser humano, dejará de ser palabra sobre Dios para ser palabra de Dios, es decir comunica a Dios mismo.

Pablo dice que el ser humano es imagen de Dios porque fue creado como anuncio del "Hombre" futuro, de Cristo (Rom 5, 14). Su fin era Cristo, que, después de la resurrección, implica no sólo a Jesús de Nazaret, sino al Cristo total, cabeza y cuerpo. El ser humano necesita desnudarse primero de la persona vieja para ir revistiéndose de una forma totalmente nueva de ser persona.

Pedro (2 Pe 1, 4) cercano al mundo helenístico, habla de "participar de la naturaleza de Dios". Los escritos joánicos, cuyo punto de arranque es la experiencia de plenitud en Cristo (1 Jn 1, 1ss), dan pie a que se hable de la realización de la imagen como una divinización de la persona, aunque esa divinización significa su auténtica humanización. Pablo y Juan ponen de relieve la duplicidad del ser humano: barro y vocación de Dios, y subrayan que en la imagen de Dios está la verdad última del ser humano y su vocación última.

El ser criatura, aunque signifique limitación y finitud, no significa necesariamente cerrazón o conclusión. La divinidad del ser humano afecta a la totalidad del ser: cuerpo y alma.

Los Padres más helenizados descubren la imagen de la persona en su ser racional; para la teología medieval la imagen divina de la persona parece residir sólo en su alma, espiritual e inmortal. Gen 1, 26 dice: "Hagamos a los seres humanos a nuestra imagen y semejanza, para que dominen…": se entiende que el ser humano a sido creado, creador. Gn 1, 27 dice "a imagen de Dios lo creó: varón y hembra los creó". Según eso, la imagen de Dios consistiría en la diferencia sexual. La humanidad se parece a Dios, porque no es aislamiento, sino comunión de personas. Para muchos/as la libertad es la mejor definición de Dios y la mejor definición del ser humano. La libertad del ser humano es una imagen de Dios. El misterio de la libertad constituye un acceso innegable al carácter divino del ser humano. Un afán de inmortalidad que va más allá del mero instinto de conservación es constitutivo de su naturaleza. El ser humano es, en particular, una criatura con una intrínseca y necesaria pretensión de universalidad. Una pretensión de totalidad, es claramente una pretensión de divinidad.

LA IMAGEN DE DIOS IMPLICA LA DIGNIDAD DE LA PERSONA HUMANA

Al ser humano no se le puede querer como se quiere a los perros; no se le puede imponer el bien o el don que consideramos mejor para él; no se le puede reducir a mero receptor pasivo; no se le puede dar el amor sin contar con él para nada; no se puede hacer con él nada que prescinda de su libertad….

El Dios cristiano representa el modelo máximo de respeto a la persona: no quiere nada de la persona que no sea libremente querido por ella. Los cinturones de castidad, la persecución religiosa, la Inquisición, la dictadura del proletariado, los salvadores a la fuerza, no fueron inventos de Dios, sino de la humanidad, que recurrió a Dios para justificarlos. Y porque Dios es así, la pregunta decisiva para nosotros/as no es sólo si amamos mucho a los/las demás, sino también si los/las queremos con un amor digno de la persona. Ese respeto de la libertad ajena, esa afirmación de una zona de dignidad inviolable, ese aceptar que la otra persona es más "misterio impenetrable" que estructura manipulable: todo eso equivale a atestiguar una dimensión divina en la otra, es una conducta religiosa en el mejor sentido del término.

Ahí radica la única verdadera recuperación de la sacralidad. Si obramos así con los/las demás, no por temor, ni por comodidad, sino por algo que nos lo exige desde dentro, estamos confesando que hay en el misterio de los/las demás una verdadera imagen de Dios.

La imagen de Dios implica la responsabilidad de un dinamismo infinito

El ser humano tiene un corazón inquieto, sea para amar, para la investigación, para la política o para la riqueza. La razón de esa inquietud es Dios: *Nos has hecho para ti, y nuestro corazón está inquieto hasta que descanse en ti* (San Agustín, Confesiones I, 1). La imagen divina puede ser no sólo un dinamismo que atrae, sino también un vértigo que asusta. No tiene sentido el esfuerzo del ser humano por eliminar la inquietud en su corazón, en lugar de soportarla hasta realizarla en Dios. El cristiano/a no se siente perfectamente instalado en la finitud, pero sí se siente mandado por Dios a "morar en la finitud", aunque a la vez confiese que ésta no es su "morada permanente".

La imagen de Dios implica una nueva modalidad de acceso a Dios

Toda la creación aspira a Dios. Dios se da a conocer en la persona como la meta de su impulso, pero también como la fuerza de este impulso. El ser humano se trasciende a sí mismo. Pero la proyección de la persona no consiste en sacar fuera de sí lo que ya tiene en sí, sino más bien en buscar fuera de sí lo que sólo borrosamente tiene en sí. Dios no aparece sólo como una lejanía, sino como un interlocutor que se acerca. Por su "condición divina" la humanidad tendrá el atrevimiento que sólo Jesús ha tenido: llamar a Dios Padre. Las cosas tienen sacramentalidad cuando son miradas "con los ojos de Dios".

La imagen de Dios como pasión del ser humano

Ser persona no es un descanso, sino un camino, y no un camino llano, sino un ascenso. Sólo hay una única historia. La imagen y semejanza no es un añadido ajeno a la creación, sino una manera de ser de la criatura. Lo que los cristianos/as llamamos "lo sobrenatural" no puede consistir en una huida de lo natural; es una verdad nueva, última sobre lo humano. Una comunidad que pretendiera buscar lo sobrenatural fuera de esta historia en un pretendido espacio particular, ya no sería una comunidad cristiana sino una comunidad "supersticiosa". El hecho que seamos imagen de Dios nos compromete a transformar y conducir la historia para que sea reflejo de nuestra realidad profunda.

3. Gracia y pecado

En decenas de siglos de historia, el ser humano ha sido muchas veces capaz de resurgir de sus cenizas: no sólo de cenizas políticas y económicas, sino también de muchas cenizas humanas han resurgido individuos, comunidades y épocas históricas. Este resurgir ha sido un renacer a un nuevo combate abierto. Es un resurgir que muestra que nunca están perdidas todas las esperanzas, ni cerradas todas las puertas.

No cabe duda alguna de que la humanidad necesita ser radicalmente renovada. Es el lenguaje del "hombre nuevo" de Pablo. Esta renovación tiene una doble tarea: la reconstrucción y la potenciación de lo humano. Es la obra que Dios está dispuesto a hacer en la persona y con la persona.

La realidad de la gracia hace la diferencia entre el cristiano y todos los humanismos. Mientras éstos creen que el ser humano no es pecador, sino simplemente perfectible, el cristiano cree que el ser humano es pecador, pero, a pesar de eso, perfectible. El Espíritu mismo de Dios ha fecundado la matriz estéril de la historia y ha creado la humanidad nueva, el nuevo Adán, Cristo Jesús. La potenciación y renovación de lo humano es nada menos que una potenciación hasta lo divino.

Los que transmitieron que "tan humano sólo puede ser Dios mismo", revelaron a las personas en busca de su humanidad que así de humanos sólo podrían serlo si fuesen dioses. "Yo he dicho que son dioses...aunque mueran como hombres" (Sal 81, 6).

La gracia no puede ser asimilada a una cosa, sino a una presencia personal. *Es una relación personal entre nosotros/as y Dios*. El Espíritu en nosotros/as no ama solamente a Dios sino a los seres humanos. Dios quiere tomar posesión del ser humano, no solamente para que nosotros/as lo amemos a él, sino para amar a las demás personas por medio de nosotros/as.

A esa renovación de lo humano, en el lenguaje cristiano se le llama *gracia*. Por un lado, la gracia tiene que ver con lo *gratuito y con la gratitud*. Pero, además, tiene que ver con lo *grato y gracioso*. Es el favor de Dios lo que hace amable a la persona. El "ser persona", según Dios, tiene que ver con agradecer, con atraer (pero atraer porque se ama) y con saber sonreír. Y las tres cosas, por el hecho de que la persona se sabe amada por Dios. El lenguaje cristiano nunca habla de tener gracia, sino de *estar en gracia* (como se dice estar en forma), porque la gracia no debería concebirse como una cosa, sino una manera según la cual una cosa es. El proyecto de hermano/a se nos abre al proyecto de hijo/a. Y la filiación divina se hace históricamente real en el proyecto de hermano/a.

Aunque sus comienzos son sencillos, la gracia se inserta en el proyecto humano pleno: el proyecto de filiación y fraternidad. Hay que tomar en cuenta que el *don de la gracia es un proceso*, una vida, incluso un combate. Y esto hay que afirmarlo tanto a nivel de la historia personal como de historia global. La gracia tiene lugar en medio de este ser humano, de este mundo y de esta historia llena de pecado. El mundo no se divide en pecado y gracia, sino que cada persona, cada situación, es a la vez gracia que pugna por nacer en el pecado y pecado que pugna por asfixiar a la gracia.

Universalidad de la gracia. Dios ofrece su gracia permanentemente a todos los seres humanos, incluso a los que están fuera de la Iglesia. Para explicar el efecto de la gracia en la persona o la victoria sobre el pecado, Pablo acuñó la palabra "justificación". Justificar equivale a "hacer justo", por tanto, a hacer una persona buena. La justificación paulina es la transformación de la persona, de inhumana en buena y, por lo tanto, en plenamente humana. "Justificación" puede sustituirse con "realización humana", "rehabilitación", "perdón", "liberación". La gracia comienza la transformación de la persona "justificándola". Esa justificación es algo histórico que, a la vez, ya está y ha de continuar desarrollándose.

Pablo en los capítulos 5-8 de la *Carta a los Romanos*, desarrolla los pasos siguientes:

- cap.5: establece el hecho de la justificación de la persona como consecuencia de la gracia;
- cap.6 (y parte del 7): presenta la obra de la gracia en la persona como un proceso de liberación *de* (liberación del pecado, de la ley, de la vetustez humana);
- en la 2a mitad del cap.7: recuerda el *carácter histórico de esa* liberación, y su experiencia contradictoria: la persona se siente a la vez libre y esclava;
- cap.8: presenta la transformación producida por la gracia como una liberación *para* (para las obras del Espíritu de Dios y, por lo tanto, de los hijos/as de Dios). El Espíritu Santo de Dios es lo más humano de la persona.

Lutero defendía una "justificación" meramente extrínseca, que dejaba a la persona tan pecadora como antes. El Concilio de Trento defendió una "gracia" que hace al ser humano realmente merecedor ante Dios. Para Lutero, la bondad de la persona no tiene realidad alguna, es puro mito, y consiste sólo en que Dios no hace caso de su maldad y sigue mirándolo con buenos ojos, pero sin que ello cambie nada en la persona, salvo la posibilidad de seguir confiando en Dios a pesar de su propio desastre. La gracia es el Espíritu de Dios presente en nuestros corazones. Nos da la capacidad de amar como Dios ama. Lo importante para la justificación no es el nombre que se da al don de Dios, sino como se responde a él.

La gracia como liberación de sí mismo/a. La gracia solo es realmente tal en la medida en que se convierte para la persona en una liberación de sí mismo/a y en una salida del propio amor, querer e interés. Pablo describe el cambio de situación del cristiano/a con estas palabras: "La gracia sumerge a nuestro hombre viejo en la muerte de Cristo, lo injerta en ella y lo sepulta con él, para que muera nuestro "yo" pecador y no sirvamos ya al pecado" (Rom 6, 3-13). La gracia nos injerta también en la resurrección de Cristo para que vivamos su novedad humana.

Sumergir en, injertar en, sepultar con, son sinónimos que pretenden expresar una situación cuyo dinamismo puede describirse como experiencia de muerte y vida. Ese doble cambio de situación del cristiano/a implica también un cambio en su conciencia.

La gracia como liberación para los/las demás: la nueva humanidad. El núcleo del Nuevo

Testamento puede resumirse así: estamos redimidos para amar a los hermanos/as: "No se encierren en sus intereses, sino busquen todos los intereses de los demás" (Flp 2, 4)

¿Es realmente posible la inversión de intereses? Amar a las personas concretas es sumamente difícil y prácticamente imposible; precisamente por eso, cuando las amamos, es Dios mismo (o su Espíritu, o su Gracia) que las ama en nosotros. La obra del Espíritu en nosotros/as consiste en la implantación de la persona en la filiación divina, para que pueda ser hermano/a, y en la implantación de la persona en la libertad-de-sí-misma, para que pueda ser desinteresada.

La gracia como filiación fraternal. "Revestirse del hombre nuevo creado según Dios" (Ef 4, 24). La fraternidad es para nosotros los humanos simplemente imposible. Sólo se hace posible como "gracia". Sabemos que la persona ha sido creada "para"…y que la definición más profunda del ser es la "comunión". El pecado incapacita a la persona para asumir este ser. La gracia rehace a la persona para la convivencia y la potencia para la comunión.

El camino hacia la fraternidad supone un giro de 180 grados en la trayectoria humana. Supone abandonar la trayectoria de querer ser-como-dioses (Gen 3, 5) y entrar en la trayectoria lenta de vaciamiento hasta presentarse como "uno de tantos…hecho servicial hasta la muerte" (Flp 2, 7-8). Esta trayectoria es sobrehumana: así de humano solo puede ser Dios mismo.

La fraternidad tiene un precio que muchas veces llega incluso a la propia entrega de la vida: al martirio. Cuando el amor llega a dar la vida por los hermanos/as, es cuando sobreabunda la gracia, que redime no solo a los hermanos/as, sino a los propios asesinos/as.

El Pecado

El pecado se define como ruptura de la comunión con Dios, con la persona, consigo mismo/a y con el mundo, comunión a la que ser humano es llamado por su propia vocación (cf. *Puebla*, 322). Misteriosa y paradójicamente, el ser humano puede tomar libremente opciones que van contra su vocación a la comunión. Así se revelará la contradicción que es él mismo. Contradicción que se manifiesta en las contradicciones particulares, concretas, históricas que las personas establecemos dentro de nuestro mundo, un mundo de "ricos cada vez más ricos a costa de los pobres cada vez más pobres" (*Puebla*, 30). Y al marginar a su prójimo, la persona rechaza al Señor; al negar a su hermano/a, niega a Dios (Mt 25, 36-51). En las manos de la persona está la capacidad de ofrecer fraternidad o injusticia, condiciones de vida o de muerte, salvación o perdición. Las voluntades humanas se estructuran en la sociedad como fuerzas, mecanismos o clases de opresión o de liberación; pero a la vez detrás de una estructura injusta hay una voluntad, personal o colectiva, responsable: hay una voluntad de rechazo a Dios y a los/las demás. La respuesta de la humanidad a Dios se da en la historia: en ella las personas ofrecemos vida al modo de Dios o la negamos, apoyamos el pecado o lo quitamos. La concreción histórica no es fatalidad ni mero mecanismo estructural, sino responsabilidad personal ante Dios y la humanidad.

Eliminar esta posibilidad de comunión abre la puerta a una serie de deformaciones que son justificación y racionalización de nuestro comportamiento y de los males que afligen a las mayorías. *Dualidad de nuestra existencia*: establecemos compartimentos que sólo le corresponden a Dios o a nuestro yo individual sin contar con los/las demás, al Espíritu sin encarnarlo en la vida concreta, a una conversión interior que no repercute en estructuras, a una reforma de las condiciones exteriores que no ve el corazón.

Desde las contradicciones y las rupturas que va provocando en torno de sí, el ser humano puede llegar a afrontar la verdad de su condición humana: *no sólo rompe su relación con los otros/as, sino él es internamente un ser roto*; no sólo crea contradicciones, sino que él es una misteriosa contradicción: vocación a la comunión y comunión rota, justo y pecador. Y ha de aprender a hacerse persona en la historia, en esa tensión entre la gracia y el pecado, consciente de lo que sus obras van dejando de vida o de muerte para los/las demás, pero dejándose llevar mucho más por el amor que lo llama.

La gravedad del pecado - (Esta parte fue tomada del Catecismo de la Iglesia Católica)

Donde abundó el pecado, sobreabundó la gracia" (Rom 5, 20). El pecado es faltar al amor verdadero para con Dios y para con el prójimo. Hiere la naturaleza del hombre y atenta contra la solidaridad humana. El pecado es una ofensa a Dios: "Contra ti, contra ti sólo he pecado, lo malo a tus ojos cometí" (Sal 51, 6). Como el primer pecado, es una desobediencia, una rebelión contra Dios por el deseo de hacerse "como dioses", pretendiendo conocer y determinar el bien y el mal (Gn 3, 5).

La raíz del pecado está en el corazón de la persona. Elegir deliberadamente, es decir, sabiéndolo y queriéndolo, una cosa grave contraria a la ley divina y al fin último de la persona, es cometer un *pecado mortal*. Éste destruye en nosotros/as la caridad, sin la cual la bienaventuranza eterna es imposible.

El *pecado venial* constituye un desorden moral que puede ser reparado por la caridad que tal pecado deja subsistir en nosotros/as.

La reiteración de pecados, incluso veniales, engendra vicios entre los cuales se distinguen los *pecados capitales*.

4. La conciencia, las pasiones y las virtudes

(Esta parte fue tomada del Catecismo de la Iglesia Católica)

Conciencia

La persona, imagen de Dios, se construye activamente mediante su poder de autodecisión; y así la conciencia no se limita a ser una simple aplicación mecánica de principios a las contingencias de la vida; es un *inventar cada vez el modo con que la persona responde a su calidad de imagen de Dios*, realizándose a sí misma en verdad.

En lo más profundo de su conciencia el hombre descubre una ley que él no se da a sí mismo, sino a la que debe obedecer, cuya voz resuena, cuando es necesario, en los oídos de su corazón, llamándole siempre a amar y a hacer el bien y a evitar el mal…El hombre tiene una ley inscrita por Dios en su corazón…La conciencia es el núcleo más secreto y el sagrario del hombre, en el que está sólo con Dios, cuya voz resuena en lo más íntimo de ella. (GS 16)

Presente en el corazón de la persona, la conciencia moral (cf. Rom 2, 14-16) le ordena, en el momento oportuno, practicar el bien y evitar el mal. Juzga también las opciones concretas aprobando las que son buenas y denunciando las que son malas (cf. Rom 1, 32). Atestigua la autoridad de la verdad con referencia al Bien supremo por el que la persona humana se siente atraída y cuyos mandamientos acoge. La persona prudente, cuando escucha la conciencia moral, puede oír a Dios que le habla.

La conciencia moral es un juicio de la razón por el que la persona humana reconoce la calidad moral de un acto concreto que piensa hacer, esta haciendo o ha hecho. La persona está obligada a seguir fielmente, en todo lo que dice y hace, lo que sabe que es justo y recto. Mediante el dictamen de su conciencia, la persona percibe y reconoce las prescripciones de la ley divina.

La conciencia hace posible asumir la responsabilidad de los actos realizados. Si cometemos el mal, el justo juicio de la conciencia puede ser en nosotros el testigo de la verdad universal del bien y, al mismo tiempo, el de la malicia de su elección concreta. Al hacer patente la falta cometida, recuerda el perdón que se ha de pedir, el bien que se ha de practicar todavía y la virtud que se ha de cultivar sin cesar con la gracia de Dios.

La educación de la conciencia es una tarea de toda la vida. Desde los primeros años despierta en el niño el conocimiento y la práctica de la ley interior reconocida por la conciencia moral. Una educación prudente enseña la virtud; preserva del miedo, del egoísmo y del orgullo, de los insanos sentimientos de culpabilidad…La educación de la conciencia garantiza la libertad y engendra la paz del corazón.

En la formación de la conciencia, la *palabra de Dios es la luz de nuestro caminar*; que es preciso asimilar en la fe y la oración, y ponerla en práctica.

Las virtudes

La virtud es una disposición habitual y firme para hacer el bien.

Las virtudes humanas son disposiciones estables del entendimiento y de la voluntad que regulan nuestros actos, ordenan nuestras pasiones y guían nuestra conducta según la razón y la fe. Pueden agruparse en torno a cuatro *virtudes cardinales*: prudencia, justicia, fortaleza y templanza.

Las virtudes morales crecen mediante la educación, mediante actos deliberados y con el esfuerzo perseverante. La gracia las purifica y las eleva.

Las virtudes teologales disponen a los cristianos a vivir en relación con la Santísima Trinidad. Tiene como origen, motivo y objeto, a Dios conocido por la fe, esperado y amado por Él mismo.

Las virtudes teologales son tres: la fe, la esperanza y la caridad (cf. 1Cor 13, 13). Informan y vivifican todas las virtudes morales.

Los siete dones del Espíritu Santo concedidos a los cristianos son: sabiduría, entendimiento, consejo, fortaleza, ciencia, piedad y temor de Dios.

LAS PASIONES

La persona humana se ordena a la bienaventuranza por medio de sus actos deliberados: las pasiones o sentimientos que experimenta pueden disponerla y contribuir a ello.

El termino "pasiones" designa los afectos y los sentimientos. Por medio de sus emociones, la persona intuye lo bueno y lo malo. Ejemplos eminentes de pasiones son el amor y el odio, el deseo y el temor, la alegría, la tristeza y la ira.

En las pasiones, en cuanto impulsos de la sensibilidad, no hay ni bien ni mal moral. Pero, según dependan o no de la razón y de la voluntad, hay en ellas bien o mal moral.

Las emociones y los sentimientos pueden ser asumidos por las virtudes, o pervertidos en los vicios.

La perfección del bien moral consiste en que la persona no sea movida al bien sólo por su voluntad, sino también por su "corazón".

Síntesis

- Somos criaturas (barro, limitados, finitos). Somos cuerpo; seres en relación, seres en el mundo, seres libres, seres sociales. Esta realidad está en tensión hasta que alcance su plenitud: ser hijos/as de Dios.

- Este proyecto ha aparecido en su máximo esplendor en Cristo Jesús. En él, todos nosotros/as, podemos alcanzar la meta de la plenitud, de la felicidad.

- "A imagen de él los creó" (Gen 1, 27). Juan habla de la realización de la imagen como una divinización de la persona, y esa divinización significa su auténtica humanización. La imagen de Dios implica la dignidad de la persona humana, la responsabilidad de un dinamismo infinito y una nueva modalidad de acceso a Dios. La imagen de Dios como pasión del ser humano.

- La realidad del pecado y de la gracia son aportaciones cristianas a la antropología, a la comprensión del ser humano. El ser humano es pecador. Pero, a pesar de eso, perfectible. La gracia es una relación personal entre nosotros/as y Dios. Esta comunión me hace hijo/a y hermano/a. El pecado es la ruptura de la comunión con Dios, con la persona, conmigo mismo/a y con el mundo. Los cristianos/as estamos muertos/as al pecado y vivos/as para Dios en Cristo Jesús (Rom 6, 11).

- La conciencia es un inventar cada vez el modo con que voy respondiendo a mi calidad de imagen de Dios. El caminar constante en el seguimiento de Jesús va formando en mí disposiciones habituales (virtudes). Todo mi ser, mi voluntad y mi "corazón" (pasiones), es vivir en Cristo Jesús. Mi vida es Cristo (Flp 1, 21)

Tarea

1. Describe cómo se considera en la cultura hispana a la persona, cuál es lugar que ocupa en la valoración del tiempo, dinero, intereses etc.

2. Escribe tres actitudes que manifiesten lo que significa vivir en el Espíritu de Jesús en Estados Unidos (gracia) y contra el espíritu de Jesús (pecado).

TEMA 6

La sexualidad humana y el mandamiento del amor

1. Identificación y maduración sexual de las personas hispanas
2. Dimensión sexual de la persona humana
3. La "salvación" sexual
4. Amar a Dios y amar al prójimo: los diez mandamientos

1. Identificación y maduración sexual de las personas hispanas

La sexualidad es fuerza integradora de toda la persona. Nos identifica en nuestro ser varón o mujer. Nos permite realizar nuestra vocación: ser para otro, amar. Nos ayuda a trascendernos y vivir la vida como comunión con Dios. ¿Qué es sexo, qué significa ser varón o mujer, qué entendemos por amor, qué tipo de relaciones interpersonales nos caracterizan, qué rasgos tiene nuestro Dios...en la cultura hispana? Si en nuestro país la sexualidad había sido elemento integrador, al llegar a Estados Unidos todo se pone en tela de juicio. Hay tantas maneras de pensar, diferentes modos de entender el amor, el sexo, las relaciones interpersonales, Dios...que se hace necesaria mucha sabiduría para mantenernos fieles a nosotros/as mismos/as en el cambio.

La solución no será aferrarnos a normas rígidas e intransigentes, sino, en la velocidad de los cambios y en la pluralidad de las concepciones de vida, recrearnos constantemente en un diálogo sincero con nosotros/as mismos/as, con las culturas y con el Espíritu de Jesús. La reflexión comunitaria se hace indispensable para mantener el rumbo hacia la dignidad de la persona.

En los Estados Unidos, más de la mitad de los/las jóvenes han tenido relaciones sexuales antes de los diecisiete años. Más de un millón de muchachas adolescentes se embarazan cada año; de las que dan a luz, cerca de la mitad son menores de dieciocho años. Cada año, cerca de medio millón de muchachas adolescentes abortan. Los embarazos, abortos y nacimientos entre los adolescentes tienen, generalmente, consecuencias negativas de orden sicosociales,

económicas, emocionales morales y de salud. Son factores que contribuyen fuertemente a la existencia de estructuras familiares muy débiles.

La sociedad en que vivimos está enormemente erotizada, con un exceso de actividad sexual comercializada. El ambiente reduce la sexualidad humana a lo genital y no considera a la sexualidad como parte integrante de la persona.

En nuestra sociedad, aproximadamente un 6% de varones y 15% de mujeres han sido violados/as sexualmente antes de haber cumplido los diecisiete años. El incesto es un problema grave para muchos/as adolescentes. Del 60% al 70% de los hijos/as que abandonan su hogar y los drogadictos/as con problemas serios, confiesan haber sufrido de incesto en sus vidas.

Los hispanos/as valoramos fuertemente la familia. Es fuente de cariño, apoyo, transmisora de valores y continuadora de las tradiciones y de la cultura. La familia abarca tanto a la familia nuclear como a los abuelos/as, los tíos/as, primos/as, compadres/comadres y amigos/as íntimos/as.

La carta pastoral "Presencia hispana" de los obispos norteamericanos dice:

> "La unidad de la familia hispana está amenazada, en particular, por el desarraigo causado por los cambios, especialmente del estilo de vida del campo a la ciudad y del estilo de los países latinoamericanos al nuestro; por la pobreza que sufre una gran proporción de las familias hispanas y por las presiones causadas por el proceso de asimilación que, a menudo, llevan a una separación entre las generaciones dentro de la familia y una crisis de identidad entre los jóvenes".

Casi una cuarta parte de las familias hispanas son mantenidas sólo por uno de los padres; la inmensa mayoría por la mujer. La cantidad de divorcios es muy alta, y existe un número creciente de madres solteras y de familias abandonadas por el padre. Es común que un padre tenga una familia en su país de origen y otra aquí. En los Estados Unidos, cerca de un tercio de los matrimonios iniciales y más de la mitad de los segundos matrimonios terminan divorciándose. El diálogo familiar se hace difícil, se reduce el tiempo para convivir y las relaciones se vuelven insoportables.

La moral se ocupa de los actos de la persona como ser salvado en Cristo, y como tal tiene que ver con esta fuerza integradora que es la sexualidad.

ABORTO Y HOMOSEXUALIDAD: UNOS ASPECTOS DE ACTUALIDAD EN LA SEXUALIDAD HUMANA

Aborto. Se entiende por aborto la expulsión del feto del útero materno antes de que haya llegado a la etapa de poder subsistir fuera del seno materno. El aborto como expulsión del feto o interrupción del embarazo es objeto de la reflexión jurídica (leyes), médica y moral fundamental.

Existen básicamente dos clases de aborto: el aborto espontáneo y el provocado. El aborto espontáneo sucede por causas naturales, sin la libre intervención humana.

Existen cuatro diferentes tipos de aborto provocado:

- el aborto terapéutico: cuando la continuación del embarazo pone en peligro la vida de la mujer embarazada;
- el aborto eugenésico: provocado cuando hay la certeza de que el nuevo ser nacerá con anomalías o malformaciones congénitas;
- el aborto humanitario: provocado o inducido cuando el embarazo es consecuencia de una acción violenta, por ejemplo, la violación;
- el aborto psico-social o aborto provocado: cuando el embarazo no resulta deseado por razones de tipo social y psíquico. Es el tipo de aborto más frecuente, y de hecho, funciona como un método de control de la natalidad.

La doctrina oficial de la Iglesia Católica sobre la moralidad del aborto es clara y concisa. Tiene su fundamento en la doctrina de la Biblia sobre la vida humana y en la Tradición cristiana, y se puede formular en tres puntos: 1) todo ser humano, incluido el niño en el seno materno, posee el derecho a la vida basado inmediatamente en Dios, no en los padres o madres, ni en cualquier autoridad humana; 2) no existe persona ni autoridad humana con un título válido o una indicación médica, eugenésica, social, moral, que pueda disponer deliberadamente sobre una vida inocente; 3) solamente se justifica el llamado "aborto indirecto".

> "Desde el siglo primero, la Iglesia ha afirmado la malicia moral de todo aborto provocado. Esta enseñanza no ha cambiado; permanece invariable. El aborto directo, es decir, querido como un fin o como un medio, es gravemente contrario a la ley moral". (CCE 2271)

> "Dios, Señor de la vida, ha confiado a la humanidad la excelsa misión de conservar la vida, misión que deben cumplir de modo digno de la persona. Por consiguiente, se ha de proteger la vida con el máximo cuidado desde la concepción; tanto el aborto como el infanticidio son crímenes abominables". (GS 51, 3)

Homosexualidad. La reflexión moral sobre la condición homosexual del ser humano ha de tener una finalidad positiva: buscar los cauces adecuados, es decir, éticos, para la realización humana de la persona en cuestión. La moral tiene que evitar, en este tema, las tentaciones tanto de la condena como de la permisividad. No pertenece a la reflexión moral crear instancias - que serían ficticias - de juicio absolutorio o condenatorio. Por el contrario, su cometido es el de iluminar las pistas de una auténtica realización humana desde la condición homosexual.

La homosexualidad designa las relaciones entre varones o mujeres que experimentan una atracción sexual, exclusiva o predominante, hacia personas del mismo sexo. Ha revestido formas muy variadas en el tiempo y en las culturas. Su origen psíquico permanece en gran medida inexplicado (CCE 2357).

Un número apreciable de varones y mujeres presentan tendencias homosexuales instintivas. No eligen su condición homosexual; ésta constituye para la mayoría de ellos una auténtica prueba. Deben ser acogidos con respeto, compasión y delicadeza. Se evitará, respecto a ellos, todo signo de discriminación injusta. Estas personas están llamadas a realizar la voluntad de Dios en su vida, y, si son cristianas, a unir el sacrificio de la cruz del Señor las dificultades que puedan encontrar a causa de su condición (CCE 2358).

Las personas homosexuales están llamadas a la castidad. Mediante el dominio de sí mismos que eduque la libertad interior, y a veces mediante el apoyo de una amistad desinteresada, de la oración y la gracia sacramental, pueden acercarse gradual y resueltamente a la perfección cristiana (CCE 2359).

2. Dimensión sexual de la persona humana

Lo que caracteriza a la sexualidad humana es la integración de la parte instintiva en el dominio psíquico de la persona. Sexualidad, amor, erotismo, son nociones muy complejas e interdependientes, pero no intercambiables.

Sexualidad. Todos/as nacemos varón o mujer, es decir, con un sexo. El sexo se coloca en primer término en el nivel anatomofisiológico. Es el órgano que distingue el macho de la hembra y que permite la reproducción de la especie. Pero el sexo no agota por sí solo la definición de la persona. Los animales también están provistos de sexo. El sexo reacciona ante el sexo opuesto. Su finalidad es apaciguar y saciar el instinto sexual. No elige, no ama. Pero el sexo genital determina y erotiza toda la persona por la acción de las hormonas. El ser se diferencia más neta y profundamente. La sexualidad hormonal se convierte así en sexualidad psíquica.

El ser humano comienza en este punto a distinguirse del animal. Busca un placer compartido por la pareja, previamente elegida. La liberación de sus automatismos se vuelve voluntaria, la palabra acompaña al gesto. Lo que caracteriza a la sexualidad humana es la reducción de la parte instintiva en provecho del elemento psíquico personal, la ascensión desde lo biológico hacia lo sentimental y consciente. A este nivel, la sexualidad aparece como una *función relacional,* una fuerza de alteridad, intercambio y reciprocidad. Constituye el dinamismo de la persona, que le permite realizar su vocación: ser para otro/a, *amar.* En este sentido, nuestra sexualidad no nos pertenece, sino que pertenece al otro, en el cual halla su finalidad, como el varón pertenece a la mujer y la mujer al varón. Aprender el amor no consiste esencialmente en iniciarse en las técnicas del acto sexual, sino en convertirse en persona adulta.

Erotismo. Puede ser búsqueda egoísta del placer, pero también expresión legítima de la bipolaridad sexual. No debe llamarse erotismo lo que es meramente genital. El erotismo es un llamado al espíritu por medio del cuerpo, no un llamado al cuerpo mediante el envilecimiento del espíritu. No es solamente el cuerpo el que provoca la tensión erótica, sino la presencia y la calidad de la persona: la tonalidad de una voz, la belleza de un gesto, la fineza de un perfume. Se produce siempre que un varón se halla en presencia de una mujer. Ningún ser normal puede sustraerse a ello totalmente.

Cuando dos jóvenes experimentan deseos físicos, a veces se intranquilizan. La mutua atracción es una invitación a la entrega total. Es algo noble, y que Dios quiere. Y la atracción se da en todos los niveles de la persona: cerebro, corazón y cuerpo; o sea mente, afectividad y sexo. La solución no puede ser reprimir una de las tres, por creerla indigna de la persona y propia de las bestias. Un día las fuerzas así reprimidas estallarán destruyendo la persona. Así surge un ser humano roto, deshecho, desequilibrado.

El sexo es una realidad integradora; tiene como finalidad el enriquecimiento de toda la persona: llegar a ser un hombre varonil, una mujer femenina. El acto sexual es un acto de amor creador, en el que se compromete todo el ser: mente y corazón, cuerpo y espíritu. Amar es dar. Quien da su cuerpo, debe entregar también su espíritu. Para poder dar algo, hay que ser dueño de ello. Para poder dar todo en el acto sexual, hay que haberse adueñado de todas las fuerzas que se agitan dentro de uno: sexuales, afectivas y racionales.

Toda relación sexual se integra en el ámbito del amor y exige una ascesis. Ascesis no significa apatía, sino autocontrol, para que el comportamiento sexual sea un acto humano. Una persona sexualmente descontrolada termina deshumanizándose y desvirtuando la sexualidad. Amor significa renuncia de todo egoísmo en una relación interpersonal. Ascesis en el amor: el comportamiento sexual del varón es distinto al de la mujer. El amor entonces se llenará de comprensión mutua, de autodominio y de coeducación armónica en las diversas etapas del comportamiento sexual, para conseguir la ascesis en el amor.

Hay en nosotros/as un impulso profundo de atracción. Pero esta fuerza profunda, y a veces, violenta, no es sólo del órgano, sino de todo el ser. El sexo es una realidad que pertenece a toda la persona humana. Un gran número de fenómenos sexuales tienen muy poco que ver con lo puramente genital. El que a un varón le guste una mujer por sus ojos o el pelo, o porque su manera de vestir o andar transparentan un sereno equilibrio interior y exterior, o porque refleja su propia sensibilidad frente a la vida, poco tiene que ver con los órganos genitales de esa mujer. Confundir estas cosas es perturbar la visión de la sexualidad.

El que una mujer se sienta atraída por un varón porque es esbelto y proporcionado, o porque tiene un gran poder de iniciativa…poco tiene que ver con los órganos genitales de ese varón. Son cosas que hay que conocer, para no avergonzarse cuando hablamos de ellas, ni asustarse cuando las experimentamos. No hay que avergonzarse ni asustarse de ser lo que se es, varón o mujer. El varón siente, piensa, ama, actúa, reacciona, juega, se divierte como lo que es, como varón. La mujer, a su vez, siente, piensa, ama, actúa, reacciona, juega, se divierte como lo que es, como mujer.

La psicología diferencial de los sexos tiene un origen predominantemente cultural. El varón y la mujer son diferentes por su anatomía. Pero la anatomía es sólo un sector de la sexualidad biológica. En todo varón existen hormonas masculinas y hormonas femeninas. Y también en toda mujer. Lo mismo se puede decir de los caracteres sexuales secundarios (vello, voz, forma del cuerpo…). *Un sexo "químicamente puro", aún desde el punto de vista biológico, no se da en la naturaleza.*

Si nos referimos a la sexualidad *desde el punto de vista psicológico*, las diferencias son menos claras. Hay quien piensa que las diferencias psicológicas que se dice que existen entre varón y mujer son debidas a la propia naturaleza del varón o de la mujer, como si estuvieran ya en la esencia de cada sexo. Pero esto no es exacto. La completa especificidad del instinto sexual del ser humano se va estructurando y elaborando a través de los procesos de aprendizaje. La niña se va constituyendo mujer según el modelo femenino que la sociedad le presenta. El niño se va haciendo varón siguiendo las normas y las actitudes que los demás consideran típicas del varón, y que la sociedad apoya y exige.

Desde el nacimiento, el sexo anatómico pone al niño o a la niña en una situación precisa: la de ser varón o ser mujer. Pero, ¿qué significa ser varón o ser mujer? El que examina al recién nacido proclama su condición de niño o niña después de haber mirado su cuerpo. Pero a ese recién nacido le espera ya una *determinación social*: va a ser vestido de azul o rosa, va a ser interpretado, desarrollado, educado, según esa condición que parecía puramente biológica y corporal.

¿Ser varón o ser mujer, significa tener una psicología realmente diferente? Las diferencias que constatamos en las psicologías del varón y de la mujer, y los diversos papeles que la sociedad espera y exige de cada sexo, no dependen de la constitución, sino que son el fruto de un saber popular que se ha creado como consecuencia del sentido de superioridad y de dominio que el varón ha demostrado en nuestra cultura, y del sentido de inferioridad que ha nacido como reacción en la mujer.

Las notas psicológicas que se atribuyen frecuentemente a la mujer en relación con el varón son: menos inteligente que el varón, más sensible, más débil, más emotiva. Esto hace de la mujer una raza inferior sometida a la raza superior de los varones. Pero esto es *racismo*. Otras personas consideran a la mujer más intuitiva que el varón, ven mayor imaginación en ella, dicen que las mujeres tienen una sensibilidad más fina y matizada....Estas características también corresponden a estereotipos sociales, o propios de algún autor.

El reservar ciertos trabajos más elevados para los varones y otros más bajos para la mujer, ofrecer una remuneración más baja a la mujer por el mismo trabajo que realiza un varón, son fruto de *discriminación*.

La razón de ser mujer no radica solamente en que "pertenezca" a un varón o en que tenga hijos/as. La mujer vale por sí misma, por el hecho de ser persona. La vocación de una mujer es, como la "vocación" de todo ser humano, su autorrealización, que significa la realización, desarrollo y el potenciar sus propios valores y sus justas y libres ambiciones.

Se puede decir que lo masculino o lo femenino son conceptos muy relativos, dependientes del mundo cultural en que nos movemos, y no están insertos en la esencia del varón o de la mujer. La verdadera atracción sexual debe basarse en la persona. Por persona entendemos todo el ser del otro: corporeidad, psique, mundo de valores o dimensión espiritual, capacidad de comunicación, posibilidad de encuentro humano.

Dentro de la antropología sexual, el ser varón y el ser mujer representan dos formas de existencia humana y, al mismo tiempo, dos formas del quehacer humano. En la existencia humana hay dos formas de realizarse.

El sexo impregna al ser humano y le da una forma determinada de manifestarse: varón o mujer. El sexo es una fuerza plasmadora de la persona humana. Toda la personalidad está marcada por él. Tanto el varón como la mujer no son un ser sexual, sino un ser "sexuado". El sexo, en cuanto integra e impregna a toda la persona, se llama sexualidad.

Ser sexualmente sano no quiere decir poseer un sexo biológicamente sano, sino tener ideas, actitudes y comportamientos sexualmente sanos. Ser sexualmente sano, biológica y psicológicamente quiere decir:

- aceptar que uno es un ser sexuado, y no un ser neutro;
- aceptar el propio sexo específico;
- aceptar el propio esquema corpóreo.

La sexualidad adquiere valor sacramental cuando es integrada en el amor. Un varón y una mujer no se casan para poder realizar libremente, y con el consentimiento de la sociedad, la unión sexual. Se casan porque se aman y se convierten en signo del amor de Dios ante la sociedad.

La integración de la sexualidad en la persona humana debe llevar a la convicción de que *el impulso sexual no es algo incontrolable.* Los/las que creen que no es posible dominarse, los/las que piensan que lo sexual es algo compulsivo, desconocen la verdadera naturaleza del impulso sexual humano. No aceptar esta realidad y vivir dependientes de la fuerza de los instintos es deshumanizar la sexualidad. Ser sexualmente adulto es ser varón o mujer sexuada y poseer una conciencia sexual capaz de dominio.

La sexualidad es una *realidad dinámica, es algo que crece*. Toda persona se va haciendo constantemente. Todo ser humano vive sometido a un proceso de evolución permanente. La sexualidad no se da toda entera y de una vez cuando nacemos; al contrario, la sexualidad crece integrada en la totalidad de la persona.

La sexualidad es una realidad comunicativa. El animal reacciona instintivamente ante el sexo opuesto. Lo único que persigue es saciar el instinto. El encuentro sexual entre animales es un encuentro destinado al dar y recibir a nivel fisiológico. Después, cada uno seguirá su camino. El animal no puede elegir, porque no ama.

La sexualidad es una forma de comunicación entre dos personas. Esto explica el misterio de la sexualidad tanto normal como enferma. *La gente tiene problemas sexuales porque los tiene también en su comunicación con los/las demás.*

Hay muchas formas con que las personas se comunican entre sí: el lenguaje, los gestos, la expresividad, la mirada, la correspondencia, el encuentro....La sexualidad es también mirada, diálogo, gesto, expresividad, encuentro.

La comunicación entre dos personas es una relación personal. Los dos deben estar en un mismo nivel personal. La prostitución, en cambio, envuelve una relación impersonal. La mujer/el varón acepta la relación sexual porque supone una retribución económica. Los dos participantes en la relación se "utilizan" mutuamente. Esta situación no es sexualidad humana; es un comercio.

El varón encuentra cada día en su vida infinidad de mujeres. Y la mujer infinidad de varones. La auténtica *elección se da solamente cuando nace el amor.* Cada uno quisiera *darlo todo y para siempre* y lo exterioriza con signos materiales. Todo es una llamada al espíritu del otro. Está por producirse el fenómeno maravilloso de una comunicación singular. Dos personas enamoradas son dos seres que están saliendo de sí mismos y se van revelando el misterio de su interioridad, sus pensamientos y afectos, sus penas y alegrías. Este don de una persona a otra es invisible, pero se realiza por medio de señales eróticas. La comunicación del espíritu se da mediante señales visibles y propias del cuerpo.

Cuando la sexualidad está integrada en la totalidad de la persona, y va madurando con otra persona y para ella, se produce como un éxtasis. Es un don divino que ha salido de las manos del Creador. Ennoblece y transforma la vida, la sacraliza y la desborda de alegría. La sexualidad así entendida está llamada a *realizar una auténtica liberación.*

La sexualidad se integra en el amor. Sexualidad y amor nos abren al misterio de Dios. El amor divino, como todo amor, tiende a difundirse. Se difunde irrumpiendo en la historia con un plan de salvación: hacer de los pueblos de la tierra su gran familia, relacionada por su Espíritu, por el amor. La palabra que condensa el proyecto de Dios es "alianza": Yavé es el esposo, Israel la esposa. En Jesús, esta comunicación se hace profunda y lleva a su máxima plenitud: Jesús es Dios y Hombre. Lo femenino y lo masculino se encuentra en Dios (Gn 1, 27).

La familia. Dios es una familia. Dios es comunidad de amor. El ideal del amor humano en una pareja consiste en que dos personas llegan a amarse tanto, que, juntos, forman un "nosotros", en un amoroso encuentro personal: la familia. Amándose así, el varón y la mujer sienten divinizado y eternizado el más profundo y biológico de sus sentimientos, la sexualidad.

Profesión religiosa. Cristo permaneció virgen, y esto manifiesta el hondo significado de una nueva forma de realizarse varón o mujer. Es perfectamente concebible una vida sin matrimonio, y con amor. El cuerpo no está sólo destinado para la unión sexual. Sirve también para dar testimonio de la bondad, para proclamar la verdad, para expresar mil formas de ser varón y de ser mujer, para entregarse totalmente al Reino de Dios.

La virginidad es una auténtica forma de amor. Una vida en virginidad no es en sí ni más ni menos meritoria, pues el mérito no depende en modo alguno del estado de vida, sino del *amor con que la vida es vivida*. El único criterio de grandeza es el amor, estar dispuesto a servir y darse hasta entregar la vida por aquellos/as a quienes se ama (Mt 10, 42-45). El fundamento de este modo de existir se encuentra en la fe. Es fruto del advenimiento definitivo de un Reino que ya ha empezado. El amor humano es reflejo del amor de Dios. Los ríos van siempre a la mar. El amor va siempre hacia Dios. En él nace, se afirma, crece, madura, naufraga y se eterniza.

3. La "salvación" sexual

Dimensión sexual de la persona de Jesús

Jesús nace "varón" en un marco social muy particular y característico. Es marcado por la cultura de su tiempo que lo va forjando "varón judío". Crece como muchacho y joven de su tiempo: "Y Jesús crecía en sabiduría, en estatura y en aprecio ante Dios y ante los hombres" (Lc 2, 52). Sufre las crisis normales de todo adolescente: "¿Por qué me buscan? ¿No sabían que debo ocuparme de los asuntos de mi Padre?" (Lc 2, 49). Jesús se identifica sexualmente como varón y José juega un papel importante en esta identificación. Mateo afirma el papel de José en la genealogía de Jesús: "Y Jacob engendró a José, el esposo de María, de la cual nació Jesús, llamado Mesías" (Mt 1, 16). Y lo define como "el hijo del carpintero" (Mt 13, 55).

La sexualidad integra toda su persona. Su estilo abierto y libre en sus relaciones con los/las demás y Dios revelan un desarrollo armónico de su sexualidad y una integración entre cuerpo, mente y corazón, es decir, sexualidad, afectividad y espíritu.

Su capacidad de compartir en las alegrías y penas de todas las personas, particularmente de las más marginadas y pobres revela una integración de su sexualidad en el ámbito del amor. Amor implica renuncia de todo egoísmo en las relaciones interpersonales. Jesús recorrió su ascesis sexual hasta el extremo: la máxima libertad para amar.

La persona madura y libre rompe los esquemas discriminatorios e injustos de su cultura: no tener descendencia era una vergüenza para toda mujer. Ser virgen era la realización más miserable de cualquier ser humano. Jesús se opone a la manera común de pensar y elige ser virgen.

El Talmud, que nos trasmite la tradición oral del tiempo de Jesús, presenta cinco deberes que el padre debía cumplir con su hijo: la circuncisión (Lc 2, 21), la consagración del primer nacido (Lc 2, 22-25), conocimiento de la Torá (Lc 2, 48-49), enseñarle un trabajo (Mt 6, 13 "el carpintero") y buscarle una esposa. En el judaísmo del tiempo de Jesús, la esposa era elegida muy temprano, después de la pubertad. El padre tenía parte importante en el trato. El matrimonio era visto como una manera de complacer a Dios. En este punto, el Evangelio rompe con la costumbre.

- Rompe las categorías que determinan la práctica y el juicio discriminatorios de los que eran víctimas las mujeres. Los varones tenían prohibido hablar en público con mujeres, y los discípulos se sorprenden al ver a Jesús hablar con la samaritana (Jn 4, 27).

- Anuncia que el amor, y no las formas exteriores, determina la bondad de las relaciones: "Todo el que mira con malos deseos a una mujer ya ha cometido adulterio" (Mt 5, 27).

En su relación con el Padre, deja a Dios ser Dios, pero al mismo tiempo manifiesta una relación humanamente digna, nunca victimismo, resignación o sentido de inferioridad. Uno de los momentos claves se da cuando acepta el camino de la cruz como camino de Dios.

La "salvación" sexual

Jesús vivió su ser sexuado como varón, como fuerza integradora de su persona. A menudo chocamos con nuestra realidad desintegrada: entre cuerpo, espíritu y corazón. Es muy común, particularmente entre los varones, dividir sexo y amor: muchas veces a la entrega física en el acto sexual no corresponde la entrega de la persona.

La sexualidad constituye el dinamismo de la persona, que le permite realizar su vocación: ser para la otra persona, amar. Jesús vivió nuestra misma realidad; superó positivamente las tentaciones y las pruebas. Salió victorioso en su sexualidad. Está vivo, y su Espíritu es en nosotros fuerza integradora de nuestra vida, que realiza nuestra vocación de amar dándolo todo y para siempre. El amor es trascendente y Jesús vivió su amor al Padre de manera única. En la cruz experimenta el abandono de Dios, y sigue amando al Padre. Lleva la capacidad humana de amar hasta su última posibilidad de realización. Así, nos ofrece la posibilidad de un amor trascendente, que llegue hasta Dios, que viva del amor profundo y eterno de Dios.

¿Dejó Jesús leyes morales fijas acerca de la sexualidad? Los tiempos eran tan diferentes a los de ahora. Se dice: "Él fue hijo de su tiempo, pero si viviera ahora tal vez haría otra cosa".

No es que "si Jesús viviera ahora"; Jesús vive ahora y nos ilumina en el discernir que significa ser fieles a su Evangelio hoy.

La profundización y formulación del mensaje de Jesús se hace a través de la *vivencia evangélica* y *la reflexión filosófica y sociológica*. No podemos hacer, por lo tanto, una moral nueva. Pero podemos llegar a un conocimiento más profundo del mensaje moral con la asistencia del Espíritu de Jesús y con nuestra propia maduración humana, individual y colectiva. Un día los cristianos/as podrán sostener que el sistema socioeconómico actual del salario no está de acuerdo con la dignidad de la persona humana. A través del mismo proceso se llegó a condenar un día la esclavitud, mientras que san Pablo, en su tiempo, la daba por aceptada. Esto pudo lograrse gracias a un conocimiento más profundo del problema, y de las exigencias del Evangelio.

4. Amar a Dios y amar al prójimo: los diez mandamientos

La vida en Cristo

El encuentro con Dios que nos ha hecho hijos/as suyos/as y hermanos/as es lo que da sentido a nuestra vida y a nuestro estar en el mundo. A partir de este momento nuestra vida es Cristo: "No soy yo quien vive, es Cristo quien vive en mi". Nuestra religión es nuestra vida de comunión. Llamamos "moral cristiana" nuestra vida en Cristo. Nuestro cometido moral es vivir en coherencia con nuestro ser profundo: hijos/as, hermanos/as, corresponsales del proyecto de Dios hoy en Estados Unidos. La fidelidad o infidelidad a nuestro ser profundo es lo que determina lo bueno y lo malo.

Renacidos en Cristo Jesús, personas nuevas, vamos en la historia creando la fraternidad. Más que insistir en normas o reglas, algo fijo y establecido que hay que cumplir, la moral cristiana es el sentido y valor de nuestra existencia, que es profundamente comunión y diálogo con Dios y con los/las demás: "Ama a Dios con todo tu corazón y a los/las demás como a ti mismo". Somos parte viva de la historia de la humanidad pero, al mismo tiempo, "somos peregrinos hacia la realización total del Reino". Este es el momento de la misión y de nuestra colaboración en el proyecto de Dios.

Las Bienaventuranzas

Las bienaventuranzas representan el código del Reinado de Dios, el estilo de vida cristiano.

Las reglas comunes que rigen las relaciones entre las personas son dictadas por el "ojo por ojo y diente por diente". Quien ha entrado en el misterio de Dios actúa en la vida según la manera de ser del mismo Dios. El Dios de Jesús es un Dios que ama hasta el extremo y gratuitamente. Jesús define su vida como don: "Habiendo amado a los suyos, los amó hasta el extremo". Darse desde la gratuidad, sin medida y sin esperar nada a cambio es lo que hace posible la realización del Reino. Lucas y Mateo expresan esta dimensión moral del cristiano/a en las bienaventuranzas:

> "Entonces Jesús, mirando a sus discípulos, les decía: Dichosos los pobres, porque de ustedes es el reino de Dios. Dichosos los que ahora tienen hambre, porque Dios los saciará. Dichosos los que ahora lloran, porque reirán. Dichosos serán ustedes cuando los hombres los odien, y cuando los excluyan, los injurien y maldigan su nombre a causa del Hijo del

hombre. Alégrense ese día y salten de felicidad, porque su recompensa será grande en el cielo; pues lo mismo hacían sus antepasados con los profetas.

En cambio, ¡Ay de ustedes, los ricos, porque ya han recibido su consuelo! ¡Ay de los que ahora están satisfechos, porque tendrán hambre! ¡Ay de los que ahora ríen, porque se entristecerán y llorarán! ¡Ay, cuando todos los hombres hablen bien de ustedes, pues lo mismo hacían sus antepasados con los falsos profetas". (Lc 6, 20-26)

Dichosos los pobres porque de ellos es el reino. Desde un punto de vista humano, desde la política, la economía, el poder, desde el "sentido común" los/las pobres representan una nulidad. El Dios de Jesús lleva a cabo su proyecto histórico a partir del revés de la manera común de pensar: desde los/las pobres, la derrota, el fracaso, la muerte, lo inútil. Nuestro Dios cree en la persona por ser persona: esto es suficiente para crear futuro. Las bienaventuranzas manifiestan la certeza del resultado: de ustedes es el Reino (no dice será). Las bienaventuranzas manifiestan la fe del cristiano/a en su Dios, un Dios que crea la fraternidad creyendo en la persona humana. Expresan la fe del cristiano/a en la utopía de la fraternidad realizada a partir de lo absurdo.

Los Diez Mandamientos

El pueblo de Israel servía al faraón en Egipto. El faraón tenía sus leyes. La esclavitud fue la consecuencia de la observancia a estas leyes. Yavé ofrece a los/las Israelitas la oportunidad de salir de su situación de esclavitud y de formar de ellos/as un pueblo a cambio de la observancia de su Ley: los Diez Mandamientos. Los Diez Mandamientos no eran una ley de esclavitud, sino un camino para vivir en libertad; servir a Yavé era garantía de libertad y felicidad.

1. En Egipto el Faraón era considerado Dios. Abusando de la fe del pueblo oprimido, el faraón mantenía sus privilegios y explotaba impunemente a sus propios hermanos/as. Yavé es un Dios diferente, es un Dios que escucha el clamor del pueblo y ofrece la liberación. En la base de todos los mandamientos está el: *"Escucha Israel, uno solo es tu Dios"*. Escuchando a Dios constantemente, teniéndolo a él en el centro de tu vida conseguirás la libertad y felicidad. Esto no representa opresión o condicionamiento; por lo contrario, es tener la posibilidad de volar alto y vivir una vida plena. Hoy en los Estados Unidos vivimos la tentación de adorar a muchos dioses: consumismo, dinero, sexo, individualismo..., realidades que no nos dejan ser nosotros/as mismos/as. Es otro tipo de esclavitud, es otro faraón. Dios nos invita a entrar en su misterio, renacer en su espíritu, y la vida...será toda otra cosa.

2. En Egipto y en la Palestina todo estaba sometido al poder centralizador del faraón y de los reyes; era una organización no igualitaria. La organización de la sociedad era como la pirámide de Egipto. Se comenzó a introducir un nuevo sistema después de la salida de Egipto. La base de este nuevo sistema era el respeto a la autoridad de los "padres", era el respeto por la comunidad: "honra a tu padre y a tu madre" (Éx 20, 15). Jesús refuerza el poder de las comunidades. Hoy en los Estados Unidos vivimos la tentación de perder nuestra identidad cultural, de desaparecer ante los grandes monstruos económicos y políticos. Dios nos ofrece la posibilidad de mantener los valores positivos de nuestras "familias", pueblos y culturas; nos invita a entrar en un diálogo constructivo con los otros grupos humanos presentes en la sociedad. Dios nos ofrece la posibilidad de vivir en la comunidad cristiana relacionándonos fraternalmente.

3. En Egipto, en la esclavitud, las relaciones varón-mujer eran de una desigualdad radical. La pirámide existía no solamente en la organización de la sociedad, es decir, en la vida económica, social, política y religiosa; existía también en la mente de los varones con relación a las mujeres. Cada familia era una pequeña pirámide. Dios ofrece la posibilidad de relaciones más dignas y humanas. El sexto mandamiento no hace distinción entre varón y mujer. Hoy la "cultura dominante" invita a considerar la sexualidad

como dios y las relaciones varón-mujer como objeto. Seguir a Jesús en su utopía significa restablecer relaciones dignas y humanas.

4. El sistema del faraón y de los reyes de Canaán estaba basado en el robo. Ellos podían tomar las tierras, los animales, los productos, los empleados, los hijos y las hijas del pueblo. Dios no puede aceptar una nueva organización que esté basada en el robo legitimado por la ley. Propone una sociedad donde no sea posible la acumulación de bienes: una sociedad que debe confiar en la providencia divina. Poco a poco, también nosotros/as los hispanos/as vamos perdiendo el sentido "solidario" de los bienes y nuestra actitud de abandono en la Providencia. Dios nos da valor para defender nuestros derechos de trabajo y de una vida digna a pesar de ser pobres y de ser un grupo minoritario.

Los diez mandamientos expresan un "código" de libertad y felicidad y Jesús los resume en: "Amarás al Señor tu Dios y amarás a tu prójimo" (Mt 22, 37-40). La tensión a trascendernos y a unas relaciones de amor hasta dar la propia vida es la ley de nuestro ser profundo. Seguir sus mandatos es alcanzar nuestra plena realización, es alcanzar la felicidad.

Síntesis

- La sexualidad está situada en el centro de la persona humana, como espíritu encarnado que es. Lo esencial es el don de una persona a otra; significado, expresado y acrecentado por la sexualidad.

- El Espíritu de Jesús libera, purifica, potencia y lleva a plenitud la dimensión sexual de la persona hasta alcanzar una comunicación profunda con los/las demás y con Dios. Una comunicación de hermanos/as e hijos/as.

- Dios, por la encarnación de Jesús, revela a la humanidad las dos dimensiones del ser de la persona: la que nos une a él y la que nos une a los/las demás. La realización de estas dos dimensiones, concretadas en el amar a Dios y al prójimo, es el imperativo moral y la fuente de la felicidad. El Espíritu de Jesús nos habilita a realizar el sueño de nuestro ser profundo.

Tarea

1. Menciona cinco características de cómo "la cultura dominante" en los Estados Unidos, considera la sexualidad.
2. Describe en cinco líneas que significa que Jesús me salva en mi sexualidad.
3. Describe tres maneras según las cuales se vive en tu familia el "amar a Dios y amar al prójimo".

Notas

_____
_____
_____
_____
_____
_____
_____

TEMA 7

07/18/18

La comunidad humana

1. La comunidad en la cultura hispana
2. La persona y la sociedad
3. La participación en la vida social
4. La justicia social

1. La comunidad en la cultura hispana

EL ESPÍRITU COMUNITARIO HISPANO

La experiencia cotidiana refleja nuestro sentido profundamente comunitario de la vida. Nuestra vida es comunión. Nosotros/as no dialogamos, somos diálogo: los/las demás son parte de nuestro existir. En todos los aspectos de la vida expresamos nuestro espíritu comunitario y cooperativo. Sufrimos en nuestra misma carne la desgracia de cuantas personas encontramos en nuestro caminar. Nos identificamos con naturalidad con las alegrías y problemas de cuantos/as nos rodean. Esto nos lleva a llorar con los/las que lloran y a reír con los/las que ríen, haciéndoles en parte integrante de nosotros/as mismos/as.

La convivencia espontánea, la comunicación transparente, el acercamiento y acogimiento de los/las demás, incluso de personas desconocidas, nos hace fácil crear grupos inclusivos, abiertos y amistosos. Nos gusta la fiesta, las celebraciones y el compartir gozosos: la vida es fiesta y en la fiesta no celebramos solos. Necesitamos ponerlo todo en común; no damos cosas o parte de nuestro tiempo: nos damos con generosidad, sin medida y sin esperar nada a cambio. No podemos no darnos, no podemos no amar, aunque muchas veces esto nos acarree incomprensiones, malentendidos, sufrimientos y problemas. La solidaridad, el compañerismo y los sentimientos de hermandad, que nos llevan a defender los derechos de otras personas, son expresión de nuestra manera de "estar" con los/las demás.

El apoyo a la familia, la lealtad con los amigos/as, la colaboración con los compañeros/as, la necesidad de compartir y recibir apoyo, generosidad, servicio y hospitalidad hacen de nuestra existencia una existencia comunitaria. En momentos de necesidad organizamos ayuda, colectas y cooperación generosa. No nos cuesta sacrificarnos por los amigos/as y por los ideales.

En medio de las tensiones, el dolor y la pobreza vivimos el regalo de los unos/as a los otros/as. Y en todo esto experimentamos el cariño y el amor del mismo Dios.

Algunos/as de los que estamos aquí hemos huido de nuestros países porque hemos sido perseguidos/as por luchar por la justicia y la fraternidad.

2. La persona y la sociedad

Carácter comunitario de la vocación humana

La persona es un ser autónomo, que vive esencialmente de relaciones interpersonales, o sea, que está en constante diálogo con el prójimo. La persona está en contacto perenne e irrenunciable con Dios, con el prójimo y con las realidades mundanas. El yo no puede llegar a la vida y conseguir su estado adulto más que en su relación con el otro. El yo sólo se conoce mirando al tú; sólo se promueve sacrificándose por alguien; no desarrolla cultura o fuerza operativa si no establece cooperación.

Las personas, agrupándonos e interactuando, formamos una realidad nueva, distinta de cada uno de nosotros/as y distinta de la suma de todos/as: la sociedad. La sociedad es el conjunto de interacciones de los seres humanos, específicas o múltiples, las cuales componen y forman la base fundamental que la hace existir.

Una persona nace con una predisposición a la sociedad. Más tarde llega a ser miembro de una sociedad al asumir e interiorizar las pautas de conducta y las costumbres culturales y normativas del grupo del que forma parte, es decir, al actuar sobre él el proceso de socialización. La personalidad del individuo se va formando y se mantiene en ese proceso de interacción continuada en el seno de una cultura y formando parte de un grupo. El ser humano actúa encajado en diferentes marcos sociales, con una cultura distinta. Por eso la persona se enfrenta al mundo de diferentes maneras. Vivimos en una de las ciudades "prototipo" del futuro: una sociedad multicultural con una dinámica de movimiento político, económico y social sorprendente. Venimos de un mundo cultural bien definido y nos jugamos la existencia en una "revolvedora" de grupos sociales. Ésta es nuestra realidad. Los "otros" grupos étnicos son parte de mi "estar". Jesús está en medio de nosotros/as para "salvarnos", para ayudarnos a realizarnos y crear fraternidad por caminos inéditos. No lo va a hacer él solo, sino él y nosotros/as. Mi compromiso social es compromiso conmigo mismo/a.

Existe una profunda semejanza entre la unión de las personas divinas y la fraternidad que los humanos debemos instaurar entre nosotros/as (cf. GS 24, 3). El amor al prójimo es inseparable del amor a Dios.

La persona humana necesita la vida social. La persona desarrolla sus capacidades por el intercambio con los/las demás, la reciprocidad de servicios y el diálogo con sus hermanos/as. Así respondemos a nuestra vocación (Cf. GS 25, 1).

Una sociedad es un conjunto de personas ligadas de manera orgánica por un principio de unidad que supera a cada una de ellas. Asamblea a la vez visible y espiritual, una sociedad perdura en el tiempo: recoge el pasado y prepara el porvenir. Mediante ella, cada persona es constituida "heredera", recibe "talentos" que enriquecen su identidad y a los que debe hacer fructificar (cf. Lc 19, 13.15). En verdad se debe afirmar que cada uno/a tiene deberes para con las comunidades de que forma parte y está obligado/a a respetar a las autoridades encargadas del bien común de las mismas.

"El principio, el sujeto y el fin de todas las instituciones sociales es y debe ser la persona humana" (GS 25, 1).

Algunas sociedades, como la familia y la ciudad, corresponden más inmediatamente a la naturaleza de la persona. Le son necesarias. Con el fin de favorecer la participación del mayor número de personas en la vida social, es preciso impulsar y alentar la creación de asociaciones e instituciones de libre iniciativa "para fines económicos, sociales, culturales, recreativos, deportivos, profesionales y políticos, tanto dentro de cada una de las naciones como en el plano mundial" (MM 60). Esta "socialización" expresa igualmente la tendencia natural que impulsa a los seres humanos a asociarse con el fin de alcanzar objetivos que exceden las capacidades individuales. Desarrolla las cualidades de la persona, en particular, su sentido de iniciativa y de responsabilidad. Ayuda a garantizar sus derechos (GS 25, 2).

La socialización presenta algunos peligros. Una intervención demasiado fuerte del Estado puede amenazar la libertad y la iniciativa personal. La doctrina de la Iglesia ha elaborado el principio de *subsidiaridad*. Según este,

> "una estructura social de orden superior no debe interferir en la vida interna de un grupo social de orden inferior, privándole de sus competencias, sino que más bien debe sostenerle en caso de necesidad y ayudarle a coordinar su acción con la de los demás componentes sociales, con miras al bien común". (CA 48; Pio XI "Quadragesimo anno")

Nos sentimos agradecidos con Dios por los dones con que contamos en nuestra existencia. Mientras enriquecen nuestra persona son un regalo para los/las demás. Descubriendo mi capacidad para un servicio en la comunidad ofrezco generosamente mis carismas a los hermanos/as: me realizo sirviendo. Es él quien da a cada criatura las funciones que es capaz de ejercer, y da la sabiduría para llevar a cabo el servicio. Dios dirige la historia en el pleno respeto de la libertad humana. Esto debe inspirar la sabiduría de los/las que gobiernan las comunidades humanas para que actúen como ministros de la providencia divina.

Donde el mal pervierte el clima social es preciso apelar a la conversión de los corazones, a la ayuda de Dios y a la no-violencia activa. La caridad empuja a reformas justas. Ghandi, Martín Luther King, César Chávez, Romero...fueron personas que, en circunstancias de esclavitud, opresión, no respeto de los derechos humanos, crearon la fraternidad por caminos de la no-violencia activa. La caridad representa el mayor mandamiento social: respeta al otro/a y sus derechos, exige la práctica de la justicia y es la única que nos hace capaces de ésta. Inspira una vida de entrega de sí mismo/a: "Quien intente guardar su vida la perderá; y quien la pierda la recobrará" (Lc 17, 33). Jesús nos hace capaces de un servicio a la comunidad como él lo hizo: dando la propia vida.

Estructura de la comunidad social

La sociedad humana requiere para su existencia un mínimo de ordenamiento, de organización: una estructura social determinada.

Toda sociedad está dirigida por fuerzas complejas que cambian frecuentemente. Entre ellas destacan unos sistemas íntimamente interrelacionados: un sistema de comunicación, un sistema económico que gira en torno a la producción y a la distribución de mercancías; organismos y ordenamientos (incluyendo la familia y la educación) para la socialización de las nuevas generaciones; un sistema de autoridad y de distribución del poder; un sistema de ritos que mantiene o incrementa la cohesión social y otorga el reconocimiento social a acontecimientos personales significativos, tales como el nacimiento, la pubertad, el noviazgo, el matrimonio y la muerte. Del cómo se estructuren y funcionen estos sistemas depende que promuevan el bien común, los derechos humanos y la justicia social.

El ideal de todo *sistema político* es que todas las personas y grupos sociales puedan ejercer una influencia efectiva sobre las decisiones y estructuras que afectan sus vidas. La concentración del poder en una persona o grupo, o en muy pocas personas o grupos, crea sistemas dictatoriales, oligárquicos y casiquistas. Las dictaduras y oligarquías se caracterizan por legitimar la centralización del poder en sus manos, mediante un sistema legal que protege sus intereses personales y oprime el resto de la sociedad.

El ideal de todo *sistema económico* es que toda persona capaz de trabajar tenga un trabajo que le provea lo suficiente para vivir con dignidad. Además, permite que los recursos naturales y los bienes producidos por la sociedad se distribuyan equitativamente en todos los sectores económicos. La concentración de riqueza en pocas manos desequilibra el mercado de trabajo y disminuye el potencial de intercambio de bienes entre los miembros de la sociedad, dejando a ciertos grupos el control de la economía, al mismo tiempo que someten al resto de la población a un nivel de subsistencia o de explotación del trabajo.

El ideal de todo *sistema social* es lograr que todas las personas se relacionen entre sí con igualdad de derechos y obligaciones, considerando a cada persona como parte integral de la sociedad, y buscando el bienestar de cada persona y el bien común de toda la sociedad. Los sistemas políticos y económicos injustos generan sistemas sociales que favorecen la segregación de ciertos grupos y la injusticia social: las personas que tienen el poder y la riqueza se relacionan con la población explotada y marginada sólo mediante el sistema legal y el mercado de trabajo, pero no a nivel de relaciones informales, amistades cercanas, lazos familiares, relaciones de vecinos u organizaciones sociales con metas comunes.

La autoridad

Se llama "autoridad" la cualidad en virtud de la cual personas o instituciones dan leyes y órdenes y esperan la correspondiente obediencia.

Toda comunidad humana necesita una autoridad que la rija. Ésta tiene su fundamento en la naturaleza humana. Es necesaria para la unidad de la sociedad. Su misión consiste en asegurar en cuanto sea posible el bien común de la sociedad. "La designación del régimen y la designación de los gobernantes han de dejarse a la libre voluntad de los ciudadanos" (GS 74, 3).

La autoridad sólo se ejerce legítimamente si busca el bien común del grupo en cuestión y si, para alcanzarlo, emplea medios moralmente lícitos. Si los dirigentes proclamasen leyes injustas o tomasen medidas contrarias al orden moral, estas disposiciones no pueden obligar en conciencia.

Generalmente, podemos pensar que nuestra educación no nos ayuda mucho a ubicarnos en este asunto de la autoridad. Muchas veces hemos sufrido las consecuencias del aprovechamiento del poder por parte de sus detentores y esto nos ha indispuesto a una participación sana en la coordinación de la comunidad. Casi nunca hemos vivido las elecciones políticas como fiesta de la comunidad. Nuestro compromiso es primariamente con nosotros mismos/as: liberarnos para crear libertad.

El bien común

Conforme a la naturaleza social del ser humano, el bien de cada cual está necesariamente relacionado con el bien común. Por bien común, es preciso entender "el conjunto de aquellas condiciones de la vida social que permiten a los grupos y a cada uno de sus miembros conseguir más plena y fácilmente su propia perfección" (GS 26, 1; cf. GS 74, 1). El bien común afecta a la vida de todos/as. Exige la prudencia por parte de cada uno/a, y más aún, de la de quienes ejercen la autoridad.

Comporta tres elementos esenciales:

1. Supone el *respeto a la persona*. En nombre del bien común, las autoridades están obligadas a respetar los derechos fundamentales e inalienables de la persona humana. La sociedad debe permitir a cada uno de sus miembros realizar su vocación. En particular, el bien común reside en las condiciones de ejercicios de las libertades naturales que son indispensables para el desarrollo de la vocación humana: "derecho a...actuar de acuerdo con la recta norma de su conciencia, a la protección de la vida privada y a la justa libertad, también en materia religiosa" (GS 26, 2). El bien común está siempre orientado hacia el progreso de las personas: "El orden social y su progreso deben subordinarse al bien de las personas...y no al contrario" (GS 26, 3). Este orden tiene por base la verdad, se edifica en la justicia, es vivificado por el amor.

2. El bien común exige el *bienestar social* y el *desarrollo* del grupo mismo. El desarrollo es el resumen de todos los deberes sociales. Ciertamente corresponde a la autoridad decidir, en nombre del bien común, entre los diversos intereses particulares; pero debe facilitar a cada uno/a lo que necesita para llevar una vida verdaderamente humana: alimento, vestido, salud, trabajo, educación y cultura, información adecuada, derecho de fundar una familia, etc. (cf. GS 26, 2).

3. El bien común *implica la paz*, es decir, la estabilidad y la seguridad de un orden justo. Supone que la autoridad asegura, por medios honestos, la *seguridad* de la sociedad y la de sus miembros. El bien común fundamenta el derecho a la legítima defensa individual y colectiva.

Si toda comunidad humana posee un bien común que la configura en cuanto tal, la realización más completa de este bien común se verifica en la comunidad política. Corresponde al Estado defender y promover el bien común de la sociedad civil, de los ciudadanos y de las instituciones intermedias.

Las interdependencias humanas se intensifican. Se extienden poco a poco a toda la tierra. La unidad de la familia humana, que agrupa a seres que poseen una misma dignidad natural, implica un *bien común universal*. Éste requiere una organización de la comunidad de naciones capaz de "proveer a las diferentes necesidades de los hombres, tanto en los campos de la vida social, a los que pertenecen la alimentación, la salud, la educación…como no pocas situaciones particulares que pueden surgir en algunas partes, como son…socorrer en sus sufrimientos a los refugiados dispersos por todo el mundo o de ayudar a los emigrantes y a sus familias" (GS 84, 2).

El pecado social

Los siete pecados sociales son: política sin principios, riqueza sin trabajo, comercio sin moralidad, placer sin conciencia, educación sin carácter, ciencia sin humanidad, religión sin sacrificio. Las economías nacionales están desestabilizadas por la libre circulación de la especulación internacional que lleva a la escasez de alimentos a pesar del aumento de su producción. Los proyectos de las compañías multinacionales a menudo no cuentan con las poblaciones locales. Las personas pobres son consideradas como obstáculo y amenaza a los intereses de las elites político-económicas. Esto lleva a enormes desequilibrios y a grandes concentraciones de beneficios y riquezas en las manos de pocos. Se destruyen comunidades enteras por culpa de las injusticias estructurales y como consecuencia la criminalidad, los desórdenes sociales, las desigualdades, la miseria, la avaricia, la corrupción y la violencia aumentan a nivel mundial.

La respuesta cristiana al desorden social es entrar en la historia común, asumir nuestra responsabilidad y participar activamente para construir un proyecto alternativo basado en el Evangelio.

3. La participación en la vida social

Las estructuras sociales son necesarias para permitir el desarrollo de la comunidad. La dinámica de la historia de la comunidad exige una adecuación constante de las estructuras. Esto significa que la conflictividad es parte del crecimiento. ¿Cuál es mi lugar en todo esto? La comunidad, en su dinamismo constante, no es algo exterior a cada uno de nosotros/as, no es objeto. Es parte de cada uno/a, es nuestra propia vida. Nuestro compromiso con ella no es algo facultativo, es mi vivir.

El progreso científico y tecnológico ofrece amplias posibilidades de intervención y nuevos instrumentos de análisis para conocer, interpretar y cambiar la realidad social. Nace de aquí la convicción de que la suerte de la convivencia humana no depende tanto del destino ciego de la naturaleza o de un orden social intocable, cuanto del libre juego de las decisiones humanas y de la responsable gestión del bien común. Se advierte que es posible tomar las riendas del propio porvenir. Y si *se puede*, quiere decir también que *se debe*: la sensibilidad política se convierte así en conciencia política, conciencia de un imperativo ético que interpela el sentido de responsabilidad y exige la asunción de concretas obligaciones.

La acción política presenta algunas características de gran importancia moral y operativa:

- La *universalidad*: la política no constituye propiamente un sector particular de actividad (junto a la acción social, económica, cultural, educativa, etc.), sino que posee un carácter de globalidad en cuanto inherente a toda actividad de alcance social. Es ilusorio pretender ser "neutrales" o "apolíticos" en la práctica pastoral o social, ya que ésta, de un modo o de otro, entra siempre en la trama del juego político.

- La *laicidad*: la política constituye un sector profano de actividad que posee su autonomía relativa y sus propias leyes. No es posible deducir directamente de la fe cristiana las líneas concretas de un proyecto político. Este sano concepto de "laicidad" impide que la coherencia de fe, necesaria en toda persona cristiana que actúa en política, degenere en confesionalismo; es decir, excluye que la política se ponga al servicio de finalidades ajenas a la propia: el bien temporal de la comunidad civil. No es lícito poner la política al servicio de los intereses de la Iglesia.
- La *conflictividad*: la actividad política engendra fácilmente conflictividad, discriminación, violación de los derechos humanos, formas distintas de autoritarismo y de abuso del poder. De ahí que se pueda calificar la situación de la sociedad como injusticia institucionalizada que divide a las personas en opresoras y oprimidas, participantes y excluidos en el desarrollo y participación de bienes. Esto convierte en conflictiva y con frecuencia dramática la participación en la acción política.

Estas consideraciones hacen ver la complejidad y relativa ambigüedad del juego político, que por una parte obliga a comprometerse a fondo y "ensuciarse las manos", mientras por otra expone siempre al riesgo de la instrumentalización y de la connivencia.

FE CRISTIANA Y OPCIONES POLÍTICAS.

La complejidad del mundo de la política y la justa autonomía del orden temporal hacen problemática la relación entre fe cristiana y opciones políticas concretas. Por otra parte es necesario superar toda forma de separación o dualismo:

- La persona cristiana *ve implicada su fe* en las opciones políticas, ya que la salvación en que cree se encarna, aunque en forma inadecuada, en las realizaciones históricas del progreso y promoción humana. La fe constituye un importante principio de orientación, estímulo y evaluación de la acción política, ofreciendo motivaciones, valores y un horizonte trascendente de significado. Se introducen así en el ámbito político algunos criterios y exigencias éticas: la defensa de las personas débiles, la desconfianza ante la riqueza, la condena del dominio económico, el principio de la no violencia, etc.
- No es posible deducir de la fe cristiana concretos *proyectos políticos*. Tales proyectos requieren en efecto la mediación del análisis científico de la realidad y la asunción de concretas opciones que no pueden deducirse directamente de la fe. De aquí la dificultad y, a veces, el drama de tantas personas cristianas que, aún encontrando en la fe motivos de inspiración, se ven abocadas como todas a la búsqueda laboriosa de opciones operativas que traduzcan, en el plano histórico, el ideal de sociedad que vislumbran a la luz del Evangelio.
- La fe cristiana ejerce una continua *función crítica* de denuncia y de purificación ante las concretas realizaciones de la praxis política. De ahí que, aun aceptando el legítimo pluralismo de las opciones políticas, las personas cristianas encuentran en la fe motivos de incompatibilidad con determinados proyectos e ideologías.
- Dada la relevancia de la política, la participación de los creyentes en este campo constituye un verdadero *criterio de autenticidad y credibilidad* del anuncio evangélico. Hay que evitar por lo tanto la tentación de refugiarse en formas ambiguas de evasión o de connivencia.

RESPONSABILIDAD Y PARTICIPACIÓN

La participación es el compromiso voluntario y generoso de la persona en los intercambios sociales. Es necesario que todos/as participen, cada uno/a según el lugar que ocupa y el papel que desempeña, en promover el bien común.

Este deber es inherente a la dignidad de la persona humana.

La participación se realiza ante todo con la dedicación a las tareas cuya *responsabilidad personal* se asume: con la atención prestada a la educación de su familia, la responsabilidad en su trabajo, la persona participa en el bien de los/las demás y de la sociedad (cf. CA 43).

Los ciudadanos/as deben, en cuanto sea posible, *tomar parte activa en la vida pública*. Las modalidades de esta participación pueden variar de un país a otro o de una cultura a otra. "Es de alabar la conducta de las naciones en las que la mayor parte posible de los ciudadanos participa con verdadera libertad en la vida pública" (GS 31, 3).

La participación de todos/as en la promoción del bien común implica una *conversión*, renovada sin cesar, de los miembros de la sociedad. El fraude y otros subterfugios mediante los cuales algunos/as escapan a la obligación de la ley y a las prescripciones del deber social deben ser firmemente condenados por incompatibles con las exigencias de la justicia. Es preciso ocuparse del desarrollo de instituciones que mejoran las condiciones de la vida humana (cf. GS 30, 1).

La participación comienza por la *educación y la cultura*. "Podemos pensar, con razón, que la suerte futura de la humanidad está en las manos de aquellos que sean capaces de transmitir a las generaciones venideras razones para vivir y para esperar" (GS 31, 3).

Las marchas para pedir una justa ley migratoria, hacen parte de la memoria histórica de la comunidad hispana. Gastamos energías, interés, tiempo y dinero con manifestaciones en la calle. Se nos dijo: ustedes no votan, ustedes no tienen poder, ustedes no valen. Éramos un gigante dormido. Aquello nos despertó. Empezó una carrera a la ciudadanía y de allí al voto. ¿Las cosas han cambiado favorablemente para la comunidad hispana? Tenemos que aprender a hacernos responsables de nuestro caminar histórico, a ser políticamente responsables y activos.

4. La justicia social

Justicia social y respeto de la persona humana

La justicia social sólo puede ser conseguida sobre la base del respeto de la dignidad trascendente del ser humano. La persona representa el fin último de la sociedad.

El respeto de la persona humana implica el de los derechos que se derivan de su dignidad de criatura. Estos derechos son anteriores a la sociedad y se imponen a ella. Fundan la legitimidad moral de toda autoridad: menospreciarlos o negarse a reconocer su legitimación positiva, una sociedad mina su propia legitimidad moral. Sin este respeto, una autoridad solamente puede apoyarse en la fuerza o en la violencia para obtener la obediencia de sus súbditos. Una de las tareas de la Iglesia es recordar estos derechos a las personas de buena voluntad y distinguirlos de reivindicaciones abusivas o falsas.

El respeto a la persona humana pasa por el respeto del principio: "Que cada uno, sin ninguna excepción, debe *considerar al prójimo como "otro yo"*, cuidando, en primer lugar, de su vida y de los medios necesarios, para vivirla dignamente" (GS 27, 1). Ninguna legislación podría por sí misma hacer desaparecer los temores, los prejuicios, las actitudes de soberbia y de egoísmo que obstaculizan el establecimiento de sociedades verdaderamente fraternas. Estos comportamientos sólo cesan con la caridad que ve en cada persona un "prójimo", un hermano, una hermana.

Igualdad y diferencias entre las personas

Creado a imagen de Dios, todo ser humano posee una misma naturaleza y un mismo origen. Rescatados por "Cristo que amó hasta la entrega de la vida", todos los humanos son llamados a participar en la misma vida: todos gozan de una misma dignidad.

La igualdad de los seres humanos se deriva esencialmente de su dignidad personal y de los derechos que dimanan de ella: "Hay que superar y eliminar, como contaría al plan de Dios, toda forma de discriminación en los derechos fundamentales de la persona, ya sea social o cultural, por motivo de sexo, raza, color, condición social, lengua o religión" (GS 29, 2).

Al venir al mundo, la persona no dispone de todo lo necesario para el desarrollo de su vida corporal y espiritual. Necesita de los/las demás. Ciertamente hay diferencias en cuanto a la edad, a las capacidades físicas, a las aptitudes intelectuales o morales, a las circunstancias de las que cada uno se pudo beneficiar, a la distribución de las riquezas (cf. GS 29, 2). Los "talentos" no están distribuidos por igual. Existen también desigualdades escandalosas que afectan a millones de varones y mujeres. Están en abierta contradicción con el Evangelio: "La igual dignidad de las personas exige que se llegue a una situación de vida más humana y más justa. Pues las excesivas desigualdades económicas y sociales entre los miembros o los pueblos de una única familia humana resultan escandalosas y se oponen a la justicia social, a la equidad, a la dignidad de la persona humana y también a la paz social e internacional" (GS 29, 3).

LA CARIDAD POLÍTICA

- *Integración de la justicia y de la caridad en el cristiano.* "El amor cristiano al prójimo y la justicia no se pueden separar. Porque el amor implica una exigencia absoluta de justicia, es decir, el reconocimiento de la dignidad y de los derechos del prójimo. La justicia, a su vez, alcanza su plenitud interior solamente en el amor. Siendo cada persona realmente imagen de Dios invisible y hermana de Cristo, la persona cristiana encuentra en cada persona a Dios y la exigencia absoluta de justicia y de amor que es propia de Dios" (Sínodo de Obispos, 1971). Caridad política y justicia son dos expresiones de la misma y única realidad cristiana: el necesario empeño del creyente en la construcción de una sociedad humana de acuerdo con el ideal de la salvación escatológica realizada en Cristo. La caridad pone en evidencia el horizonte religioso (intencionalidad y cosmovisión cristianas), mientras que la justicia expresa el contenido intrahistórico de la salvación cristiana.

A partir de esta comprensión integradora, no caben las distinciones entre caridad y justicia, diciendo que la justicia mantiene las distancias, mientras la caridad unifica; la justicia edifica un mundo rígido y frío, mientras la caridad penetra en el corazón del prójimo; la justicia da sólo lo estrictamente debido, mientras la caridad se extiende más allá de lo exigido. La justicia es la mediación ética totalizadora del dinamismo moral de la caridad. Aunque el cristianismo formule las exigencias éticas a través del "amor al prójimo", no por eso tales exigencias pierden la fuerza que caracteriza a la justicia.

- *Rasgos de la caridad política.* La caridad cristiana necesita perder la ingenuidad e inocencia del idealismo para descubrir sus dimensiones políticas. Este cambio de perspectiva viene postulado por los mismos análisis antropológicos del amor; en efecto, hoy día se postula una antropología que, superando los estrechos cauces personalistas, haga un planteamiento del amor como parte de una teoría crítica de la sociedad. La beligerancia política de la caridad orienta el ethos de las personas cristianas hacia horizontes de compromiso preferentemente social.

- *Desprivatización de la moral cristiana.* Únicamente puede ser garantía del "amor a Dios" aquel "amor al prójimo" que sea real y eficaz. La realidad y eficacia del amor al prójimo pasan por las dimensiones políticas de la caridad.

- *Fuerza "violenta" y transformadora del amor.* La caridad cristiana ha perdido muchas veces su dinamismo transformador. La fuerza del amor ha sido apagada por motivos de falso "universalismo" ("hay que amar a todas las personas, ricas y pobres") y de falsa benevolencia ("hay que buscar la unidad"). Los "equívocos" a que ha sido sometida la caridad cristiana han aplastado el impulso revolucionario del ethos cristiano. Es necesario devolverle a la caridad su fuerza transformadora de la realidad. Tienen que ser replanteados temas como: amor cristiano y lucha de clases; amor cristiano y

violencia; amor cristiano y opción por las personas pobres, etc.
- *Carácter "utópico" del ethos cristiano*. La caridad, al hacerse empeño moral en la transformación de la realidad social, introduce la peculiaridad específica del carácter utópico. El ethos cristiano nacido de la caridad no propone como definitiva ninguna alternativa para la transformación del mundo. La caridad es ante todo una "buena noticia": la noticia de que Dios ha amado y sigue amando al mundo.

LA SOLIDARIDAD

- *La solidaridad ética*. La palabra "solidaridad" tuvo una connotación jurídica: servía para referirse al tipo de obligaciones contraídas "in solidum". En la actualidad, el término "solidaridad" penetra amplios campos de la realidad humana. Es una palabra que expresa la condición "sólida" de la realidad humana: los seres humanos formamos una realidad compacta, y nos regimos por la ley de la empatía y de la cooperación (frente a la degradación humana del solipsismo y del egoísmo).

La solidaridad expresa la condición ética de la vida humana. La base de la solidaridad radica en la realidad de la empatía ética: saber, sentir y asumir la condición humana como un todo en el que se solidarizan cada uno de los seres humanos. Si la empatía es la base de la solidaridad, su cúspide es el compartir. La solidaridad se realiza haciendo que todos los seres humanos participen del conjunto de los bienes disponibles. Estos han de ser divididos, repartidos y distribuidos sin excluir a nadie para el reparto, sin acaparar unos a costa de la privación de otros, y sin introducir en la distribución, medidas discriminatorias.

El compartir humano supone que los bienes son escasos frente a las necesidades que hay que satisfacer. La forma justa de compartir los bienes escasos se rige por la ley de la solidaridad; los bienes son "de" todas las personas y "para" todas. A su vez, la solidaridad culmina en el justo compartir humano. Desde la conciencia de la empatía hasta la praxis del compartir despliega su amplio significado la categoría ética de la solidaridad.

La ética social puede ser entendida como el desarrollo normativo de la solidaridad humana. Esta reconstrucción ética de la solidaridad queda plasmada en la configuración del "humanismo de responsabilidad" atestiguado por el Concilio Vaticano II: "Somos testigos de que está naciendo un nuevo humanismo, en el que el hombre queda definido principalmente por la responsabilidad hacia sus hermanos y ante la historia" (GS 55). La solidaridad es lo mismo que responsabilidad, y ésta se traduce en compromiso ético ante la historia. El humanismo de responsabilidad es humanismo ético, y los dos se identifican con el humanismo de solidaridad.

- *La solidaridad teológica*. Perspectivas de la cosmovisión cristiana:

- *El Dios cristiano es un Dios "solidario"*. La afirmación del monoteísmo religioso es al mismo tiempo la opción por el "monoteísmo ético": la fuerza de Dios es garante de la unicidad e igualdad del género humano. El Dios cristiano es ante todo defensor de la persona que no tiene defensor: la solidaridad con la persona pobre es una de las formas de decir Dios hoy. Si Dios es solidario, el pueblo que se reúne en torno a él también ha de ser solidario: el pueblo de Dios es un "pueblo solidario", según lo atestigua la revelación tanto del Antiguo como del Nuevo Testamento.

- *Para la persona cristiana existe una raíz cristológica en la comprensión y en la praxis de la solidaridad humana* (cf. GS 32). La persona cristiana ve en el "otro" a Cristo; para la persona creyente, la solidaridad es la comunión en Cristo. Se siente urgida a aumentar continuamente la solidaridad "hasta aquel día en que llegue su consumación y en que las personas, salvadas por la gracia, como familia amada de Dios y de Cristo hermano, darán a Dios gloria perfecta".

- *La conciencia eclesiológica reafirma la justificación "teológica" y "cristológica" de la solidaridad.* La pertenencia eclesial radicaliza la comprensión y las exigencias de la solidaridad. Esta adquiere un ámbito nuevo: el ámbito de la promesa y de la esperanza. La solidaridad se configura como un bien mesiánico y como un valor del reino.
- *Solidaridad ético-teológica.* Integrando la perspectiva ética y la perspectiva teológica, la solidaridad se convierte en categoría ético-teológica. En cuanto tal, expresa la peculiaridad de la ética cristiana. Según Octogesima adveniens (n. 23), "la aportación del espíritu cristiano" a la ética social está en la sobreabundancia moral que origina a la praxis de la caridad, una caridad que "inculca el respeto privilegiado a los pobres y su situación particular en la sociedad". La praxis de la caridad se sitúa más allá de las reglas jurídicas. Ese "sentido más profundo de respeto y de servicio al prójimo" exige una "educación renovada de la solidaridad". La reconstrucción teológica de la solidaridad ética impide que "la afirmación excesiva de la igualdad pueda dar lugar a un individualismo donde cada cual reivindique sus derechos sin querer hacerse responsable del bien común".

La solidaridad ético-teológica eleva el sentido moral hasta la aceptación de algo que parece contrario a las normas de la justicia interhumana: "ceder" de lo propio para enriquecer al otro. Sin negar el valor de la justicia, la misericordia lo completa transmitiéndole la sobreabundancia moral de la caridad.

La perícopa de Mt 25, 31-46 del Nuevo Testamento expresa la función moral de la categoría ético-teológica de la solidaridad. La parénesis cristiana de todos los tiempos ha encontrado en este texto el "lugar" de fundamentación para urgir la solidaridad entre las personas. En Mt 25, 31-46 se establece como pauta de la moralidad cristiana el criterio de la solidaridad. Cristo juzga a todas las personas ("todas las naciones"), y en particular a los cristianos/as, en razón de la praxis solidaria ejercida con las personas necesitadas (solidaridad/insolidaridad ética), explicando el motivo de dicho juicio por la identificación cristológica con los indigentes (solidaridad teológica).

La solidaridad teológica (identificación cristológica con los necesitados) y la consiguiente solidaridad ética constituyen la base del juicio moral cristiano. También hoy es juzgado el mundo según este criterio. A la luz de Mt 25, 31-46 está patente el juicio ético-teológico sobre el desequilibrio no sólo este-oeste, sino también, y sobre todo, norte-sur. La injusticia ética, y el pecado moral, se hacen manifiestos ante el tribunal de la solidaridad ético-teológica. Es esta solidaridad ético-teológica el cauce de realización para el ideal de la moral social cristiana.

- *La praxis de la solidaridad: síntesis del compromiso social cristiano.* La encíclica Sollicitudo rei socialis propone un nuevo frente para la ética social cristiana que se resume en una palabra: solidaridad. La praxis de la solidaridad coincide con el ejercicio del compromiso social cristiano. El significado que entraña la solidaridad lleva dos elementos:
- La solidaridad en cuanto pedagogía para descubrir en el "otro" un "igual" en el banquete de la vida. "La solidaridad nos ayuda a ver al 'otro' -persona, pueblo o nación- no como un instrumento...sino como un 'semejante' nuestro, una 'ayuda' (cf. Gn 2, 18.20), para hacerlo partícipe, como nosotros/as, del banquete de la vida" (n. 39).
- La solidaridad en cuanto cauce de la identidad cristiana en el compromiso social. La praxis de la solidaridad puede ser entendida como "la realización del designio divino, tanto a nivel individual como a nivel nacional o internacional" (n. 40). Para la persona cristiana existe una raíz cristológica en la comprensión y en la praxis de la solidaridad humana.

Síntesis

- La palabra "nosotras" está compuesta de dos partes: "nos" y "otras". Esto significa que las otras personas son parte de nuestra definición. La dimensión comunitaria la traemos en la sangre.
- Jesús revela qué es la persona humana. Llevándonos a hacer parte de la Trinidad nos revela que somos comunidad y nos da la fuerza para que realicemos el sueño de la fraternidad: carácter comunitario de la vocación humana. Existe una profunda semejanza entre la unión de las personas divinas y la fraternidad que los humanos debemos instaurar entre nosotros/as.
- ¿Nuestro lugar en la comunidad humana? Somos parte de ella. Su vida es nuestra vida. Jesús nos habilita a participar responsablemente en la marcha de la humanidad en su camino hacia su meta, la fraternidad, asumir nuestro papel como él hizo: hasta la entrega de nuestra vida.
- Nuestro compromiso moral: vivir profundamente nuestro ser "comunitario" y fraternal.

Tarea

1. Describe algunas maneras de cómo los hispanos/as manifestamos nuestra dimensión "comunidad".
2. La comunidad hispana en el diálogo con otras culturas, qué ventajas y qué dificultades encuentra para vivir su ser "hermana".
3. Los hispanos/as necesitamos dar pasos en nuestra educación para el compromiso social: qué acciones sugieres.

Notas

_____
_____
_____
_____
_____
_____
_____
_____

TERCERA PARTE

La Biblia y la "Tradición"

Jesús, después de que lo mataron, siguió vivo. Sigue vivo en el mundo llevando a cabo su misión, el proyecto del Padre: formar una gran familia entre los pueblos del mundo. *Para continuar su presencia y su acción a través de los siglos, se sirve de manera especial de dos realidades: la Biblia y la comunidad cristiana, la Iglesia.*

La Biblia. Dios camina haciendo historia con un pueblo. Este pueblo descubre, vive e interpreta su presencia. Pone por escrito su experiencia de comunión con la Divinidad y la revelación de Dios. Como Dios se comunicó en los tiempos en que su pueblo vivió la experiencia y en los que se escribió el texto, así ahora, cuando leemos la Biblia, es el mismo Dios quien se nos comunica.

La "Tradición". Jesús después de su muerte comunica su Espíritu a sus discípulos/as. Por eso, ya no son ellos quienes viven, es Cristo quien vive en ellos. Durante 2000 años Jesús, por medio de su Iglesia, ha seguido haciéndose presente en el mundo, en la historia de la humanidad, y ha impulsado la historia hacia la *"oikumene"*, la unidad total: Dios, la humanidad y el universo unidos en una comunión profunda. "Tradición viva": la Iglesia a través de la historia es testimonio y sacramento de Jesús que crea la *oikumene*.

TEMA 8

La Biblia: palabra de Dios escrita

1. Temas introductorios a la lectura de la Biblia
2. El Antiguo Testamento
3. El Nuevo Testamento
4. La Sagrada Escritura en la vida de la Iglesia

1. Temas introductorios a la lectura de la Biblia

EL TEXTO BÍBLICO Y SU TRANSMISIÓN

La palabra "biblia" viene del griego "*biblos*", "libro". La Biblia es el conjunto de libros, inspirados por Dios que nos narran la historia de nuestra salvación y constituyen el canon bíblico. La Biblia es la memoria escrita del pueblo de Dios, judío y cristiano, en la que está consignada la palabra del Señor que se nos comunica y nos descubre su plan de salvación. Allí han quedado plasmadas por escrito las intervenciones salvíficas que Dios ha tenido para con la humanidad y, a la vez, la historia de la respuesta humana. La Biblia antes de ser escrita ha sido acontecimiento, palabra viva en el pueblo. Sólo en la perspectiva histórica podemos entender la Biblia. La Biblia contiene la consignación por escrito de la revelación.

DIVISIÓN Y NÚMERO DE LIBROS

División fundamental: Antiguo Testamento (2 Cor 3, 14) y Nuevo Testamento (Heb 8, 8). Estas citas se refieren a la historia de salvación como tal, no a los libros. Comúnmente, la Biblia suele dividirse así: libros "históricos" o narrativos, libros "didácticos" y libros "proféticos". Los católicos aceptamos 73 libros: 46 del AT (a veces se cuentas 45, porque en el libro de Jeremías se incluye el de las Lamentaciones) y 27 del NT. Los protestantes aceptan 66: 39 del AT (ellos excluyen los 7 deuterocanónicos) y 27 del NT.

DIVISIÓN DE CAPÍTULOS Y VERSÍCULOS

Desde muy antiguo, y sobre todo para la lectura litúrgica, se vio la necesidad de dividir el texto sagrado. La actual división en versículos, hecha en 1555, proviene de Roberto de Entiende. Para citar cualquier texto de la Biblia basta indicar abreviadamente de que libro se trata (ver lista de abreviaturas), el capítulo seguido de una coma, los versículos donde comienza y termina la cita, separados por un guión. Ejemplo: Mt 5, 1-12 = Evangelio de Mateo capitulo 5, desde el versículo primero al doce.

PROCESO DE COMPOSICIÓN

La revelación, acontecimientos y palabras, se fue transmitiendo de viva voz, de familia en familia, por medio del canto, del rito, de la catequesis y de muchos otros medios. La tradición no se preocupaba por referir los hechos tal como habían sucedido o las palabras en su materialidad; se esforzaba por encontrarles un sentido. La transmisión buscaba ya interpretar los acontecimientos que vivía el pueblo, y en ellos buscaba descubrir la palabra del Señor. Así surgieron las grandes tradiciones del pueblo, tradiciones en torno a los lugares, a los antepasados, a diversas maneras de concebir la misma historia. Estas tradiciones se fueron poniendo por escrito. Se trataba de pequeños núcleos de tradición que posteriormente fueron la base para las redacciones mayores y para la elaboración de los distintos libros que forman la Escritura.

En el pasado tenían una concepción social del libro. Éstos pertenecen a la comunidad, incluso en cuanto a su composición.

CANONICIDAD

La palabra griega *kanon* significa caña o vara de medir, regla usada en la construcción. Posteriormente se usó como sinónimo de norma. En el siglo II, se le entiende como regla de fe, y en el siglo III-IV pasó a designar la lista de los libros inspirados por Dios y aceptados como tales por la Iglesia, en los que se contiene la regla de la fe. La Iglesia no crea el canon, sino lo descubre y reconoce.

INSPIRACIÓN DE LA SAGRADA ESCRITURA

La Iglesia descubrió en los libros incluidos en el canon, la presencia singular del Espíritu que le dirigía la palabra divina. La comunidad creyente experimenta esas obras como comunicadoras del poder y de la verdad del Espíritu de Dios. De aquí que la Iglesia ha tenido siempre la convicción de poseer unas Escrituras Sagradas en las que escucha la palabra de Dios, regla de su fe y de su conducta, con valor normativo para la comunidad. La Biblia habla de este don, pero siempre de una manera elástica. Nos presenta al poder de Dios impulsando irresistiblemente a la persona a hacer algo de parte de Dios. No es sólo escribir un libro, sino también el hacer y el hablar. Son la inspiración pastoral y oral. La escritura vendrá después para fijar el recuerdo de las cosas que fueron hechas y dichas. Es la interrelación de Tradición y Escritura: dos aspectos de expresión de una misma corriente inspirada, por una parte vivida y hablada y, por otra, escrita, que regula la práctica de la Iglesia.

La revelación que la Sagrada Escritura contiene y ofrece ha sido puesta por escrito bajo la inspiración del Espíritu Santo. (DV 11)

La Sagrada Escritura no es Palabra de Dios por la inspiración. Lo es por contener la Revelación que es palabra de Dios. El efecto de la inspiración

Estos son los libros del antiguo testamento	
Génesis	Salmos
Éxodo	Proverbios
Levítico	Eclesiastés
Números	Cantar de los Cantares
Deuteronomio	Sabiduría
Josué	Eclesiástico
Jueces	Isaías
Rut	Jeremías
Samuel 1-2	Lamentaciones
Reyes 1-2	Baruc
Crónicas 1-2	Ezequiel
Esdras	Daniel
Nehemías	Oseas
Tobías	Joel
Judit	Amós
Ester	Abdías
1º libro de los Macabeos	Jonás
2º libro de los Macabeos	Miqueas
Job	Nahum
	Habacuc
	Sofonías
	Ageo
	Zacarías
	Malaquías

Estos son los libros del nuevo testamento	
Evangelio según san Mateo	Primera a los Tesalonicenses
Evangelio según san Marcos	Segunda a los Tesalonicenses
Evangelio según san Lucas	Primera a Timoteo
Evangelio según san Juan	Segunda a Timoteo
Hechos de los Apóstoles	Epístola a Tito
Epístola a los Romanos	Epístola a Filemón
Primera a los Corintios	Epístola a los Hebreos
Segunda a los Corintios	Epístola de Santiago
Epístola a los Gálatas	Primera epístola de san Pedro
Epístola a los Efesios	Segundo epístola de san Pedro
Epístola a los Filipenses	Primera epístola de san Juan
Epístola a los Colosenses	Segunda epístola de san Juan
	Tercera epístola de san Juan
	Epístola de san Judas
	Apocalípsis

es constituir la palabra de Dios en palabra conservada por escrito. Hay una economía de la Revelación y una economía de la conservación y transmisión. La inspiración viene descrita en el contexto de la revelación y no de la inerrancia.

VERDAD Y FUERZA DE LA ESCRITURA

La Biblia contiene la verdad en orden a nuestra salvación, y esta verdad salvífica tiene una fuerza y eficacia singular. La palabra de la Escritura es revelación y salvación proclamada y realizada. Su palabra no es hueca ni estéril, sino eficaz para nuestra salvación. Dios dice y realiza lo que anuncia.

En la *Dei Verbum*, la "verdad" se utiliza en un contexto salvífico. En todos los textos, no se trabaja con la concepción griega o escolástica del error o de la verdad en el sentido de conformidad con la naturaleza de las cosas. La verdad en la Biblia coincide con la revelación divina. Conocer la verdad significa conocer el proyecto de Dios. Jesús es la verdad porque él es la revelación (salvación).

> Como todo lo que afirman los hagiógrafos, o autores inspirados, lo afirma el Espíritu santo, se sigue que los libros sagrados enseñan sólidamente, fielmente y sin error la verdad que Dios hizo consignar en dichos libros para salvación nuestra. (DV 11)

INTERPRETACIÓN BÍBLICA

> Dios habla en la Biblia por medio de hombres y en lenguaje humano; por lo tanto, el intérprete de la Escritura, para conocer lo que Dios quiso comunicarnos, debe estudiar con atención lo que los autores querían decir y Dios quería dar a conocer con dichas palabras. (DV 12)

La Biblia es palabra humana, por eso se requiere la ciencia para su correcta interpretación. Se trata de analizar el "texto" científicamente y esto se opone a cualquier fanatismo o subjetivismo.

La Biblia es palabra divina, por eso, para su adecuada comprensión se exige la fe. Es lo que se llama el "con-texto", o la comunidad guiada por el Espíritu de Dios. Lo contrario es el uso ideológico o tendencioso de la Escritura.

La Biblia es palabra actual (DV 8.21) por eso, para su actualización se requiere la referencia a la vida, a la historia, a la situación concreta actual. Esto se llama el "pre-texto" o realidad vivida. Prescindir de esto es caer en el pietismo, la sacralización de las situaciones, o el conformismo con la realidad vivida.

LA BIBLIA, PALABRA HUMANA

La Biblia, bajo el punto de vista humano, es una palabra literaria, concreta, consignada por escrito.

Palabra: sujeta a los condicionamientos de la lengua. Para su comprensión se requiere de las ciencias de la filología, de la traducción y de la lingüística.

Literaria: en la Biblia encontramos literatura, poesía, prosa artística y bella. Por lo menos, es indispensable analizarla bajo las leyes de esta ciencia y de este arte.

Concreta: histórica, que responde a una determinada situación. De allí el recurso a las ciencias históricas (geografía, sociología, economía, política, etc.), que nos ayudan a situarla más correctamente.

Consignada por escrito: sujeta a las reglas de cualquier literatura escrita. Por eso la necesidad de acudir a las ciencias de la literatura en toda su amplitud. Es necesario atender a dos elementos importantes: la intención del autor y a las palabras con que se expresa.

Géneros literarios

> Para descubrir la intención del autor, hay que tener en cuenta, entre otras cosas, los géneros literarios. Pues la verdad se presenta y se anuncia de modo diverso en obras de diversa índole histórica, en libros proféticos o poéticos, o en otros géneros literarios. El interprete indagará lo que el autor sagrado intenta decir, y dice según su tiempo y cultura, por medio de los géneros literarios propios de su época.... (DV 12)

Géneros literarios fundamentales:

Histórico o narrativo: *Dichos*: discursos, homilías, dichos, parábolas...

Hechos: narración, saga, leyenda, anales, listas, autobiografías, mitos...

Jurídico: derecho apodíctico, derecho casuístico, decálogos, series, tratados de alianza...

Profético: oráculos de salvación o de amenaza; relatos de vocación; oráculos contra las naciones; acciones simbólicas, visiones...

Sapiencial: proverbios, reflexiones...

Cánticos y plegarias: salmos (alabanza, acción de gracias, petición), himnos...

Epistolar: apocalíptico

Diversos modos de pensar, comprender y expresarse

Para comprender exactamente lo que el autor quiere afirmar en sus escritos, hay que tener muy en cuenta los modos de pensar, de expresarse, de narrar que se usaban en tiempo del escritor, y también las expresiones que entonces se solían emplear más en la conversación ordinaria. (DV 12)

La manera de concebir la realidad, de entender el mundo, de ver las relaciones, es diversa en las culturas y en las distintas épocas. Un error muy común de nuestro tiempo es querer encasillar lo "histórico" de acuerdo a la concepción que nosotros/as tenemos sobre la historia. Por eso, muchos relatos bíblicos no pasan la prueba de historicidad. Hemos absolutizado nuestra forma de pensar y de ver el mundo.

LA BIBLIA, PALABRA DIVINA

La Escritura se ha de leer e interpretar con el mismo Espíritu con que fue escrita.... (DV 12)

El Espíritu que ha creado la Escritura es el mismo que la recrea mediante la lectura. El que ha inspirado la creación de los libros sagrados, es el mismo Espíritu que nos guía a su recta comprensión, en la búsqueda adecuada de lo que Dios nos quiere decir por medio de su palabra.

...por tanto para descubrir el verdadero sentido del texto sagrado hay que tener en cuenta con no menor cuidado el contenido y la unidad de toda la Escritura, la Tradición viva de toda la Iglesia, la analogía de la fe. (DV 12)

Unidad de toda la Escritura, Tradición viva de la Iglesia y analogía de la fe son tres elementos específicos que han de tenerse en cuenta en la interpretación del texto sagrado.

La Biblia, palabra de Dios

La Biblia es la historia de la palabra de Dios dirigida a la humanidad.

Palabra creadora, que llama a la existencia a las cosas (Gen 1, 3). Palabra que llama a Abraham, a Moisés y a tantas otras personas para que lleven a cabo su misión (Gn 12, 1ss; Éx 3, 10ss). Palabra que es gracia y mandato, don y exigencia (Ex 20, 2-3ss). Palabra que cumple las promesas (Jos 23, 14-15) y por eso es eficaz y permanente (Is 55, 10-11). Palabra que irrumpe en los profetas para anunciar y proclamar la voluntad salvífica de Dios en la historia, pero también para denunciar al pueblo su infidelidad y rebeldía (Jer 1, 4.11.13). Palabra que en la plenitud de los tiempos, se hace carne en Jesús (Jn 1, 14). Palabra que se difunde, crece y se robustece (Hech 6, 7; 12, 24; 19, 20), y nunca está encadenada (2 Tim 2, 9). Palabra que se identifica con el jinete victorioso del caballo blanco, quien lleva a cabo el cumplimiento de la escatología (Ap 19, 11-16).

LA BIBLIA, PALABRA ACTUAL

Así Dios, que habló en otros tiempos, sigue conversando siempre con la Esposa de su Hijo amado.... (DV 8)

En los libros sagrados, el Padre que está en el cielo, sale amorosamente al encuentro de sus hijos para conversar con ellos....(DV 21)

En la liturgia Dios habla a su pueblo; Cristo sigue anunciando el Evangelio.... (SC 33)

La Evangelii Nuntiandi nos ayuda a entender la correlación entre Biblia y acontecimientos: el n. 29 nos habla de la interrelación entre palabra escrita y acontecimiento; el n.43 expresa que son innumerables los acontecimientos de la vida en los que Dios nos habla, e invita a tener una verdadera sensibilidad espiritual para descubrir en ellos la voz de Dios; y el n.75 afirma que el Espíritu Santo es quien nos hace discernir en la historia los signos de los tiempos, los signos de la presencia de Dios.

Hay que leer la Biblia a la luz de la vida, a la luz de nuestras circunstancias concretas, para buscar allí una respuesta que nos ilumine....No se trata de encontrar recetas, sino de descubrir el espíritu con el que debemos responder a la palabra del Señor. Debemos leer la historia—los signos de los tiempos—a la luz de la Biblia. Los acontecimientos no son necesariamente voluntad de Dios. Muchos son contrarios a su plan de salvación, a su proyecto de vida. Pero en los acontecimientos tenemos que descubrir la palabra del Señor que nos interpela y nos cuestiona.

Pasos concretos: estudio del texto en sí mismo, estudio del texto en su contexto literario, estudio del texto en su época y autor, lectura final del texto: ¿qué dice? ¿Qué nos dice hoy?

2. El Antiguo Testamento

Los Patriarcas

La Biblia tiene su origen en medio de uno de los pueblos de Oriente, el pueblo de Israel. Al comienzo, es un grupo de emigrantes, venidos de Mesopotámica (hoy Irak). Se llaman hebreos y son descendientes de Abraham. Con Abraham comienza la historia del pueblo de la Biblia. Abraham, llamado por Dios (Gn 12, 1-3), sale de Ur de Caldea, Mesopotámica, en busca de una nueva tierra. Dios lo llama para realizar un proyecto. Sale con su familia y va a establecerse a Canaán (más tarde esta tierra se llamará Palestina). Esto sucede por el año 1850 a.C.

En Canaán nacen los hijos/as, los nietos/as. Y así, la familia se va haciendo cada vez más grande. Abraham, Isaac y Jacob son llamados "patriarcas". Ellos son los jefes de diferentes clanes que llegaron a la tierra de Canaán y son considerados los primeros padres fundadores del pueblo de la Biblia.

El pueblo emigra a Egipto

A causa de una sequía y del hambre, mucha gente se traslada a Egipto, donde la tierra es más fértil. Entre ellos se encuentra un grupo proveniente de Canaán. Al comienzo, la gente fue bien recibida. Con el transcurso del tiempo, los faraones (reyes) de Egipto, comienzan a esclavizar a los pueblos humildes, y entre ellos, a los hebreos.

Liberación y regreso a la propia tierra

En el pueblo surge un líder que encabeza un movimiento de liberación, Moisés (Éx 3, 1ss). Con la ayuda de Dios, hace huir al pueblo de la opresión de los reyes de Egipto. La salida = éxodo de la "casa de la esclavitud" sucedió alrededor del año 1250 a.C.

El pueblo marcha por el desierto durante 40 años, de regreso a Canaán. Moisés muere antes de que el pueblo pueda entrar en aquella tierra. En su lugar queda Josué (= Dios salva) como líder principal del pueblo.

Los Jueces y los primeros reyes

Después de la muerte de Josué, el pueblo es guiado por otros jefes, llamados "jueces". Por más de 200 años liberaron al Pueblo de Israel de sus enemigos. Los jueces más famosos son: Débora, Gedeón, Jefté, Sansón y Samuel.

Con el fin de hacerse más fuertes ante los ataques de sus enemigos, el pueblo desea un rey, como lo tenían los otros pueblos vecinos.

El primer rey fue Saúl. Hacia el año 1000, David toma Jerusalén y la convierte en capital de un reino que agrupa a las tribus del norte y a las del sur. Por medio del profeta Natán, Dios promete a David un reino eterno. Es el comienzo del mesianismo.

El hijo de David, Salomón (por el año 900 a. C.) construye el templo de Jerusalén y se encarga de organizar el reino. Hay una tierra, un rey, un templo en donde Dios se hace presente a su pueblo. Durante su reinado surgen los primeros escritos de la Biblia. Antes de eso, las historias del pueblo eran transmitidas oralmente de padres a hijos. Se ponen por escrito los recuerdos del pasado: el éxodo se convierte en la experiencia fundamental; en ella se descubre que Dios es liberador y salvador. Se escribe la historia de los patriarcas señalando que la promesa de Dios a Abrahán se realizó en David.

Incluso se remonta al principio del mundo: Dios no sólo quiere liberar a un pueblo, sino a toda la humanidad.

LA DIVISIÓN DEL REINO

Después de la muerte del rey Salomón (año 930) se originan muchas luchas internas. El reino acaba por dividirse en dos.

Las 10 tribus del Norte se separan y forman una unidad propia: el Reino del Norte o reino de Israel.

Las dos tribus del sur forman el Reino del Sur o reino de Judá. *Judá* permanece fiel a la dinastía de David. El rey da unidad a la nación y la representa ante Dios, aquel Dios que habita en medio del pueblo, en el templo. En el Reino del Sur predican los profetas Isaías y Miqueas.

Israel rompe con la dinastía de David: el rey no tiene ya la misma importancia religiosa. Es más bien el profeta quien une al pueblo y mantiene su fe, amenazada por el contacto con la religión cananea. En el *Reino del Norte* predican Elías, Amós y Oseas donde se forman también otras colecciones de leyes. Recogidas luego en Judá, se convierten en el Deuteronomio.

LAS DOMINACIONES POR IMPERIOS EXTRANJEROS

Los grandes imperios de aquel entonces no dejaron en paz al pequeño pueblo de la Biblia. En el año 721 a.C. Asiria invade el Reino del Norte (Israel) y toma posesión de aquella región.

Más o menos 150 años después, el imperio de Babilonia vence Asiria y somete al Reino del Sur (Judá), poniendo fin a su existencia. Los babilonios llevan buena parte de la población de Judá hacia Babilonia donde permanecen unos 50 años (587-538). Este es el tiempo del Exilio. Durante medio siglo, el pueblo vive en el destierro; lo ha perdido todo: su tierra, su rey, su templo. ¿Perderá también su fe en Dios? Algunos profetas, como Ezequiel y un discípulo de Isaías, reaniman su esperanza. Los sacerdotes le hacen releer una vez más sus tradiciones para encontrar en ellas un sentido a sus sufrimientos. Esto desemboca en la *historia sagrada sacerdotal*.

EL JUDAÍSMO

Los persas vencieron a los babilonios y dejaron en libertad a los judíos para volver a su tierra. Esto sucedió en el año 538 a.C. Ciro era el rey de Persia. La comunidad purificada por el sufrimiento del destierro, vive pobremente. Nehemías, después del exilio, comienza la reconstrucción del templo de Jerusalén y la Ciudad Santa. Esdras recoge las historias sagradas y el Deuteronomio y forma un solo libro: la Ley. En adelante se insistirá mucho en su observancia estricta. Así nació el judaísmo. Por otra parte, la reflexión de los "sabios", que había comenzado ya antes de Salomón, produce algunas obras maestras, como Job, Proverbios, Tobías...

SIGUEN LAS DOMINACIONES

Es la época en que surge la esperanza de un mesías, un nuevo David que salve a su pueblo. Después de los persas, dominaron los griegos (332 a.C.). Merecen especial atención las luchas de liberación nacional en la época de los hermanos macabeos. Durante un corto periodo, el pueblo judío alcanzó de nuevo su independencia (146-63 a.C.). Se desarrolla entonces la reflexión de los autores de los Apocalipsis, que esperan la intervención de Dios al final de los tiempos. Posteriormente aparecen los romanos que se apoderan de Jerusalén en el año 63 a.C. El rey Herodes reina bajo la protección de los romanos desde el año 40 al 4 a.C.

Los libros redactados desde el tiempo de Salomón hasta la llegada de Jesucristo forman el Antiguo Testamento.

3. El Nuevo Testamento

Jesús de Nazaret (6 a.C. –30 d.c.)

Jesús nació en el reinado de Herodes, seguramente seis años antes del comienzo de nuestra era. Vivió en Nazaret como un piadoso judío, practicando la Ley según el espíritu de los fariseos, los más religiosos entre los judíos. Hacia los años 27-28, después de ser bautizado por Juan Bautista, inaugura sus dos o tres años de vida pública. Escoge algunos discípulos y, junto con ellos, proclama, con palabras y sobre todo con los hechos de su vida, la venida del Reino de Dios. Condenado por los responsables religiosos, fue crucificado por los romanos, seguramente el 7 de abril del año 30.

Las comunidades (alrededor de los años 30-70)

La resurrección de Jesús y la venida del Espíritu en Pentecostés permiten a los discípulos/as comenzar a descubrir el misterio de Jesús. Estos discípulos siguen siendo judíos, pero forman en el seno del judaísmo un grupo extraño: el de los testigos de Jesús resucitado.

Tienen que mantener una doble fidelidad: a Jesús (su vida terrena), que les planteó no pocas preguntas. Para responder a éstas, se remiten a recuerdos que tenían de Jesús. Pero lo hacen a la luz de la resurrección. Esos recuerdos van tomando forma, sobre todo, en torno a tres centros principales de interés:

- los discípulos/as predican para anunciar a los judíos/as y luego a los paganos/as a Jesús resucitado: es el grito de fe de la primera comunidad cristiana;
- los discípulos/as celebran el Resucitado en la liturgia, sobre todo en la eucaristía; en estas ocasiones adquieren forma muchos de sus recuerdos sobre Jesús;
- los discípulos/as enseñan a los nuevos/as bautizados/as, recogiendo para ello los hechos y las palabras de Jesús.

Pronto se agregan nuevos discípulos a los primeros: Bernabé, los siete diáconos, con Esteban y Felipe, y, sobre todo, Pablo. Convertido hacia el año 36, lleva la buena nueva al Asia Menor, Grecia..., hasta Roma. Los paganos pueden desde entonces entrar en la Iglesia sin verse obligados a hacerse judíos: esto se decidió en el "concilio" de Jerusalén del año 50.

Entre los años 51 y 63, Pablo escribe sus cartas a varias comunidades. Durante este período, el judaísmo oficial va desechando poco a poco a los cristianos/as. El año 70, los romanos destruyen Jerusalén. Algunos fariseos, reunidos en Yamnia (o Yabne, al sur de Tel-Aviv), dan al judaísmo una nueva vida, que continúa hasta hoy.

Redacción de los escritos (alrededor del 71-100 d.c.)

Cuatro teólogos reúnen las tradiciones que ya se habían redactado y dan su testimonio sobre Jesús. El evangelio según Marcos, hacia el año 70, recoge la predicación de Pedro en Roma. El evangelio según Lucas (y Hechos de los Apóstoles) se escribió hacia el 80-90 para las comunidades sobre todo de paganos convertidos. El evangelio según Mateo se redactó entre los 80-90 en una comunidad de antiguos judíos que se hicieron cristianos. El evangelio según Juan es una meditación muy profunda sobre Jesús, palabra de Dios. El Apocalipsis presenta a Jesús como término de la historia. Entretanto Juan, Pedro, Santiago, Judas y otros discípulos escriben cartas a diversas comunidades.

El año 135, tras una segunda rebelión de los judíos, los romanos diezman a la población. Durante varios siglos, los judíos no podrán entrar en Jerusalén. Los cristianos ya habían dejado la ciudad y se habían instalado por toda el área mediterránea.

El Nuevo Testamento es como un árbol, cuyo fruto es Jesús, y cuyas raíces se ahondan en el Antiguo Testamento. Las ramas son las comunidades cristianas edificadas por la predicación de los discípulos y discípulas.

4. La Sagrada Escritura en la vida de la Iglesia

Breve historia del uso y lectura de la Biblia

- Siglos I-XII: acceso ordinario. La Biblia constituía la fuente directa donde se alimentaba la vida cristiana. La liturgia permitía un contacto directo con la palabra de Dios. La predicación y la catequesis eran realmente bíblicas, constituían un comentario a la Escritura.

- Entre los siglos XII y XVI: alejamiento paulatino. Esta época esté marcada por dos realidades diversas: por una parte, sigue habiendo un acceso a la Escritura y una difusión de ésta (por ejemplo en el siglo XV se hicieron por lo menos 3600mss. de Biblias alemanas; en Suiza 18 ediciones; Biblias historiales, florecillas, leccionarios, Biblias de los "pobres"); por otra parte, empiezan a darse una serie de advertencias y cautelas eclesiásticas en torno a la lectura de la Biblia (el concilio provincial de Tolosa en 1229, con ocasión de la lucha contra los Albigenses, sostiene una postura negativa a traducciones bíblicas y aún al uso mismo de la Biblia por parte de los laicos, cf. can 14).

- Entre los siglos XVI-XIX: abandono "práctico" de las Escrituras. Contra el abuso originado por una serie de tradiciones eclesiásticas deformadas y, sobre todo, ante el hecho de las crecientes dificultades que se ponen a la lectura de la Biblia, los reformadores colocan como centro de su fe a la sola Escritura, interprete de sí misma, que no necesita de la Tradición, ni de ninguna autoridad eclesial para si interpretación. Los reformadores se preocupan por usar y poner la Biblia al alcance de todos los fieles. El Concilio de Trento (1546) subraya que la Escritura debe ser expuesta y explicada en las clases sagradas que han de tenerse en las diferentes iglesias, incluso llega a dar una serie de normas. Por desgracia, poco se llevó a la práctica la propuesta del Concilio. Tenemos que reconocer que Trento no impuso la lectura privada o particular de la Escritura.

- Fines del siglo XIX al siglo XX: vuelta a la Escritura. Desde finales del 1800 hasta los primeros años del nuevo milenio, ha habido un cambio que podemos caracterizar como la vuelta de la Iglesia católica a la Escritura. Diversos acontecimientos han favorecido el acceso a la Escritura: se da la promoción de los estudios bíblicos a nivel superior, surgen los movimientos litúrgico-bíblico, ecuménico, etc., que impulsaron la necesidad de acercarse a la Escritura. Todo esto viene coronado por el espíritu que se respira en la constitución "Dei Verbum". La liturgia está en la lengua de cada pueblo, de forma que la lectura de la Escritura en ella es ya un alimento. Se multiplican las traducciones y ediciones de la Biblia con notas apropiadas; por todas partes se van dando círculos bíblicos, cursos de Escritura....Se ha logrado cambiar una mentalidad y una práctica diferente.

LA BIBLIA Y LA VIDA DE LA COMUNIDAD CRISTIANA

El principio general: "La Iglesia ha considerado siempre a la Escritura, unida a la Tradición, como suprema norma de su fe" (DV 21), tiene como consecuencia:

La veneración de la palabra como Cuerpo del Señor: "La Iglesia siempre ha venerado la Sagrada Escritura, como lo ha hecho con el Cuerpo de Cristo, pues, sobre todo en la sagrada liturgia, nunca ha cesado de tomar y repartir a sus fieles el pan de vida que ofrece la mesa de la palabra de Dios y el Cuerpo de Cristo" (DV 21). "Comemos su carne y bebemos su sangre no sólo en el sacramento, sino también leyendo la Escritura" (S. Jerónimo, PL 23, 1092).

Todo eso se apoya en Jn 6, donde tanto las palabras de Jesús, es decir, sus enseñanzas (6, 32ss), como su cuerpo (6, 48ss) son alimento de vida eterna. Jesús en persona es el pan de vida. La veneración consiste no sólo en ritos externos, sino en la distribución "sacramental" de la Escritura como pan de vida: "Las dos partes de que consta la misa, a saber, la liturgia de la palabra y de la eucaristía, están tan estrechamente unidas, que constituyen un solo acto de culto..." (SC 56).

En el pasado se tenía como cumplido el precepto dominical, si el fiel llegaba antes del momento de la preparación de las ofrendas. De este modo se dejaba ver que no tenía ningún valor la liturgia de la palabra.

- La Escritura, alimento y norma: "Toda la predicación de la Iglesia, como toda la religión cristiana, se ha de alimentar y regir con la Sagrada Escritura" (DV 21). Se unen dos elementos que tiene la palabra de Dios: el aspecto normativo y la dimensión de alimento.

- Biblia y ministerio de la Palabra. "...El ministerio de la palabra, que incluye la predicación pastoral, la catequesis, toda la instrucción cristiana y, en puesto privilegiado, la homilía, recibe de la palabra de la Escritura alimento saludable y por ella da frutos de santidad" (DV 24). De hecho todo estudio exegético de la Escritura deberá conducir "a que se multipliquen los ministros de la palabra" (DV 23).

Catechesi Tradendae da su lugar a la Biblia en la catequesis. Propone a Cristo como Maestro por excelencia (n.8); la Biblia es obra de la catequesis (n.11); es fuente de la catequesis (n.27); la predicación debe centrarse en los textos bíblicos (n.48); conocerla en su medio cultural (n.53); memorizar textos bíblicos en la catequesis (n.55); en ella se inspira la pedagogía de la fe (n.58).

- Biblia y teología. "La teología se apoya, como en cimiento perdurable, en la Sagrada Escritura unida a la Tradición" (DV 24). "...Fórmense con especial diligencia en el estudio de la Sagrada Escritura, la cual debe ser como el alma de toda la teología..." (OT 16). La teología no busca en la Escritura "argumentos" o "pruebas" de datos preestablecidos..., sino que indaga el dato revelado como base de su posterior desarrollo y reflexión.
- Biblia y liturgia. La presencia de Jesús en su Palabra es una presencia real. Si a la Eucaristía se aplica constantemente ese epíteto, no es por exclusividad, sino por antonomasia. Cristo "está presente en su palabra, pues cuando se lee en la Iglesia la Sagrada Escritura, es él quien habla" (SC 7).

Para comprender más la Escritura hay que fomentar el estudio de las diversas tradiciones litúrgicas, ya que la liturgia es el ámbito normal de la lectura escriturística: "La Iglesia, esposa de la Palabra hecha carne, instruida por el Espíritu Santo, procura comprender cada vez más profundamente la Escritura para alimentar constantemente a sus hijos con la palabra de Dios; por eso fomenta el estudio de los Padres de la Iglesia, orientales y occidentales, y el estudio de las sagradas liturgias..." (DV 23).

La Liturgia está llena de la palabra de Dios: los pastores "han de comunicar a sus fieles, sobre todo en los actos litúrgicos, las riquezas de la palabra de Dios" (DV 25). "En la celebración litúrgica, la importancia de la Sagrada Escritura es muy grande. Pues de ella se toman las lecturas que luego se explican en la homilía, y los salmos que se cantan, las preces, oraciones e himnos litúrgicos están penetrados de su espíritu, y de ella reciben su significado las acciones y los signos" (SC 24; 35; 51;92).

- Biblia y demás ministerios: en la GS 4 y EN 29, se presenta la necesidad de iluminar la historia y la vida a la luz de la palabra de Dios.

Necesidad y exigencias de la lectura bíblica

Es necesario acercarnos a la Escritura por medio de su lectura, para alimentarnos y regir nuestra vida con esa palabra. La revelación tiene un carácter dialógico: Dios habla y al comunicarse, espera una respuesta. Es fundamental que conozcamos y leamos su palabra.

Exigencias para todos los creyentes

Los fieles han de tener fácil acceso a la Escritura....Y como la palabra de Dios debe estar disponible en todas las edades. (DV 22)

El santo Sínodo recomienda insistentemente a todos los fieles, especialmente a los religiosos, la lectura asidua de la Escritura para que adquieran la ciencia suprema de Jesucristo. (Flp 3, 8)

...pues desconocer la Escritura es desconocer a Cristo. (DV 25)

Características de esta lectura

La Biblia es una palabra divino-humana siempre actual. Este dato fundamental exige de nosotros/as: la fe, para abrirnos al Señor que habla a su pueblo; la ciencia, para investigar el tenor del texto de la Escritura; y la vida personal y comunitaria, para que la palabra de Dios la ilumine y la juzgue. De aquí que la lectura de la Biblia deba ser inteligente, cristiana y actualizada.

- *Inteligente*, puesto que estamos ante una palabra humana, sujeta a las ciencias. De allí que debemos estar abiertos/as a la búsqueda de su sentido, y a la profundización y comprensión mayor de las Escrituras: "La Iglesia... procura comprender más profundamente la Escritura para alimentar constantemente a sus hijos con la palabra de Dios..." (DV 23).

- *Cristiana*, ya que es Dios quien nos está hablando y debemos escucharlo en una actitud de auténtica fe, propiciada en el seno de la comunidad cristiana, en un clima de oración:

    Recuerden que a la lectura de la Sagrada Escritura debe acompañar la oración para que se realice el diálogo de Dios en el hombre, pues a Dios hablamos cuando oramos, a Dios escuchamos cuando leemos sus palabras (DV 25).

- *Actualizada*, es decir, que repercuta en nuestra vida concreta, pues la palabra del Señor es viva y permanente para todas las épocas. Dios no sólo habló en el pasado, sino sigue hablando hoy día con nosotros/as: "En los libros sagrados, el Padre que está en el cielo, sale amorosamente al encuentro de sus hijos para conversar con ellos" (DV 21).

Diferentes "ambientes" de lectura

Lectura personal

La "lectio divina" es una experiencia plurisecular de la lectura personal de la palabra de Dios; es el ejercicio ordenado de la escucha personal de la palabra. Se trata de un camino y un compromiso que se concreta en una actividad personal de oración y de contemplación, con una dinámica propia, dejando que Dios nos hable y teniendo una actitud de adoración y de sumisión. La "lectio" es la prolongación y la preparación de la escucha comunitaria litúrgica. Sin la escucha litúrgica la "lectio" se convierte en individualismo; sin la "lectio divina", la escucha comunitaria cae en lo genérico, sin incidir en la vida personal. María, la Virgen oyente (Lc 2, 19.51) es el modelo de escucha y compromiso con la palabra.

Estructura: Lectio: leer y releer atentamente el texto. *Meditatio*: poner de relieve los valores permanentes del texto. *Contemplatio*: contemplación del misterio de Dios. Esto es obra del Espíritu, quien es el único que la puede suscitar, haciéndonos salir de nosotros/as para entrar en el misterio.

Lectura en grupo

La Biblia no es el libro del individuo aislado, sino del pueblo de Dios. De allí la importancia de la lectura comunitaria de la Escritura. Cuando nos reunimos para oír la Palabra, es necesario que esos momentos se conviertan en una "celebración doméstica y familiar de la palabra".

Para crear este clima es conveniente que el grupo sea pequeño; habrá así más posibilidad de participación. También es importante que esté animada por un coordinador. El método: ver la realidad, juzgarla a la luz de la palabra divina, y actuar con un compromiso cristiano. Lo importante es un acercamiento ordenado al texto bíblico que de una u otra forma nos lleve siempre a confrontar la realidad que vivimos con la palabra de Dios.

Lectura litúrgica

Cuando se proclama la palabra, es Cristo mismo el que nos habla (SC 7). Por eso, la lectura litúrgica se realiza en un clima de fe y oración, anunciando y proclamando lo que se celebra en el rito, introduciéndonos así en la dinámica de la historia de la salvación, y haciéndonos participar en el misterio. Toda celebración litúrgica está estructurada con alguna lectura litúrgica. El rito sin la palabra de Dios se convierte en mágico. La palabra proclama y realiza ya lo que se celebra en el rito mismo.

Síntesis

- Durante el concilio Vaticano II se discutió si venia primero la Biblia o la Tradición. Se dijo que no hay dos fuentes de la revelación, sino una sola: Cristo Jesús. La Biblia es sacramento de Jesús y de Dios, es palabra de Dios.
- La Biblia es palabra humana, por eso, para su correcta interpretación, se requiere la ciencia. La Biblia es palabra divina, por eso, para su adecuada comprensión, se exige la fe. La Biblia es palabra actual, por eso, para su actualización se requiere la referencia a la vida, a la historia, a la situación concreta actual.
- El lugar que le corresponde en la vida personal y de la comunidad es la que se deduce de su ser: sacramento de Jesús y de Dios.
- El Antiguo Testamento es la historia del amor de Dios para con un pueblo, el de Israel: "Yo seré tu Dios y tu serás mi pueblo".
- El Nuevo Testamento es sacramento de la máxima revelación de Dios y de la humanidad: Dios es Padre y nosotros/as somos hijos/as, hermanos/as.
- La Biblia no es un libro, es Alguien que conduce la historia a su fin: la gran familia de Dios entre todos los seres del mundo.

Tarea

1. Menciona las tres cosas más importantes que la persona católica necesita tener presente cuando lee la Biblia.
2. ¿Qué lugar ocupa la Biblia en tu vida y en la de tu parroquia?
3. ¿Qué significa: "La Biblia es sacramento de Dios y de Jesús?"

Notas

TEMA 9

Historia de la "Tradición" viva de la Iglesia

1. Historia de la Iglesia
2. Historia de la Iglesia Católica en los Estados Unidos
3. La comunidad hispana en la Iglesia de los Estados Unidos
4. Momento histórico actual y la Iglesia "Tradición viva"

Dios tiene un proyecto: una gran familia de hijos/as y hermanos / as. Desde el "principio de los tiempos" crea el universo como un hogar donde pueda vivir su familia. Su Espíritu guía la historia de la humanidad y en la "plenitud de los tiempos" irrumpe en ella creando una "humanidad nueva". Jesús es el primer nacido de esta nueva creación.

El re-crea en su espíritu a varones y mujeres. Ya no son ellos/as quienes viven, es Cristo quien vive en ellos/as. Forma una comunidad y en ella y con ella Jesús continúa su misión en el mundo. La Iglesia es sacramento de Jesús, y, por eso, narrar la historia de la Iglesia es narrar la vida de Jesús presente en nuestra historia. Esta historia nos narra de una transformación mutua que se da en el diálogo entre Iglesia y mundo. La Iglesia se encarna en los diferentes períodos históricos y transmite a ellos su riqueza. A su vez, el "mundo" modifica la Iglesia y crea de ella diferentes imágenes. Es el misterio de la encarnación que se realiza constantemente.

1. Historia de la Iglesia

La Iglesia primitiva (30–313)

Jesús comenzó su vida pública predicando el Reinado de Dios; ésta fue su causa y tarea hasta su muerte. La Iglesia continúa esta misma misión.

El evangelio se difunde, "a partir de los judíos", por las ciudades del Asia Menor, Macedonia y Grecia, hasta llegar a Roma. El "Kerigma" de los apóstoles era: "Entérese bien todo Israel de que Dios ha constituido Señor y Mesías al mismo Jesús a quien ustedes crucificaron" (Hech 2, 36).

En torno a la predicación de los apóstoles se fue formando y creciendo una comunidad de

fieles, a la que los judíos dieron el nombre de "secta de los nazarenos". En su gran mayoría se sentían muy arraigados en las tradiciones judías y vivían apegados al templo y a la sinagoga. Su conducta apenas difería exteriormente de la que llevaban otros judíos piadosos, como los esenios, que se organizaban en cofradías en las que practicaban la comunidad de bienes. Eran bien vistos por el pueblo.

Había también otros fieles que procedían de la "diáspora", de las colonias judías diseminadas sobre todo por la cuenca del Mediterráneo, en cuyas ciudades ocupaban barrios enteros y gozaban de cierta autonomía. Aceptaban la ley mosaica, pero no eran tan estrictos en la observancia de las tradiciones judías. Constituían, evidentemente, la facción más dinámica y progresista de la Iglesia, la que antes comenzaría la misión de los gentiles; pero también la que despertaba la mayor suspicacia entre los auténticos hebreos y la que antes sería objeto de una encarnizada persecución. Se les ha llamado cristiano-helenistas.

No obstante las distintas procedencias y mentalidades, todos los seguidores de Jesús vivían como hermanos: "La muchedumbre de los que habían creído tenía un solo corazón y una sola alma, y ninguno tenía por propia cosa alguna, antes todo lo tenía en común" (Hech 4, 32).

Como signo de esta hermandad, se reunían en las casas para "partir el pan" (la celebración de la eucaristía). "Los que habían sido bautizados se dedicaban con perseverancia a escuchar la enseñanza de los apóstoles, vivían unidos y participaban en la fracción del pan y en las oraciones" (Hech 2, 42).

No faltaron los conflictos internos, y, para remediarlos, los Doce eligieron a "siete" varones. Éstos se encargarían del "servicio a la mesa" del grupo de los cristianos-helenistas.

Vemos cómo a medida que la Iglesia crece surgen los problemas y la Iglesia necesita organizarse para resolverlos. En este proceso, las necesidades preceden a las funciones o ministerios (servicios).

Tiempo de clandestinidad y persecución (siglos II-III)

A finales del siglo I, el Evangelio se había difundido por la mayoría de las provincias del Imperio Romano. Las propias colonias judías, en la diáspora, sirvieron como vehículo de evangelización; así, los cristianos se extendieron por Asia Menor, Siria, Armenia, Macedonia, Egipto, la península italiana, norte de África, sur de la Galia e Hispania. "Somos de ayer y lo llenamos todo", proclamaba Tertuliano.

Los romanos tenían su religión: sus dioses, sus sacerdotes, sus días y sus ritos sagrados. La religión les servía de elemento integrador de todos los ciudadanos del Imperio, tan distintos entre sí, y al mismo tiempo de elemento sacralizados de sus estructuras.

Mientras la comunidad cristiana, fue considerada como una secta del judaísmo, pudo vivir tranquila. Pero cuando el imperio romano se dio cuenta de su pretensión de universalidad, de que no reconocía otro Señor que Jesucristo (y no al César), ni otro Dios que al Padre de Jesucristo, cuando comprobó que rechazaba el culto a los emperadores como algo abominable, se negaba a participar en las fiestas populares y a cumplir el servicio militar por motivos de conciencia, los cristianos/as comenzaron a resultar sospechosos/as. Socavar los cimientos de aquella sociedad significaba una provocación, una amenaza.

La sangre de los mártires es semilla de cristianos

La Iglesia, desde el año 54 (Nerón) hasta el 305 (Diocleciano), vivió en estado de persecución. A mediados del s. III las persecuciones se fueron generalizando por todas las provincias del Imperio. Los mártires fueron un factor importante en la expansión del cristianismo. Su testimonio conmocionó a todas las clases sociales, en especial a las clases populares, que vieron en el cristianismo la religión de salvación.

La Iglesia como Misterio

En este período histórico, la Iglesia se entiende a sí misma como misterio. Los cristianos tienen conciencia de que forman un grupo reunido por una llamada misteriosa de Dios manifestada en Jesucristo. Mediante el bautismo, la eucaristía, el perdón de los pecados, reciben el don de su palabra y de su amor. Frente al mundo que los rodea, se sienten como un "pequeño rebaño" que intenta vivir la expansión cristiana, sin miedo incluso ante la amenaza, la hostilidad y la persecución. De ahí brota su unidad, su sentido de comunión, su conciencia de ser y de constituir ellos mismos la Iglesia, y también su capacidad para integrar diferencias políticas, culturales y de organización, manteniendo la unidad en la diversidad.

La Iglesia constantiniana (313-476)

Libertad de culto. En el 313, la Iglesia pasa de la tolerancia a la libertad. Constantino, por el Edicto de Milán, decreta la libertad religiosa tanto para los paganos/as como para los cristianos/as: "Damos a los cristianos/as y a todos/as el poder de seguir libremente la religión que cada uno quiera...sin preocupación ni molestias". En el 324, mediante un nuevo edicto, Constantino expresa su deseo de que toda persona se haga cristiana, aunque sin molestar al que no lo haga. En el 380, Teodosio el Grande promulga el Edicto de Tesalónica, en el que declara al cristianismo religión oficial del Imperio. A partir del año 392, se transforma el Imperio por un nuevo decreto imperial en imperio-cristiano.

El siglo IV está marcado eclesialmente por el paso de la Iglesia de religión perseguida a religión oficial y exclusiva. El Imperio Romano era sacudido por una profunda crisis en todos los niveles: político, económico y religioso. La religión romana va perdiendo credibilidad, mientras el cristianismo se arraiga.

La Iglesia como "imperio"

A la Iglesia como "misterio" del período de la comunidad cristiana primitiva le sucede la Iglesia como "imperio", y a la Iglesia perseguida sucede la Iglesia protegida. Con la conversión de Constantino al cristianismo, las religiones anteriores van siendo desplazadas hasta incurrir en la ilegitimidad y la persecución bajo Teodosio. La Iglesia no se siente ya como un pequeño rebaño, sino como un imperio cristiano cuyos límites eran los políticos y geográficos del Imperio Romano. Las fronteras entre la Iglesia y el mundo se desdibujan. A la luz de los acontecimientos históricos de esta época, se piensa que el Reino de Dios comienza a despuntar. Eusebio llega a interpretar la actuación y las victorias de Constantino como victorias del Reino de Dios, como cumplimiento de las promesas bíblicas.

La cristiandad (476-1054-1500)

La privilegiada situación de la Iglesia después de su reconocimiento oficial, hacia el fin del Imperio Romano de Occidente y su estratégica posición ante los pueblos bárbaros, hizo que la Iglesia constantiniana se lanzase a la empresa de construir la cristiandad: la pretensión de instaurar ya aquí en la tierra el Reino de Dios; o lo que es lo mismo, el intento de establecer un orden social basado en una legislación cristiana.

La cristiandad supone, de una parte, un espacio geográfico perfectamente definido frente al Islam, que abriga análogas pretensiones, y la tensión con la Iglesia Oriental, que optará por separarse de Roma (1054, Miguel Celulario) y acabará por caer en gran parte bajo el dominio de los turcos.

De otra parte, la cristiandad requiere un mando supremo, capaz de desarrollar el ambicioso programa y de defenderlo tanto contra las amenazas de fuera (el islamismo) cómo de los peligros interiores (herejías). Iglesia e Imperio van a competir con desigualdad de suerte por el "dominium mundi", sin alcanzar nunca el perfecto equilibrio de poderes. Finalmente, la cristiandad implica una civilización cristiana que, partiendo de un modo cristiano de ver el mundo y la vida, irá cristianizando todas las manifestaciones sociales y culturales de la época.

En los siglos XII y XIII, la Iglesia conoce su máximo período de auge interno. Con las cruzadas conquista la Tierra Santa. Se construyen las grandes catedrales. La filosofía y la teología cristalizan en la Suma Teológica de Santo Tomás de Aquino. Empalagadas por las mieles del poder y la riqueza, la Iglesia se aleja del Evangelio y cae en cismas internos, inquisición, corrupción y nepotismo. Francisco de Asís sigue el llamado del Nazareno, en pobreza y alegría.

Las Iglesias (1500–1648)

A fines del siglo XV, el mundo despierta a una nueva época de cambios profundos que derriban la situación monolítica de la cristiandad europea: lentamente la sociedad va pasando de una economía feudal a una industrial. Se consolidan los modernos estados nacionales y surgen las monarquías absolutas. El descubrimiento de un nuevo continente acaba con las antiguas seguridades. La cultura regresa a un pensamiento antropocéntrico. Surge la ciencia en el sentido moderno y la imprenta reproduce y difunde los conocimientos.

Las profundas transformaciones sociales, que se vienen acentuando a medida que declina la Edad Media, junto a la crisis del pontificado y el deterioro de ciertas instituciones eclesiásticas, provocan una fuerte crisis religiosa, que culminará en el siglo XVI con la ruptura de la cristiandad. La necesidad de una seria reforma desde la cabeza está en el ánimo de todos. Se intenta por todas partes con diferente fortuna, pero la protestante cuaja antes que la católica y divide a Europa en dos bloques, que se sirven del pretexto de la religión para pelear entre sí. Se llegará a la tolerancia mutua a mediados del siglo XVII, con la paz de Westfalia.

El Concilio de Trento

El Concilio de Trento se inició el 13 de diciembre de 1545 y terminó el 4 de diciembre de 1563. Los objetivos y resultados de la asamblea ecuménica pueden reducirse a dos.

El primer fin era de carácter dogmático: responder sistemáticamente a las proposiciones heréticas de los protestantes. Entre los muchos decretos hay que recordar el que se refiere a la justificación y el que trata sobre los sacramentos. La segunda finalidad del concilio era la reforma de la Iglesia. En el centro se pone la reforma de la curia romana, la formación del clero, la creación de los sínodos diocesanos. Pío IV confirmó los decretos del concilio.

La Iglesia católica en los últimos tres siglos (1648–1962)

La paz de Westfalia puso fin a la guerra de religión y sancionó un nuevo estilo de vida para la comunidad cristiana: la tolerancia. Pero la crisis había sido demasiado profunda, y, con el paso la euforia de la reforma católica, vuelven a reaparecer los problemas con el jansenismo y el molinismo. Mientras tanto, del propio seno de la Iglesia se desprende una categoría de personas, los intelectuales, que primero se apartan y luego se vuelven contra ella. Un nuevo orden de cosas, sin la Iglesia, se impondrá tras las revoluciones que tienen como ejemplo a la Revolución Francesa. Con la Revolución Francesa, la persona y la sociedad declaran su mayoría de edad. En los siglos XIX y XX, los cambios se aceleran enormemente. La población mundial se multiplica geométricamente. El capitalismo se extiende por todas partes, haciendo del mundo una aldea mercantil. Los nuevos inventos, como la electricidad, el motor, el teléfono…cambian la manera de vivir. Con el socialismo, surge una alternativa económica. Las formaciones políticas oscilan entre el ideal de la democracia y la realidad de las dictaduras. Latinoamérica se independiza de Europa. La Iglesia y Estado se separan y delimitan funciones. El pensamiento científico y el culto a la razón provocan en muchos una ruptura religiosa.

En los siglos XVI a XVIII, la Iglesia despliega un gigantesco esfuerzo de expansión, mediante las misiones en Asia, África y América Latina, que es totalmente incorporada. Al mismo tiempo, la Iglesia cae en la cuenta de la necesidad de realizar misiones internas que permitan la re-cristianización de las masas. En los últimos dos siglos, ha tenido que dialogar con una sociedad que se ha emancipado y piensa y obra por su propia cuenta.

La Iglesia del Vaticano II (1962…)

Tras la marginación, la Iglesia vuelve a tomar su lugar en el mundo. A principio del presente siglo, nacen dentro de la Iglesia católica los movimientos bíblico, litúrgico y patrístico. Se siente la exigencia de una renovación profunda que prepara un acontecimiento de suma importancia: el concilio Ecuménico Vaticano II. Europa sale de dos guerras mundiales y la euforia de la reconstrucción favorece una fe en el "progreso" y alienta la posibilidad, para todo ser humano, de una vida digna. Los años '60 están marcados por un optimismo y deseo de construir un mundo más justo y fraternal. El Espíritu de Jesús, que dirige nuestra historia, lanza a su Iglesia a abrirse al mundo, a hacer parte activa y solidaria de él y tomar con renovado vigor su lugar en la historia de la humanidad.

El Concilio miró con gran simpatía los progresos del mundo moderno y quiso vivir a fondo su aventura. Se debe a la acción profética de Juan XXIII la percepción de la necesidad de un concilio que marcase positivamente la nueva fase de la misión evangelizadora de la Iglesia; y a la indiscutible personalidad de Pablo VI, el coraje de haberlo llevado hasta el final y de haber emprendido los primeros pasos de la reforma. El Vaticano II se inicia el 11 de octubre de 1962, y se clausura el 8 de diciembre de 1965. En las 10 sesiones en que se realizó, produjo 16 documentos. Los más importantes son: la Constitución Dei Verbum, sobre la revelación y puerta de entrada de todos los documentos conciliares; la Constitución Lumen Gentium, sobre la Iglesia, su naturaleza, organización y misión; la Constitución pastoral Gaudium et Spes, sobre el lugar papel y compromiso que la Iglesia ocupa en el mundo actual; y la Constitución *Sacrosantum Concilium*, sobre la liturgia como respuesta a las exigencias actuales (lugar de la palabra de Dios, lengua, estructuras...música, inculturación).

LA IGLESIA LATINOAMERICANA

A partir del espíritu de renovación que el concilio Vaticano II motivó en la Iglesia universal, la Conferencia Episcopal Latinoamericana (CELAM), convocó a los obispos, a la Iglesia y comunidades cristianas que participan de una misma fe en el Señor Jesús, a una reunión para centrar su atención en los momentos claves de su proceso histórico.

La Iglesia del Vaticano II se pregunta: ¿Iglesia, que dices de ti misma? Y se entiende a sí misma como "servidora de la humanidad". Es decir, se abre al mundo. Tres años después, en Medellín, la Iglesia de América Latina cambia su punto de partida y se pregunta: ¿Persona latinoamericana cómo estás?

Medellín responde a un mundo y cultura mayoritariamente agrícola; Puebla busca un diálogo para un continente que se vuelve industrial. Mientras en Medellín y Puebla la Iglesia se encuentra abierta al diálogo con la realidad, en Santo Domingo (octubre 1992) está demasiado volcada en sí misma y no logra captar el cambio de un mundo y cultura tecnológica que toma lugar en el continente, y tampoco logra dialogar con él.

Medellín (Colombia) 1968. Durante esta conferencia se elaboraron compromisos importantes para la Iglesia Latinoamericana: motivar, inspirar y urgir un nuevo orden de justicia para todos; promover los valores de la familia no sólo como comunidad sacramental sino como estructura en función social; promoción de la educación para capacitar a las personas adultas para que se responsabilicen del momento presente; fomentar los organismos profesionales de los trabajadores, porque éstos son elementos decisivos para la transformación socio-económica; alentar una nueva evangelización y catequesis intensivas que lleguen a las élites y a las masas para lograr una fe lúcida y comprometida; renovar y crear nuevas estructuras en la Iglesia, que institucionalicen el diálogo y canalicen la colaboración entre los obispos, sacerdotes y comunidades religiosas y laicas (seglares); colaborar con otras entidades cristianas y personas de buena voluntad que estén empeñadas en una paz auténtica enraizadas en la justicia y el amor.

Así es como la Iglesia quiere servir al mundo, irradiando sobre él una luz y una vida que sana y eleva la dignidad de la persona humana, consolida la unidad de la sociedad y da un sentido y un significado más profundo a toda la actividad humana.

Puebla (México) 1979. Después de 10 años de la celebración de Medellín, el CELAM se reúne nuevamente en Puebla (México) en 1979, con la presencia de Juan Pablo II.

Sobre todo desde Medellín, se perciben dos claras tendencias:

- Por una parte, la tendencia hacia la modernización con fuertes crecimientos económicos, urbanización creciente del continente, tecnificación de las estructuras económicas, políticas, militares, etc.
- Por otra parte, la tendencia a la pauperización y a la exclusión creciente de las grandes mayorías latinoamericanas de la vida productiva. El pueblo pobre de América Latina, por tanto, ansía una sociedad de mayor igualdad, justicia y participación a todos los niveles (1207).

Estas tendencias contradictorias, por un lado, favorecen la apropiación de gran parte de la riqueza, así como de los beneficios creados por la ciencia y por la cultura a una minoría privilegiada; por otro lado, engendran la pobreza de una gran mayoría, con la conciencia de su exclusión y del bloqueo de sus crecientes aspiraciones de justicia y participación (1208). Surge así un conflicto estructural grave: "la riqueza creciente de unos pocos sigue paralela a la creciente miseria de las masas" (Juan Pablo II, Discurso Inaugural III, 4. AAS LXXI p.200).

2. Historia de la Iglesia Católica en los Estados Unidos

El 12 de octubre de 1492 Colón plantó la cruz en tierra de América y la nombró San Salvador. Así empezó el proceso de la cristianización del hemisferio. Los cientos de misioneros y misioneras que vinieron a las nuevas tierras tenían en común el afán de encarnar el Evangelio en todos los aspectos de la vida. Lucharon para servir las necesidades de la población nativa y combinaron la práctica de la fe con esfuerzos para mejorar el nivel de vida mediante un elaborado sistema de misiones.

En 1565 el sacerdote Francisco López inauguró la primera parroquia católica en el territorio que es ahora los Estados Unidos, en San Agustín, Florida y empezó a trabajar con los timucuanos. En el 1599 los frailes franciscanos que acompañaron la expedición colonizadora de Juan de Oñate establecieron Iglesias en la parte norte de Nuevo México para servir a las nuevas comunidades de los colonos y proporcionar mejor educación, nutrición, agricultura y vivienda a la comunidad "nativa" que se había convertido.

Las misiones no florecieron únicamente en los dominios de España. Las colonias inglesas de América acogieron a algunos anglicanos en Virginia (1607), pero sobre todo una multitud de grupos de disidentes religiosos que encontraron allí la libertad que no tenían en Inglaterra. Los primeros y los más celebres fueron los padres peregrinos de Mayflower, puritanos que desembarcaron en Massachussets en 1620. Se dice que, después de arrodillarse en acción de gracias, se levantaron para caer con brutalidad sobre los indios, a los que juzgaron una raza inferior no acogida por Dios. Sin embargo, el predicador John Eliott (1603-1690) escuchó la llamada de los indios.

Los jesuitas ingleses tomaron parte en los primeros esfuerzos de Lord Baltimore de fundar una colonia en el área de la Bahía de Chesapeake. Los misioneros/as tuvieron muchos logros a pesar de la persecución, por parte de las comunidades protestantes de Virginia. La presencia católica en Maryland alcanzó ser parte inseparable de la historia de esta tierra. La persecución contra los católicos/as que existía en Inglaterra y en otras partes del mundo continúa en estos territorios misioneros, persecución que incluye hostilidades por parte de los nativos americanos. Esta adversidad era tan intensa que aún durante los tres meses de navegación en barco hacia la nueva tierra, los católicos/as tenían que celebrar sus ritos a escondidas. En las colonias Británicas se requería a los católicos/as hacer un juramento donde estaba incluida la negación de la propia religión. En 1654 los puritanos condenaron a muerte 10 sacerdotes católicos forzando a los otros a huir a Virginia. En 1692 Maryland llega a ser colonia real y se establece por derecho la Iglesia de Inglaterra. Se les prohíbe a los católicos/as participar en la vida pública, tener sus servicios religiosos y escuelas. A finales de 1776 en Maryland se dicta finalmente el acta de tolerancia.

En Nueva Francia también, el Evangelio acompañó a la colonización y la exploración. Los grandes valles de los ríos San Lorenzo y Mississippi se constituyeron en centros de la presencia francesa en Norteamérica. En 1608 los misioneros franceses empezaron su trabajo en Port Royal y Nueva Escocia. Desde allí llevaron el Evangelio a los nativo-americanos por toda Nueva Inglaterra. El Padre Baird celebró la primera Misa en Nueva Inglaterra el 1ro de noviembre de 1611 en una isla frente a la costa de Maine.

Era el año 1650 cuando un pequeño grupo de Hermanas Ursulinas vinieron de Francia para trabajar con los hijos de los nativos y de los colonizadores franceses.

El martirio acompañó la evangelización desde el principio. No todos los pueblos nativos dieron la bienvenida a los misioneros/as o vieron en el cristianismo una fe y modo de vida complementarios a la de ellos. En 1542 el fraile franciscano Juan de Padilla, quien acompañó la expedición de Coronado, fue martirizado probablemente cerca de Quivira, en las praderas de Kansas, donde él vivía con los nativos. Este hecho lo convirtió en el primer mártir de Norteamérica.

En el momento en que las colonias inglesas proclamaron su independencia (1776), la nueva nación se presentó como la tierra de la libertad religiosa. Las denominaciones protestantes siguieron dominando ampliamente. El primer obispado católico se fundó en 1789 en Baltimore, 156 años después de la llegada de los primeros misioneros/as en Maryland. Hasta este momento, los católicos/as en las colonias vivían bajo la dirección del vicario apostólico que residía en Londres. En 1785 la entera población de los Estados Unidos alcanzaba los 4 millones, de los cuales solamente unos 25.000 eran católicos.

La fundación del obispado de Baltimore dio casa propia a la comunidad católica. Los sulpicianos franceses, contribuyeron a la organización del catolicismo de los primeros decenios. Monseñor Dubourg, obispo de Nueva Orleáns (1815), imitado por otros obispos, da una vuelta por Francia reclutando sacerdotes. Pero son los emigrantes irlandeses, llegados en masa, los que marcan definitivamente el catolicismo de los Estados Unidos. El concilio plenario de Baltimore (1852) reúne a todos los responsables de una Iglesia que ha alcanzado su mayoría de edad. Fundar nuevas diócesis y construir escuelas, fueron las grandes preocupaciones de los católicos, que no se interesaron demasiado por la suerte de los indios y de los afro-americanos. Hay que decir que la ciudad de San Luis Missouri fue el centro de una importante misión para los indios confiada a los jesuitas belgas.

Al inicio del siglo XVIII, el venerable Antonio Margil fundó misiones en la región donde está San Antonio hoy día, estableció la primera Iglesia en Louisiana y caminó descalzo hasta Guatemala en un viaje que tuvo como resultado la conversión de más de sesenta mil nativos.

En el siglo XVII, Eusebio Francisco Kino, jesuita misionero en Sonora y Arizona, preparó el terreno para la conversión y transformación de cientos de miles de habitantes nativos del desierto. El Padre Kino estableció rutas terrestres hacia la lejana California. La costa superior de California fue el terreno para el trabajo de uno de los más incansables misioneros franciscanos, el beato Junípero Serra. Entre el 1769 y el 1784 fundó nueve de las famosas misiones de California que se extienden desde San Diego hasta la Gran Bahía de San Francisco.

El proceso mediante el cual el cristianismo se convirtió no sólo en la religión de los invasores sino en el preciado tesoro de los pueblos nativos y de los muchos pueblos mestizos descendientes de españoles y nativo-americanos, se simboliza claramente en la historia de Nuestra Señora de Guadalupe.

La llegada del Evangelio a América involucró no sólo a los pueblos europeos y a los nativos, sino también a los pueblos de África. La necesidad de mano de obra para las colonias americanas dio origen al tráfico de esclavos. Durante gran parte de esa época, los africanos constituyeron un número considerable de la población de las colonias. Al igual que en el caso de los nativo-americanos, hubo muchos que, no queriendo reconocer la imagen de Dios en los africanos, los esclavizaron y los trataron como objetos de su propiedad. La injusticia cometida en contra de ellos fue profunda y deplorable.

A pesar de la opresión, hubo evangelizadores que trataron de servir a sus hermanas y hermanos negros. Alonso de Sandoval trabajó sin descanso durante la primera mitad del siglo XVII evangelizando esclavos en la travesía desde el África a las Indias Occidentales. Sus escritos están entre los primeros que alertaron a los europeos sobre los horrores del tráfico de esclavos.

El Evangelio echó raíces y produjo fruto entre los afro-americanos. En la Florida, el ex-esclavo Francisco Menéndez logró con sus esfuerzos fundar el primer poblado de negros libres en lo que es hoy día los Estados Unidos, y que se llamó Gracia Real de Santa Teresa de Mose. Al principio del siglo XIX, en Nueva York, Pierre Toussaint, trabajó para evangelizar y servir a sus compatriotas haitianos y hermanos negros, refugiados franceses, como también a los que no tenían vivienda y a los enfermos de todas las razas y condiciones.

Las mujeres afro-americanas católicas también jugaron un papel importante en la vida de la Iglesia en los Estados Unidos. La Madre María Elizabeth Lange fundó las Hermanas Oblatas de la Providencia en 1829, la primera congregación de religiosas afro-americanas. En 1842 Henriette Delille y Juliette Gaudin iniciaron las Hermanas de la Sagrada Familia en Nueva Orleáns, sirviendo a los enfermos y a las personas pobres entre la comunidad afro-americana y llevando la Buena Nueva a las necesitadas.

Los esclavos/as negros/as que habían escogido el cristianismo pertenecían en su mayoría a las denominaciones protestantes, bautistas y metodistas. Había muy pocos católicos/as. En los debates sobre la esclavitud, los obispos se mostraron prudentes y no tocaron esta cuestión en el concilio de Baltimore. Durante la guerra de sucesión 1861-1865 hubo católicos en los dos campos. Los sacerdotes negros casi no existieron. A partir de 1871, algunos miembros de la congregación de san José de Mill-Hill se especializaron en este ministerio. A finales de 1955, en una población aproximadamente de 16 millones, había solamente 483, 671 africano-americanos católicos en Estados Unidos.

Disturbios económicos, políticos y religiosos en Europa durante el siglo XIX causaron la migración de miles de católicos (armenios, checos, alemanes, irlandeses, italianos, lituanos, polacos y otros) a quienes siguieron párrocos fieles y miembros de comunidades religiosas. John Neumann, un seminarista emigrante de Bohemia, se ordenó para trabajar entre los emigrantes alemanes de Nueva York. Será obispo de Filadelfia. El crecimiento de las ciudades durante el fin del siglo XIX creo necesidades particulares de evangelización. Multitudes de nuevos inmigrantes se encimaban en las áreas metropolitanas que carecían de infraestructuras para atender a sus necesidades. Frances Xavier Cabrini, fundadora de las Hermanas Misioneras del Sagrado Corazón, vino a Nueva York en 1889 donde trabajó entre los inmigrantes estableciendo orfanatos, escuelas, clases para adultos sobre doctrina cristiana y el Hospital Columbus.

En 1908, el papa Pio X declara que Estados Unidos dejaba de ser considerado por la Santa Sede territorio de misión. En 1950 los protestantes constituyan el 33.8 de la población, contra el 18.9 de católicos/as.

1960 marca el fin de una era y el inicio de una nueva para el mundo, para Estados Unidos y la Iglesia católica: la era de la dominación protestante estaba en declive; se dan avances significativo en la lucha contra la segregación racial (Martín Luther King); John Kennedy es primer presidente catolico de los Estados Unidos; Juan XXIII anuncia un nuevo concilio.

El ritmo de los cambios se hace siempre más rápido: se pasa de la era industrial a la era tecnológica donde la comunicación acerca los pueblos en la "pequeña aldea" del planeta tierra. El progreso se vuelve en contra de sí mismo minando la sobrevivencia del mismo planeta. El proyecto económico controlado por unas pocas naciones crea tensiones sociales y nuevos movimientos migratorios. Asia se vuelca hacia occidente, África se mueve hacia Europa y América Latina toma el camino del norte. Al momento presente, en la Iglesia católica se encuentran dos grandes tendencias: quienes captan los signos de los tiempos y tratan de ser sacramento de la respuesta de Dios y quienes se han quedado en una contemplación miope de sí mismos y les cuesta entrar en la dinámica de una Iglesia en servicio del Reino.

3. La comunidad hispana en la Iglesia los Estados Unidos

Esquema histórico del ministerio hispano en los Estados Unidos

1945   El Arzobispo Robert E. Lucey organiza en San Antonio, Tx. la oficina para asuntos hispanos.

1966   La Conferencia Nacional de los Obispos NCCB otorga el permiso que se forme la Conferencia Nacional de Directores Diocesanos (NCDD).

1968   La oficina se traslada a Washington DC. Tiene carácter asistencial. (División para el hispano parlante: departamento de Acción Social)

1972   I *Encuentro Nacional Hispano de Pastoral*. Participan un Obispo hispano y 250 delegados. La mayoría empleados de la Iglesia.

1977   Agosto 18-21. II *Encuentro Nacional Hispano de Pastoral*. Participan 100, 000 personas en la reflexión de la base. 1, 200 delegados y observadores participan en el evento.

1978   Fundación de la oficina Regional del Sureste.
Carta pastoral de los Obispos Norteamericanos sobre el racismo: *Brothers and Sisters*.

1979   Se publica el Directorio Catequético Nacional: "Compartiendo la luz de la fe".

1981   Carta pastoral de los Obispos Norteamericanos sobre el pluralismo cultural en lo Estados Unidos: *Beyond the Melting Pot: Cultural Pluralism in the United States*.

1982   Carta pastoral de los Obispos Hispanos de los Estados Unidos: Los Obispos hablan con la Virgen: "Somos un pueblo doblemente mestizado".

1982   Fundación del Instituto de Liturgia Hispana.

1982   Cartas pastorales de Obispos no hispanos sobre los hispanos. (Sylvester Treinen, Roger Mahony y Edward McCarthy)

1983   Carta Pastoral de los Obispos Norteamericanos sobre el ministerio hispano: *The Hispanic Presence: Challenge and Commitment*.

1985   III *Encuentro Nacional Hispano de Pastoral* en Washington, DC (Agosto 15-18 de 1985) Participaron: 799 laicos, 134 Diócesis, 56 Obispos o superiores mayores, 168 sacerdotes, 125 religiosas.

1986   Publicación de "Voces Proféticas", conclusiones del III Encuentro.

1987   Aprobación y publicación del Plan Pastoral Nacional para el Ministerio Hispano.

1987   Se forma la Organización Nacional de Catequesis para los Hispanos (NOCH).

2000   Julio: Encuentro 2000 Celebración Nacional Hispana en Los Ángeles.

2002   Noviembre -Encuentro y Misión. Un marco pastoral renovado para el ministerio hispano.

Memoria histórica del Ministerio Hispano: Encuentro y misión (Obispos de Estados Unidos, noviembre 2002)

Los líderes del ministerio hispano han generado una memoria histórica y una identidad singular desde 1945 cuando, por primera vez, se estableció una oficina nacional para el ministerio hispano. Algunos aspectos de esta identidad han sido expresados en los temas de los Encuentros: Pueblo de Dios en Marcha, Voces Proféticas, Muchos Rostros en la Casa de Dios. Los obispos hemos recogido la rica historia de los católicos hispanos en Estados Unidos en nuestras publicaciones de las conclusiones del I, II, y III Encuentros, así como en muchas otras publicaciones.

Ya que los católicos/as hispanos/as son una bendición para toda la Iglesia en Estados Unidos y el ministerio hispano es una parte integral de su misión, es importante apreciar y recibir con agrado las contribuciones hechas por esta comunidad. Los católicos/as hispanos/as han desarrollado una visión de ministerio inspirada por el contexto social y eclesiológico del Concilio Vaticano II en Estados Unidos y en América Latina. Esta visión está articulada en el Plan Pastoral como un modelo de Iglesia que busca fortalecer la comunión y la participación, enfatizando fuertemente la evangelización, la justicia social y la educación integral de los/as files. Todos los líderes de la Iglesia están llamados/as a traer a la comunidad hispana, a un amor más profundo por Jesucristo, por la fe católica, y por María, la madre de Dios. Además, el Plan Pastoral pide una evaluación de las necesidades de los/las fieles, el establecimiento de prioridades y el desarrollo de estrategias a fin de responder a las necesidades y aspiraciones de los hispanos/as en Estados Unidos. La visión del Plan Pastoral Nacional y su continua implementación, han ayudado a generar una visión de ministerio que va más allá de la comunidad hispana. Esta visión universal se expresa en la Guía para Parroquias del Encuentro 2000, Muchos Rostros en la Casa de Dios como una visión católica para el nuevo milenio. Muchos Rostros en la Casa de Dios busca fortalecer la unidad del cuerpo de Cristo, a la vez que honra y celebra la diversidad cultural de la Iglesia...

Una fe, cultura e idioma comunes. La comunidad hispana emerge de una mezcla de diferentes razas y culturas, lo que ha resultado en un pueblo nuevo. Aunque la comunidad hispana encuentra que sus ancestros vinieron de diferentes países, la mayoría comparte una fe y un idioma común, así como una cultura enraizada en la fe católica. Estos elementos, que dan una identidad común a los pueblos de América Latina y del Caribe, son aún más importantes para la comunidad hispana en Estados Unidos, pues es ella quien lucha por definir su propia identidad dentro de un contexto culturalmente diverso y bajo la presión de la asimilación. El compromiso de los hispanos/as a ser participantes activos en la vida de la Iglesia y la sociedad, y a ofrecer sus singulares contribuciones, a la misma, en vez de simplemente asimilarse, ha sido un valor y principio primordial para los hispanos/as en el ministerio.

Una cultura que nació católica. Desde que los primeros misioneros españoles trajeron la fe católica al nuevo continente, muchos de los valores del Evangelio y las tradiciones de la Iglesia se fueron inculturando en el pueblo nuevo de América Latina. Estos valores incluyen una profunda fe en Dios, un fuerte sentido de solidaridad, una auténtica devoción mariana, y una rica religiosidad popular. Los hispanos/as tienen un profundo respeto por la persona humana y le dan más valor a las relaciones que a los trabajos o posesiones. Las relaciones personales son el núcleo de una espiritualidad de encuentro y de la necesidad de desarrollar fuertes vínculos familiares, comunitarios, y parroquiales. Los hispanos/as entienden que la cultura es parte integral de la persona humana y, por tanto, ésta debe ser respetada y honrada.

Una profunda vocación eclesial. La comunidad hispana tiene una profunda vocación eclesial que la lleva a trabajar arduamente para pertenecer a la Iglesia de una manera más significativa....Esta vocación eclesial ha elevado el nivel de concientización sobre la presencia hispana, como una población que continuará influenciando e impactando a la Iglesia en el futuro. El deseo de fomentar la colaboración con los ministerios de otras comunidades étnicas, ha fortalecido la identidad eclesial de la comunidad católica hispana. Más importante aún, es que este deseo define al ministerio hispano como realidad integral de la misión de la Iglesia y como factor clave para su futuro.

Un modelo profético de Iglesia. Los líderes del ministerio hispano, en comunión con los obispos de Estados Unidos, han articulado un modelo de Iglesia que está enraizado profundamente en la realidad del pueblo hispano. Como tal, este modelo busca responder a las necesidades y aspiraciones de las personas pobres, las indocumentadas, las trabajadoras migrantes, las encarceladas, y las más vulnerables, particularmente mujeres y niños/as. Este modelo profético llama a un firme compromiso por la justicia social, a la defensa de los intereses y la acción a favor de las nuevas familias inmigrantes y de los/las jóvenes, y a facultar a la comunidad católica hispana a participar plenamente en la vida de la Iglesia y la sociedad...

Un proceso de consulta. Desde el I Encuentro Nacional (1972), los hispanos han utilizado una metodología de discernimiento pastoral que se enfoca en las necesidades y aspiraciones de los fieles, juzga esa realidad a la luz de las Escrituras y la Tradición, y se concretiza en acción transformadora. Esa metodología, conocida como Ver-Juzgar-Actuar-Celebrar-Evaluar, ha generado un pensamiento crítico y un firme compromiso, de parte del liderazgo, con la misión de la Iglesia...

4. Momento histórico actual y la Iglesia "Tradición viva"

Nos llena de gozo sabernos elegidos, y habilitados por Jesús para *formar parte de su grupo, de su Iglesia*. Nos sentimos honrados por el privilegio de poder entender y vivir nuestra existencia como sacramentos de él y de su proyecto. Tomamos de nuestras generaciones pasadas la antorcha del Jesús vivo, que nos vamos transmitiendo a lo largo de la historia humana. Sabemos que muchos murieron mártires para ser fieles a la encomienda. Con su sangre hicieron memoria de Jesús y mantuvieron ardiendo la antorcha. Hubo momentos de infidelidad. También éstos forman parte de nuestra historia; los reconocemos y los asumimos como nuestros.

Este momento es nuestro. Hemos sido llamados a la vida y a la fe para ser aquí y ahora sacramento del proyecto de nuestro Padre. Nos sentimos parte integrante de nuestra historia. Damos y recibimos; y esta dinámica constituye nuestra vida. Desde la encarnación, Jesús nos necesita para vivir, y nosotros necesitamos su Espíritu para entendernos y seguir caminando. Dios y nosotros nos necesitamos. La Iglesia necesita al mundo, y el mundo necesita a la Iglesia.

El aquí y ahora lo podemos describir con unas "solidarias" pinceladas.

En nuestra sociedad está surgiendo un nuevo estilo de vida, una nueva forma de interpretar y organizar la existencia. Percibimos que el mundo y su desarrollo están siempre más en nuestras manos. Las aspiraciones comunes respecto de los derechos humanos se van generalizando. Está en proceso una nueva revolución: una sociedad basada en relaciones igualitarias entre el varón y la mujer. Nuestra sociedad se está polarizando alrededor de dos grandes polos: lo económico y el mayor goce posible. A. Tocqueville describió nuestra sociedad como una sociedad anónima y agresiva; varones y mujeres, reflexiva y calculadamente, organizan su vida con sus amigos/as más cercanos/as o familiares para mantener su seguridad económica y gozar lo más posible de la vida, despreocupándose de los problemas sociales, siempre que no les afecten. Muchos piensan que la nuestra es una "era del vacío". En lo económico y biopsiquismo quedan sometidos y postergados los valores del conocimiento, de la "sabiduría", estéticos, éticos, religiosos y sociopolíticos.

Nos caracteriza un pluralismo cultural. En nuestra sociedad hay distintas interpretaciones de lo real, funcionan distintas jerarquías de valores, y las costumbres son muy variadas. No hay estructuras sociales que avalen una forma común de pensar, de creer y de vivir. El respeto a las convicciones de los otros y la tolerancia se imponen como exigencia de la sensibilidad actual.

Autonomía de la ciudad secular, libertad de las personas y derecho a la diversidad son demandas justas de nuestra sociedad. Vivimos consecuencias inhumanas de una sociedad que pretende organizarse negando la dimensión trascendente de las personas.

El "Imperio" económico y militar de Estados Unidos está mostrando signos de cansancio en unas actitudes agresivas anti-inmigrantes; una prepotencia sin escrúpulos con sed de control sobre el mundo no importándole guerras "preventivas" para conseguirlo; una autosuficiencia económica ciega ante las situaciones de pobreza en su propia casa y situaciones mundiales de hambre y primeras necesidades; el miedo de perder el control y el descubrirse vulnerables que desencadena actitudes de defensa, de cerrazón y de agresividad.

Dios no ha abandonado esta sociedad. Dios es Padre de todos los que vivimos en esta enorme área. Él nos da su Espíritu para que podamos realizarnos hijos/as y hermanos/as en este contexto social. Al mismo tiempo, nos manda a anunciar que esto es posible.

Unas notas de nuestra comunidad. A una sociedad que busca el placer personal y felicidad individual como los valores máximos, le ofrecemos la plenitud de la felicidad en el darse al otro hasta el don de la propia vida.

A una sociedad que busca la convivencia armoniosa entre infinidad de grupos étnicos y la pluralidad de la existencia le ofrecemos nuestro Dios que es Padre de todos/as, que nos ama sin distinción alguna y tiene el poder de unirnos en una única familia.

A la competencia, el arrivismo, a la destrucción del otro, al individualismo, a la soledad en el placer y en el sufrimiento, les oponemos y ofrecemos la solidaridad y el diálogo como dimensiones de vida.

Ante la dinamicidad de los cambios, ofrecemos una "fidelidad creativa", fidelidad no a formas o normas sino a Jesús que vive, se encarna constantemente y recrea a la persona y la sociedad.

La respuesta a la "prepotencia" es creer en el "poder" del amor, de la aceptación del "otro" como parte de nuestra definición, de la solidaridad hasta la entrega de la propia vida.

Hace dos mil años Jesús puso a la persona en el centro de sus valoraciones. Una de las mediaciones más transparentes para realizarlo fue su elección de las personas pobres. Estamos llamados/as a hacer memoria de Jesús. En nuestro contexto, podría sonar a veces como "memoria subversiva". Que él nos dé de ser fieles y transparentes hasta el final, hasta el extremo.

Síntesis

- Dios, nuestro Padre, envía a Jesús. Jesús nos da su Espíritu, que nos habilita a llevar a plenitud nuestra vocación profunda: ser hijos/as, hermanos/as, la comunidad humana familia de Dios. La comunidad cristiana es sacramento de su presencia y de su proyecto.

- Desde hace dos mil años, la Iglesia le presta cuerpo a Jesús para seguir encarnándose e ir realizando el proyecto del Padre. En unos momentos históricos se presenta más fiel y transparente que en otros. La dinámica es la de la encarnación, del diálogo: la comunidad cristiana ofrece lo suyo, la riqueza del Espíritu de Jesús. A su vez, el "mundo" da lo suyo y modifica a la Iglesia, creando de ella diferentes imágenes.

- Somos hispanos/as y es necesario que seamos fieles a nuestras raíces culturales. Pero no perdamos de vista que vivimos en los Estados Unidos y son necesarios la apertura y el diálogo. No encerrarnos en lo nuestro o en el pasado.

- Nosotros estamos llamados a ser, aquí y ahora, sacramento de Jesús y de su proyecto. Esta sociedad multicultural y superdinámica nos invita a la fidelidad en la creatividad.

Tareas

1. ¿Qué entendemos por "tradición viva"?
2. ¿Qué significado tiene para Latinoamérica, y para la comunidad hispana de Estados Unidos, Medellín, Puebla y Santo Domingo?
3. Describe tres características importantes que necesita la Iglesia para responder a su vocación de ser sacramento de salvación en la sociedad de hoy.

CUARTA PARTE

Sacramentalidad y sacramentos

Jesús celebra con su comunidad la progresiva realización del reino: varones y mujeres nuevos/as construyen una nueva sociedad.

Jesús sigue en el mundo conduciendo la historia hacia la realización del proyecto del Padre. El mundo no lo "conoce", pero la comunidad de las personas que han renacido en su Espíritu se transforma en signo de su presencia y con él transforma la historia y celebra la humanidad nueva, las "maravillas", la llegada del Reino, que se va realizando.

Tema 10. La sacramentalidad del mundo y de la Iglesia. La historia de las religiones es la historia de la continua búsqueda de Dios y del descubrimiento de su huella en mil símbolos de la naturaleza. Para la persona cristiana que ve las cosas desde el espíritu de Dios, todo es teofánico, toda realidad adquiere se sentido profundo. Jesús es sacramento del Padre; la Iglesia el sacramento de Cristo. En la sacramentalidad del mundo y de la Iglesia, los sacramentos son acciones de Jesús que transforman el mundo y lo llevan a su plenitud.

Tema 11. El bautismo es el encuentro personal con el Espíritu de Jesús, que planifica la dimensión de hijo/a hermano/a y nos introduce en la comunidad cristiana. Confirmación: desde este Espíritu, todo tiene la perspectiva de Dios.

La eucaristía. Momento constitutivo del mundo y de la comunidad cristiana, donde las relaciones interpersonales alcanzan su dimensión más profunda (hermano/a, hijos/as) y la historia su dirección.

Tema 12. Reconciliación: la fuerza y capacidad de perdonar es la otra cara de la acción amorosa de Jesús. Unción de las personas enfermas: Jesús capacita para vivir el dolor y la muerte como momentos de vida. Matrimonio: la familia humana, por el Espíritu de Jesús, se transforma en signo del proyecto del Padre: una Iglesia. Orden sacerdotal: el sacerdote es signo de la paternidad de Dios que crea la comunidad y la familia humana.

TEMA 10

Sacramentalidad y catecumenado

1. Situación actual de los sacramentos
2. La sacramentalidad del mundo y de la Iglesia
3. La iniciación cristiana y el catecumenado
4. Estructura de la iniciación cristiana de personas adultas

1. Situación actual de los sacramentos

Para mucha gente, los sacramentos constituyen la actividad más importante de la Iglesia. Una actividad tan importante que, para estas personas, la práctica sacramental es el criterio de identificación de las personas católicas verdaderas: la "buena católica" es la persona que recibe asiduamente los sacramentos; y no es buena católica la que no se acerca a ellos.

De ahí que en muchas parroquias la tarea que ocupa casi todo el tiempo de los sacerdotes es la administración de los sacramentos: misas, comuniones, confesiones, bautizos, bodas y entierros. Por eso, el consumo sacramental es también el principio que diferencia a las buenas parroquias, aquellas en las que hay una vida sacramental floreciente, de las que no se tienen como tales, es decir, aquellas en las que la vida sacramental languidece. Esta manera de pensar constituye un verdadero problema. En los evangelios la práctica religiosa no parece tener la importancia que hoy se le tribuye.

Si miramos hacia atrás encontramos particulares dificultades para comprender los sacramentos tal como los entendemos hoy porque:

- La reforma de Lutero tuvo un gran impacto litúrgico y sacramental: abolición de la misa privada, introducción de las lenguas vernáculas, libertad de expresión litúrgica, importancia de la palabra....Por consiguiente, la contrarreforma de Trento tuvo interés en concretar y afirmar la doctrina de los sacramentos: los sacramentos son siete; fueron instituidos por Cristo; confieren la gracia "ex opere operato" (por sí mismos); bautismo, confirmación y orden imprimen carácter....La doctrina teológica de Trento sobre los sacramentos recogió la doctrina escolástica. Trento no pretendió dar una visión exhaustiva ni de los sacramentos, ni de la sacramentalidad. Determinó con claridad en que consiste cada uno de los sacramentos, teniendo en cuenta los errores de Lutero; su planteamiento fue limitado; pero su influencia ha determinado la teología y la pastoral hasta nuestros días. Pastoralmente se insiste más en aspectos devocionales que en lo que es nuclear en los sacramentos.

- Al concebirse los sacramentos como canal privilegiado y fundamental de la gracia, la pastoral se ha centrado, y en algunos casos con obsesión, en los siete sacramentos (pastoral sacramentalista). Los sacramentos se multiplican; sacramentos y más sacramentos; se multiplican los ritos y las celebraciones. La pastoral se hace sacramentalista, pero no sacramental.

- Al insistir, a veces equivocadamente, en el "ex opere operato", la pastoral se ha reducido a una casuística sacramental (= administración correcta de los sacramentos). No se tenía suficientemente en cuenta la fe de quien recibía el sacramento; se suponía. Esto ha llevado a una progresiva desvinculación entre fe y sacramento.
- Puesto que los sacramentos dan la gracia a cada individuo, se ha caído en un individualismo pastoral, carente de sentido comunitario: la parroquia es el lugar donde cada uno recibe los sacramentos que pide, pero no es una comunidad sacramental.
- Al ser considerados los sacramentos como "algo en sí", cerrados y autosuficientes, la pastoral ha perdido su dimensión de compromiso por la justicia. A lo sumo, será una consecuencia extrínseca, pero no algo propio de la misma identidad sacramental de la persona creyente. Los sacramentos no son el lugar adecuado para relacionarse con la vida, la cultura, los signos de los tiempos. Se centran más en una piedad individual que en una relación eclesial.

Gran parte de las dificultades que encontramos hoy en la pastoral de los sacramentos tienen origen en esa época: carácter rutinario y costumbrista, conciencia legalista, lenguaje anacrónico, ritualismo, falta de participación, clericalización, empobrecimiento de sentido...

Los símbolos y su lenguaje

Nuestra vida de cada día esta llena de expresiones simbólicas. Para expresar el amor y el cariño nos damos la mano, los amigos y amigas se abrazan, los padres y madres besan a sus hijos/as, los esposos y esposas se acarician. Cuando celebramos un cumpleaños o una fiesta, enviamos flores y regalos y nos invitan a un pastel precedido por el canto de felicitaciones.

La ciudad también tiene sus símbolos que son imágenes y signos comerciales: se anuncian bebidas, automóviles, comidas, discos, computadoras...con estupendas imágenes, con jóvenes sonrientes o muchachas en bikini...nos dicen que en este producto está la felicidad completa, el prestigio social, la alegría de la vida. Hay símbolos religiosos. Todos los pueblos, todas las culturas, se han sentido atraídos por la majestad de las montañas, por la fecundidad de la tierra, por el calor del sol y la fuerza misteriosa de la luna.

También el pueblo de Israel tenía sus ritos religiosos y sus símbolos. Cuando un niño varón nacía era circuncidado, como signo de pertenencia al pueblo de Israel (Gn 17, 10). En la fiesta de pascua se comía el cordero pascual con una conjunto de ritos (hierbas amargas, bebidas de diversas copas...) para recordar la salida del pueblo de Egipto (Éx 12). Los profetas también utilizaban símbolos para anunciar la palabra de Dios. Cuando Jeremías rompe un jarro (Jr 19), Isaías camina desnudo por la ciudad (Is 20), Ezequiel se viste de deportado y esclavo, están simbolizando la división del pueblo y su futuro destierro.

Jesús vivió inmerso en este rico mundo de simbólico y ritual de Israel. Fue circuncidado (Lc 2, 21), acudió al templo de joven (Lc 2, 41) comió la cena pascual con sus discípulos (Mc 12, 22). Jesús hizo una serie de gestos simbólicos que causaron sorpresa. Comió con pecadores para simbolizar el Reino de misericordia que estaba anunciando (Lc 15, 1-2). Hizo milagros para anunciar que el Reino había comenzado (Lc 11, 20); maldijo a la higuera para indicar que Israel era un árbol sin frutos; lavó los pies a sus discípulos para anunciar la vida como servicio (Jn 13, 1-20).

Muchas personas creen que el símbolo significa algo irreal, que lo simbólico es lo que no existe. Esto no es verdad. El símbolo es la mejor forma de expresar lo más profundo de la vida: el amor, el deseo de felicidad, la alegría, el dolor, el sentido de la comunidad, la esperanza, nuestra fe. El símbolo es la expresión de lo más real y profundo. Mediante símbolos comunicamos a las demás personas nuestros sentimientos y mantenemos la comunión. Una comida de familia refuerza los lazos de amor, una fiesta patronal une a todas las vecinas de la vecindad. Cuanto más profunda es la realidad que queremos expresar, tanto más necesario es el símbolo y más profundo es su significado.

Para comprender los símbolos, hay que tener no sólo inteligencia, sino corazón y sensibilidad. Cierto "mundo" ha perdido en gran parte su sensibilidad simbólica y se siente cada día más desarraigado y perdido, pues la persona no sólo vive de pan, de TV, de computadoras, de autopistas, de cheques. Necesita también de símbolos que den sentido a su vida. Somos animales simbólicos, capaces de crear e interpretar símbolos. A la persona con capacidad simbólica, todo el mundo se le vuelve transparente, todo manifiesta el poder, el amor, la belleza; todo le habla de Dios.

Además de los símbolos naturales, hay símbolos humanos e históricos de Dios. La Iglesia también tiene sus símbolos, que se entrelazan con los símbolos humanos, comunitarios y religiosos de la humanidad, pero que adquieren un sentido particular a la luz del misterio de la vida, muerte y resurrección de Jesús.

El carácter simbólico de la sacramentalidad. Los siete sacramentos han sido entendidos en la tradición de la Iglesia como símbolos, en toda la plenitud de la palabra: "Es común a la eucaristía y a los otros sacramentos el ser símbolo de una realidad sagrada y forma visible de la gracia invisible" (Concilio de Trento, Dz 638).

Cuando hablamos de la sacramentalidad fundamental, afirmamos que estos símbolos concretos tienen su raíz última en una sacramentalidad básica, constituida por Cristo, como sacramento original, y por la Iglesia, como sacramento de salvación. El *mysterium* se comunica por una mediación simbólica significante. Si la característica propia del símbolo es unir elementos separados, la sacramentalidad cristiana es símbolo porque reúne fe-vida-celebración. Donde se dé esta triple relación estamos sacramentalizando, actualizando el *mysterion*. La presencia del Espíritu en la Iglesia, gracias a la Pascua de Jesús, es la razón última de esa capacidad simbólica, que es el núcleo de la praxis cristiana.

2. La sacramentalidad del mundo y de la Iglesia

Lo sacramental no es una parte de la pastoral y del actuar de la comunidad cristiana; es una dimensión que atraviesa toda la realidad cristiana; es una dimensión presente en el conjunto de toda la pastoral. Hay que hablar de la sacramentalidad de la evangelización, liturgia y praxis cristiana; de espiritualidad sacramental.

JESÚS SACRAMENTO DEL PADRE

La humanidad, durante siglos, buscaba a Dios en los astros del cielo, en la tierra, los ríos y el mar. La historia de las religiones es la historia de la continua búsqueda de Dios y del descubrimiento de su huella en mil símbolos de la naturaleza. Dios decidió manifestarse y, al llegar la plenitud de los tiempos, envió a su propio Hijo, nacido de mujer (Gal 4, 4), de María, para que se encarnase en medio del pueblo de Israel y acompañase a la humanidad en su caminar.

En Jesús de Nazaret se nos ha manifestado Dios. Jesús es la Palabra hecha carne (Jn 1, 14), el camino, la verdad y la vida (Jn 14, 6); quien lo ve, ve al Padre (Jn 14, 8). A Dios nadie lo había visto nunca, el Hijo nos lo ha revelado (Jn 1, 18). El misterio de Dios se nos hizo presente en la humanidad de Jesús. Él es la imagen del Padre invisible (Col 1, 15), la vida de Dios hecha cercanía, la luz que brilla en medio de las tinieblas (Is 11, 1).

Porque Jesús apareció lleno de misericordia, compasivo con las personas que sufren, como libertador de todas las oprimidas de cualquier mal, profeta de la verdadera dignidad y de las causas justas, anunciador del Reino, y pasó por el mundo haciendo el bien (Hch 10, 38), por eso sabemos que Dios es bueno, clemente, compasivo, tierno, lleno de misericordia, cercano a las personas que sufren, deseoso que su Reino de amor y de justicia vaya adelante, Señor de la vida.

Por medio de Jesús entramos en comunión con Dios. Él es la puerta, el camino, la imagen del Padre, su símbolo, su sacramento.

Cristo es el sacramento primordial y radical. Cristo es verdadero Dios y verdadero hombre. Eso significa que Cristo es Dios de una manera humana, y es hombre de una manera divina. Esto quiere decir que el Dios invisible e inaccesible se hace visible y cercano en Jesús. Por eso Jesús puede ser considerado el sacramento por excelencia, en cuanto que es la realidad visible que nos expresa el misterio profundo de Dios, la experiencia de Dios. Todo sacramento se ha de celebrar de tal manera que, igual que Cristo, sea una profunda experiencia de Dios.

La Iglesia sacramento de Cristo

El concilio Vaticano II ha afirmado repetidas veces que la Iglesia es sacramento universal de salvación (LG 1; 9; 48; 59; GS 42; 45…). La Iglesia prolonga, en el espacio y el tiempo, la presencia salvadora y liberadora de Jesús, porque es el cuerpo de Cristo. Es propio del cuerpo hacer visible y presente a la persona. La Iglesia tiene que organizarse y funcionar de tal manera que lo visible que hay en ella, lo que la gente percibe, sea real y efectivamente un motivo para que la gente conozca a Jesús y a su proyecto. Por lo tanto, lo visible y tangible de la Iglesia es realidad muy importante.

"La Iglesia es en Cristo como un sacramento, o sea signo e instrumento de la unión íntima con Dios y de la unidad de todo el género humano" (LG 1). La Iglesia está llamada a ser signo visible de la fraternidad universal, del proyecto de Dios. Si las personas que nos ven no captan esto, andamos mal.

Si la Iglesia es el primer sacramento, de donde brotan los demás sacramentos, ello quiere decir que todo sacramento se debe interpretar y comprender a partir de la sacramentalidad de la Iglesia. La Iglesia es esencialmente un pueblo unido, una comunidad de creyentes. Por consiguiente, todo sacramento tiene una dimensión comunitaria. Lo comunitario es esencialmente constitutivo de todo sacramento. La celebración sacramental debe ser siempre una celebración comunitaria.

Sacramentalidad de la historia de la salvación

Hay lugares preferenciales, donde los símbolos aparecen con mayor claridad. La persona se realiza en su proceso histórico, en el tiempo, en el fluir de los acontecimientos. Estos acontecimientos, en virtud de la historia de la salvación que los envuelve y anima, se convierten en signos de los tiempos. La praxis cristiana tiene como tarea fundamental descubrir desde la fe esos signos y, así, sacramentalizar la historia.

La historia es única, un solo proceso humano asumido irreversiblemente por Cristo. La entraña de la historia humana es la historia de la salvación. No se trata de una doble historia, sino de una doble dimensión de una sola historia. El concilio Vaticano II afirma que vivimos en una historia Cristo-finalizada (GS, 39).

Los acontecimientos que significan, expresan y realizan la salvación de Dios presente en el devenir histórico los llamamos "signos de los tiempos". Los signos de los tiempos son la clave de la comprensión de la historia. "Para cumplir su misión, es deber permanente de la Iglesia escuchar a fondo los signos de los tiempos e interpretarlos a la luz del Evangelio" (GS 4). Los signos de los tiempos nos descubren, revelan o manifiestan que Dios actúa, está presente en el devenir concreto de la historia humana.

Este encuentro tiene una característica específica: su sacramentalidad. No cualquier acontecimiento realiza su mysterion, sino solamente los que operan sacramentalmente. Por el mero hecho de ser históricos, una acción o un acontecimiento, no son ya salvadores. La historia no es mágicamente salvadora o determinista; necesita ser interpretada, significada, sacramentalizada. Esta es la tarea propia de la praxis cristiana.

Los lugares de la sacramentalidad

¿Dónde adquieren los signos de los tiempos su relevancia sacramental?

Jesús crucificado. La cruz es generadora de sentido. Jesús crucificado es el fundamento revelador de los signos de los tiempos: su criterio básico. Allí donde hay cruz y vida, muerte y resurrección, allí se manifiestan los signos del mysterion. El escándalo de la cruz: "La fuerza y sabiduría de Dios es escándalo para los judíos y locura para los gentiles" (1 Cor 1, 23). La cruz es símbolo de salvación total. Dios se revela, manifiesta y entrega, salva en el acto de la cruz, símbolo decisivo donde se unen muerte-vida-resurrección. La cruz: lugar paradójico que necesita una gran dosis de fe para ser reconocido como tal.

Las personas pobres: lugar privilegiado de la

sacramentalidad. Para el mundo que nos rodea la imagen perfecta de Dios coincidiría con la imagen de la felicidad del consumismo, con la del poder, placer y bienestar, que nos presenta la publicidad: un buen coche, un perfume caro, una casa cómoda y moderna....Pero a los ojos de Dios todo es diferente. La persona pobre, la trabajadora, la mujer embarazada y desempleada, el niño y niña de la calle, encarnan mejor la imagen de Jesús (el pobre, el crucificado).

Desde Jesús crucificado se puede afirmar que los signos de los tiempos se dan en las personas crucificadas de la tierra y en sus procesos liberadores. Para poder reconocer a las personas pobres como signo de los tiempos hay que reconocer al Siervo de Yavé como el gran signo levantado ante las naciones. "La Iglesia reconoce en los pobres y en los que sufren la imagen de su fundador pobre y doliente" (LG 8). Lugar sacramental es el lugar donde se encuentran las personas pobres y se lucha por superar todas las situaciones de injusticia y opresión.

Sacramentalidad del cosmos. La sacramentalidad tiene un soporte material, geográfico que es signo de la presencia de Dios y debe ser interpretado sacramentalmente. La gloria de Dios se manifiesta en la creación. En la Biblia, la naturaleza es interpretada como símbolo de la bondad de Dios, en cuanto signo relacionado intrínsecamente con Dios (Gn 1, 1; Jn 1, 3.10; Col 1, 6-10; Sal 104, 24...). La creación por sí misma está referida a su Creador: es símbolo de Dios, de su gloria, de su bondad. La creación como lugar sacramental: la naturaleza es creada, y esa creación es signo del autor, manifiesta, comunica....Ecología y praxis liberadora de la creación: la realidad actual de la naturaleza, de degradación a causa del "progreso" contradice el significado de este signo. Toda la creación tiende hacia una tierra nueva y un cielo nuevo; y esta liberación radical exige desde ahora otras liberaciones progresivas, también ecológicas, ambientales, que impidan la contaminación degradadora y hagan progresar la naturaleza como sede de la humanidad (Gn 2, 15).

La sacramentalidad de la persona y de sus relaciones. No hay sacramentalidad que no esté "localizada" y que no sea liberadora. Un elemento imprescindible lo constituye el sujeto de la sacramentalidad: la persona. Dijo Dios: "Hagamos al ser humano a imagen nuestra, según nuestra semejanza....Y creó Dios al hombre a imagen suya; a imagen de Dios los creo, macho y hembra los creó" (Gen 1, 26-27). La imagen perfecta de Dios es Jesús (Col 1, 15). No se trata de dos imágenes diferentes y separadas, sino del primogénito entre muchos hermanos/as, imagen de imágenes (Rom 8, 29), sacramento fundamental y base de todo sacramento humano.

El crecimiento de la persona y su proceso sacramental. La persona humana, varón-mujer, se desarrolla, crece. El varón-mujer realiza su sacramentalidad (el ser imagen de Dios) creciendo, desarrollándose, realizándose y autoafirmándose en su totalidad humana. Somos cuerpo, y la corporalidad pertenece a la esencia de la espiritualidad y de la sacramentalidad. La persona humana se realiza y desarrolla en la relación comunicativa. La sacramentalidad se realiza en esta correlación: lo humano se constituye en sacramental gracias a la relacionalidad. Somos sacramentos porque entramos "en relación con".

La relación humana, en todas sus manifestaciones, es un signo que puede adquirir caracteres sacramentales. De hecho cada uno de los siete sacramentos es una forma concreta de sacramentalizar diferentes aspectos o manifestaciones de esas dimensiones fundamentales. Sacramentalizar todas las relaciones humanas será la tarea específica de la praxis cristiana.

La sacramentalidad se realiza no en el yo aislado, sino en el yo-tú, en la comunidad, en el grupo, en la interpersonalidad, en la eclesialidad. Así la Iglesia es sacramento de comunicación, "señal o instrumento de la intima unión con Dios y de la unidad de todo el género humano" (LG 1).

Ser persona, hacerse persona, crecer como persona, exige la expresión sacramental. Cuando el varón-mujer deja de ser sacramento para la otra persona, se hace inexpresivo, se despersonaliza, se autodestruye, pierde su identidad. La praxis cristiana consiste en poner en práctica la expresividad en todas sus formas, en establecer vínculos de comunicación, en liberar para esa comunicación expresiva en la que se realiza la sacramentalidad.

3. La iniciación cristiana y el catecumenado

Los siete sacramentos

- Hasta el siglo XII se empleaba la palabra sacramento en el sentido que hemos empleado hasta ahora. A partir del siglo XII se comenzó a destacar de entre los cientos de sacramentos (San Agustín enumera 304) siete gestos primordiales. Por fin, el concilio de Trento, en 1547, definió solemnemente "que los sacramentos de la nueva ley son siete: Bautismo, Confirmación, Eucaristía, Penitencia, Extrema Unción, Orden y Matrimonio". Hay que entender simbólicamente el número siete. Con el número siete se expresa que la totalidad de la existencia humana en su dimensión material y espiritual está consagrada por la gracia de Dios. La salvación no se restringe a siete canales de comunicación: la totalidad de la salvación se comunica a la totalidad de la vida humana.

- Jesucristo es el autor de los sacramentos, pues de él dimana la eficacia de todos los sacramentos. El agente primero y principal de todo sacramento es Cristo mismo. El sacramento no es primordialmente un acto de la persona que rinde homenaje a Dios; es acto de Dios para la liberación de la persona. La comunidad cristiana no se salva a sí misma; es Jesús el Señor quien la salva en todo momento. Eso es lo que la comunidad celebra cuando se reúne a participar en el sacramento.

- La expresión "ex opere operato" quiere decir: la presencia infalible de la gracia en el mundo no depende de las disposiciones subjetivas ni del que administra, ni del que recibe el sacramento. Dios nos ama y, porque nos ama, se da gratuitamente siempre.

- Todo signo puede transformarse en un anti-signo. En todo sacramento existe un momento simbólico (la palabra sim-bólico es una palabra griega compuesta de dos partes. Lo "sim" indica unir, en este caso, une los seres humanos a Dios) y puede haber también un momento diabólico (lo "dia" sugiere la idea de desunir dos partes; en este caso aparta y separa de Dios). Sacramentalismo, consumismo sacramental y magia son degradaciones del sacramento. Traducen la dimensión diabólica.

- El sacramento sólo es sacramento en el horizonte de la fe. La fe, que significa encuentro vital y acogida de Dios en la vida, expresa el encuentro con Dios por medio de objetos, gestos, palabras, personas,...Las expresiones son los sacramentos. Éstos suponen la fe, expresan la fe y alimentan la fe. Puesto que la fe implica una conversión, sacramento sin conversión es condenación. Sacramento con conversión es salvación.

- Dimensión comunitaria. La comunidad cristiana le presta cuerpo a Jesús para que se haga presente, se encarne en el hoy. Ella es "sacramento de Jesús". Cuando Jesús bautiza es para introducir una nueva persona a su familia; cuando perdona es para devolver un hermano/a a la comunidad...

- Dimensión misionera. Todo sacramento tiene una dimensión de futuro. Todo creyente es un enviado, un apóstol, con la misión de transformar el entorno (persona, cultura, sociedad, estructuras). En la medida en que los sacramentos nos dan la plenitud en ser hijos/as y hermanos/as, anunciamos-realizamos el proyecto universal de nuestro Padre Dios.

Sacramentos de la iniciación cristiana

Los hispanos/as hemos sido bautizados/as, confirmados/as y recibimos la comunión en edad muy joven y sin un proceso de iniciación. Nuestros niños y niñas llegan a la adolescencia y a la edad adulta sin haber pasado por un catecumenado auténtico. Durante la colonización de América Latina, mediante el bautismo, los aborígenes se hacían también súbditos de la Corona, que se identificaba con la Iglesia. No bautizarse era como no tener el acta de nacimiento. Por eso, todavía hoy en día "hay que" bautizarse. Forma parte más de la religiosidad popular que de la fe cristiana.

La Iglesia confió a los padres y a las madres la instrucción que constituía la esencia del catecumenado. Esta dejó de ser una disciplina estrictamente eclesiástica, para convertirse en un hecho familiar, llevado acabo por los padres/madres y padrinos/madrinas. Es también un hecho social, realizado por la sociedad civil, sociológicamente unida a la sociedad religiosa. ¿Pero qué sucede cuando los padres, padrinos y la sociedad no están en condiciones de cumplir las promesas que entonces hicieron, y con las que la Iglesia parece contentarse?

El drama de nuestro pueblo es que dejando una sociedad donde Dios era el sentido de todo, ha llegado a un mundo social descristianizado y con miles de diferentes propuestas sobre el sentido de la vida. El ambiente familiar constituye muy raras veces un ambiente cristiano, formador de "fieles"...y no obstante, se siguen bautizando casi todos los niños y niñas. Se bautizan sin que se les ofrezca un catecumenado eficaz.

Nuestra sociedad tiene un proceso de iniciación de la persona al mundo de valores, al mundo cultural, a la historia, a la vida. Lo hace por muchos medios. Uno de los más relevantes: la comunicación, los medios de comunicación social. La comunidad cristiana entra en diálogo con la sociedad de la que forma parte y ofrece a la persona, el Espíritu de Jesús como elemento indispensable en la iniciación a una vida plena y responsable. En lo profundo de lo humano, se encuentra lo cristiano; por eso la iniciación cristiana es iniciación a una vida en plenitud, a la dimensión comunitaria y al compromiso para la realización del reino: la fraternidad.

El punto de llegada de la iniciación cristiana es entrar en el misterio de Dios, renacer en su Espíritu, enamorarse de Dios y tener sentido pleno. A partir de mi realidad, de mis aspectos positivos y de mis confusiones, de mi cultura y escala de valores...ir caminando al encuentro de Jesús que vive, reorientando mi vida, mi rumbo, mis valores con los valores del Evangelio.

El encuentro con la Divinidad (bautismo) dará un sentido nuevo a mi persona, a la sociedad y a la historia (confirmación). Me agrega a una comunidad que vive sus dimensiones humanas en el Espíritu de Jesús (hermanos/as e hijos/as), y me compromete con él en la realización del proyecto del Padre (eucaristía).

Historia del Catecumenado

Iglesia primitiva—Comunidades pequeñas que recibían a individuos y los instruían en su modo cristiano de vivir. Prevalecía la persecución religiosa y se necesitaba una fe profunda y fuerte frente a la posibilidad del martirio.

150-200 A.D. La iniciación empieza a organizarse oficialmente y a tener algunos requisitos (los principios de un "catecumenado" como el que conocemos hoy). La conversión de los gentiles requería una formación más completa en la tradición judeo-cristiana. Testimonios:

1. Pastor de Hermas
2. Primera apología de Justino
3. Tradición apostólica de Hipólito

Siglos III y IV. La estructura es más desarrollada (un proceso de tres años por lo menos). La paz de Constantino en 315, hizo legal al cristianismo; por eso había un gran número de candidatos/as, pero poco control en la calidad.

Siglo V. Tuvo lugar la desintegración del catecumenado, porque los números eran muy grandes, y porque se introdujo la práctica de bautismo de infantes.

Siglo XVI. Los dominicos y los agustinos trataron de oponerse a los bautismos en masa. En 1538, una conferencia episcopal suplicaba a los párrocos que regresaran a los principios misioneros de Alcuino y establecieran un catecumenado. En 1552, Ignacio de Loyola estableció en la India casas de catecumenado, donde se reunían por tres meses.

Siglo XX. Se revivieron las estructuras del catecumenado en África y Francia. En Francia, se presentaron graves problemas por el gran número de católicos que no practicaban. En África, los misioneros/as reconocieron la necesidad de edificar la Iglesia desde la base.

VATICANO II. Pidió que se restaurara el catecumenado. La votación de los padres conciliares sobre la restauración del catecumenado:

1966 se distribuyó el ritual provisional;

1969 se distribuyó la segunda copia para la

experimentación;
1972 promulgación del RICA;
1986 obispos de los Estados Unidos aprueban las adiciones para este país, en las que se refiere al RICA, los estatutos nacionales y el plan nacional de implementación;
1988 la implementación del RICA es obligatoria desde el 1ro de septiembre de 1988.

4. Estructura de la iniciación cristiana de las personas adultas

El RICA representa un itinerario que comporta cuatro "tiempos" o "períodos", que se articulan entre sí mediante tres "grados" o momentos celebrativos de transición.

Primer período: precatecumenado. Quien ha sido ganado por la palabra del Evangelio, por los más diversos modos, y pide ser cristiano/a, recibe una primera instrucción sumaria y es ayudado/a a sopesar los motivos de su petición.

Primer paso: ingreso en el catecumenado. En la asamblea, presentado por un padrino o madrina, el candidato/a pide recibir la fe y se compromete a dejarse ayudar con un camino de escucha de la palabra de Dios, de oración común, de conversión de la vida.

Segundo período: catecumenado. Es un periodo propio de la formación cristiana, que requiere una oportuna catequesis, el cambio de mentalidad y de conducta, la participación en algunas liturgias, el testimonio de vida y la profesión de fe en el mundo. Su duración depende de una serie de circunstancias (en el s. III duraba, al menos, tres años) y la establece el obispo de acuerdo con sus colaboradores/as encargados/as de la formación de los catecúmenos y catecúmenas. El catecumenado no se considera como preparación al bautismo (como rito) sino que es escuela de vida, en la fe, en la conversión y en la oración (el bautismo corresponde con la experiencia de Dios que lleva a tocar fondo el lo humano). El catecúmeno/a tiene un padrino o una madrina, que le ayuda y sostiene en el progreso de la experiencia cristiana.

Segundo paso: Elección e inscripción del nombre. Cuando la comunidad, por medio de sus ministros, juzga que un catecúmeno/a esta suficientemente preparado lo elige y llama a recibir los sacramentos y, en una celebración, inscribe su nombre entre los que han sido "elegidos".

Tercer período: *purificación e iluminación*. Normalmente, en cuaresma, los elegidos/as son preparados/as para recibir los sacramentos mediante catequesis apropiadas, ritos de "escrutinio" para que el Espíritu Santo los purifique en los más profundo de su ser, y se les hace entrega del símbolo de la fe (credo) y de la oración del Señor (Padre Nuestro).

Tercer paso: bautismo, confirmación, eucaristía. En la asamblea festiva de la comunidad, normalmente durante la Vigilia Pascual, los elegidos/as son bautizados/as, confirmados/as y se les hace partícipes de la eucaristía.

Cuarto período: mistagogía. Con catequesis adecuadas, se ayuda a los neófitos/as (brotes tiernos) a ser conscientes de los dones recibidos, del significado de su pertenencia a la comunidad, del testimonio que da su vida en medio del mundo.

La catequesis del catecumenado debe ser "de iniciación", es decir, debe conducir al catecúmeno/a al encuentro con el Señor que le habla, para introducirlo/a en la fe que profesa la Iglesia. Debe utilizar sabiamente la Biblia, debe ser oportunamente vital, partiendo de la experiencia del catecúmeno/a; debe familiarizar con las expresiones doctrinales más usadas de la Iglesia, pero también debe tener en cuenta el ambiente cultural en que vive el catecúmeno/a para ayudarlo a resolver los problemas que plantea.

Después de haber ayudado al catecúmeno/a a descubrir que Dios habla y haberlo ejercitado en la escucha creyente, en la respuesta orante y en la aplicación a la vida de la palabra comprendida, será conveniente proponerle una lectura sintética de la Sagrada Escritura que le haga recorrer las grandes etapas de la historia de la salvación, entendidas como etapas de su camino de fe. Este conocimiento sintético e interpretación vital de los grandes acontecimientos bíblicos, de algunas figuras fundamentales, de los símbolos mas destacados, son indispensables también para comprender el lenguaje verbal de los signos de las celebraciones litúrgicas y en particular de los sacramentos de iniciación cristiana.

La catequesis mistagógica, que mediante los ritos y las oraciones hace penetrar en la inteligencia de la fe del misterio celebrado, tiene su momento específico después que los neófitos/as han hecho la experiencia de las celebraciones sacramentales. No es un volver atrás para darse cuenta de lo que ha sucedido, sino ir hacia adelante en la comprensión de lo que ellos han llegado a ser y de lo que son llamados/as a ser.

Síntesis

- Fundamentalmente hemos recibido en la familia nuestra formación cristiana. Nuestros papás y abuelitas fueron nuestros catequistas. Ellos/as nos dieron lo que tenían. Esto aquí y ahora, no es suficiente. Hay que dar nueva dirección a nuestra práctica de la sacramentalidad y de los sacramentos.

- Nosotros poseemos una profunda experiencia de Dios. Es una experiencia interior que alcanza las raíces de nuestra existencia. Dios es un misterio que lo penetra todo y resplandece en todo. Todo cuanto existe es revelación de él. Este mundo inmanente se vuelve transparente, diáfano: habla de Dios de su belleza, de su bondad, de su presencia, de su misterio. Todo es sacramento. El lenguaje para expresar esta experiencia de lo divino es el lenguaje simbólico.

- Jesús es sacramento del Padre: quién me ve a mí, ve al Padre. La Iglesia es sacramento de Cristo. La Iglesia presta cuerpo a Jesús para que siga encarnándose para construir hoy la fraternidad. Conocemos su acción salvadora particularmente en siete acciones sacramentales.

- Nuestros/as feligreses necesitan entrar en un proceso que los/las lleve aquí y ahora a un encuentro personal con Dios, que de sentido a su vida y al mundo.

- El itinerario catecumenal cuenta con cuatro "períodos" y tres momentos celebrativos. Primer período: precatecumenado; primer paso: ingreso en el catecumenado; Segundo período: catecumenado; segundo paso: elección e inscripción del nombre. Tercer período: purificación e iluminación; tercer paso: bautismo, confirmación y eucaristía. Cuarto período: mistagogía. La catequesis propia es una catequesis de iniciación y mistagógica.

Tarea

1. ¿Cómo el universo, la naturaleza, la historia de la humanidad, las personas pobres…se pueden llamar "sacramentos?" ¿Qué es un símbolo?

2. El encuentro personal con Dios da sentido pleno a la vida, pero nuestra sociedad impide desarrollar el mismo sentido de Dios con el que una persona nace. Describe tres acciones eficaces para ayudar a nuestra gente a abrirse al encuentro con Dios.

3. Describe brevemente las etapas del "proceso catecumenal".

Itinerario Catecumenal							
Etapas	Precatecumenado	Entrada, recepción o admisión en el catecumenado	Catecumenado	Elección, inscripción del nombre o llamamiento	Preparación cuaresmal	Celebración de los sacramentos: Vigilia pascual	Mistagogia
Duración	Ilimitada		Uno o más años		Cuaresma		Tiempo pascual
Contenidos	Anuncio evangélico		Catequesis íntegra y graduada		Retiro intensivo. Preparación inmediata		Catequesis sacramental y litúrgica
Finalidad	Despertar la fe y la conversión		Profundizar la fe		Madurar las decisiones		Integrarse en la comunidad
Celebraciones	Encuentros humanos		Celebraciones de la palabra. Exorcismos menores. Bendiciones		Tres escrutinios: 3°, 4° y 5° dom. de cuaresma. Entregas del Símbolo y del Padre nuestro		Eucaristías comunitarias. Aniversario del bautismo
Funciones	Acogida		Iniciación		Iluminación		Contemplación
Categorías	Precatecúmenos (Simpatizantes o interesados)		Catecúmenos, oyentes (Candidatos)		Elegidos, competentes, iluminados (Decididos o aspirantes)		Neófitos (Nuevos cristianos)

TEMA 11

Bautismo, confirmación y eucaristía

1. El bautismo: el encuentro con la Divinidad
2. La confirmación: en su Espíritu todo tiene sentido
3. La eucaristía: se entrega la vida para crear la fraternidad
4. "Hagan esto en memoria mía"

Se da una unión profunda entre bautismo, confirmación y eucaristía y se llaman sacramentos de la iniciación cristiana. Con esta terminología queremos expresar un acontecimiento sobrecogedor: la persona, en lo más profundo de ella misma, se siente alcanzada, invadida, enamorada, vuelta loca, por la divinidad. Explicitamos esta afirmación en la experiencia de Pablo. Pablo es una persona honesta, con sus convicciones religiosas y su estilo de vida. Desde su estructura mental y su forma de pensar, juzga a la comunidad cristiana como peligro serio para su religión. Comprometido con Yavé quiere, en su nombre, poner orden. En su caminar (catecumenado), viene alcanzado por el mismo Dios (Jesús le impone el alto, hace que la ruah, el espíritu mismo de Dios, lo invada y se apropie de él) y entra en la comunión más profunda de amor (se expresa con los términos de encuentro con la luz que lo deja ciego, así como decimos que el amor deja a una persona ciega).

Esta experiencia personal profunda la llamamos "bautismo". Cuando una persona se encuentra con una luz muy intensa queda encandilado. Así le pasó a Pablo: quedó encandilado por Dios, el amor lo dejó ciego. Poco a poco se adapta a la luz y, en esta luz, empieza a distinguir las cosas, los acontecimientos y las personas. Se dice que Ananías le impuso las manos y de los ojos se les cayeron como escamas. Esto ver las cosas, este sentir la propia vida y la historia en la luz de Dios, en el espíritu de Dios, en el amor de Dios, lo llamamos "confirmación". La primera realidad que Pablo percibe en esta luz es que su relación con Dios ha tocado fondo: la nueva imagen de Yavé es "Padre" (Abbá) y él se percibe como hijo. En esta luz, la comunidad cristiana es la familia del Padre, y

113

para él son sus hermanos y hermanas. El momento de comunión entre Dios y la comunidad, momento en que Dios re-crea la humanidad y la envía como sacramento de su proyecto lo llamamos "eucaristía".

Expresamos esto mismo con otras palabras: pascua, ascensión y pentecostés. A Dios no se le puede ver con los ojos físicos o tocar con nuestras manos. Pero percibimos su llegada y su paso entre nosotros y nosotras por la capacidad con que todo ser humano ha nacido: la capacidad de relacionarse con la divinidad. Dios se comunicó muchas veces con el pueblo de Israel, pero hay un acontecimiento particular que el pueblo quiso llamar por antonomasia "el paso de Dios", como prototipo de todas las llegadas de Dios al pueblo. El paso que provocó la liberación del faraón de Egipto, lo llamó "pascua". Este paso de Dios en el pueblo marcó para siempre su vida, como en un enamoramiento, como en un matrimonio (alianza). Las consecuencias de este amor en la vida del pueblo, las expresiones concretas respuesta del "paso de Dios" se llamaron diez mandamientos. Claramente la vida de amor (los diez mandamientos) estaba ligada al enamoramiento (la pascua). El pueblo celebraba el don de los diez mandamientos a los cincuenta días (pentecostés) de la pascua.

La comunidad cristiana reconoce en Jesús el paso de Dios (pascua). Paso que tiene como resultado una nueva creación: un ser humano con la misma capacidad de amar de Dios. Este don de la nueva capacidad de amar ("espíritu de amor - espíritu santo") lo celebramos cincuenta días después de la pascua: pentecostés. Cuando experimentas el "paso de Dios" que te llena de su espíritu y te vuelve ciego de amor, lo llamas "pascua". Es tu pascua. Cuando en este nuevo espíritu, lo sientes todo con el mismo sentir de Dios, es tu pentecostés. De aquí que entre "pascua" y "bautismo", entre "pentecostés" y "confirmación" se da una relación muy estrecha: celebran el mismo misterio. Bautismo y confirmación hacen personal el misterio comunitario de la pascua y pentecostés.

El punto de llegada de la iniciación cristiana es una vida en plenitud. El encuentro con la Divinidad (bautismo) da un sentido nuevo a mi persona, a la sociedad y a la historia, y me compromete con ella (confirmación). Me agrega a una comunidad que vive sus dimensiones humanas en el Espíritu de Jesús (hermanos/as e hijos/as), y me habilita siempre más, hasta dar mi propia vida para la realización del proyecto del Padre (eucaristía).

1. El bautismo: el encuentro con la Divinidad

¿Qué es el Bautismo?

En el bautizo se celebra el encuentro personal y profundo de la persona creyente con Cristo resucitado; encuentro que, por el don de su Espíritu de hijo y hermano, abre la posibilidad de alcanzar la plenitud. Así se es introducido/a en su familia, la Iglesia, signo y corresponsable del proyecto de la fraternidad.

La primera comunidad cristiana ha dejado, en la Biblia, unos testimonios de su experiencia bautismal y han creado, para expresarla, un lenguaje simbólico-religioso único:

"Id, pues, enseñad a todas las naciones; bautizadlas en el nombre del Padre, del Hijo y del Espíritu Santo" (Mt 28, 19). "Nos bautizaron uniéndonos a su muerte" (Rom 6).

El Concilio Vaticano II dice que "justificados en el Señor Jesús, han sido hechos por el bautismo, sacramento de la fe, verdaderos hijos de Dios" (LG, 40). Dice también que "por el Bautismo hacemos parte del misterio pascual de Cristo, con él morimos, con él somos sepultados y con él resucitamos. Recibimos el Espíritu de adopción de hijos e hijas de Dios y por eso llamamos a Dios Padre, 'Abba'. De esta manera nos convertimos en las criaturas que lo adoran y a quienes él ama como Padre" (SC, 6).

San Juan escribe así: "Piensen cuánto amor nos ha tenido el Padre, para llamarnos hijos de Dios. Y nosotros lo somos de hecho. Carísimos, ahora somos hijos de Dios, pero todavía no se ha manifestado lo que seremos" (1 Jn 3, 1-2).

El Bautismo nos convierte en habitación de la Santísima Trinidad, conforme a las propias palabras de Jesús: "Si alguien me ama, guardará mi Palabra y vendremos a él y haremos en él nuestra morada" (Jn 14, 23).

Dice también el Concilio que Dios quiere santificar y salvar a toda la humanidad, no individualmente, sin ninguna vinculación de unas personas con otras, sino haciendo de ella un pueblo, que lo conozca de verdad y le sirva con una vida honesta y santa. Ante esto, es difícil vivir unido a Dios y vivir las enseñanzas de Jesús sin agregarse a la Iglesia. El Bautismo es el sacramento que nos agrega al Cuerpo de Jesús, que es la Iglesia, signo de nuestra salvación.

El bautismo y la fe

"El que crea y se bautice será salvo; pero el que no crea será condenado" (Mc 16, 16). Fe es hacer la experiencia de Dios, entrar en su "mundo" y ver las cosas desde esta comunión. El bautismo es la realización de este encuentro, es el momento trascendente del encuentro, es caer enamorado/a de Dios. Este encuentro es el que me hace hijo e hija en plenitud. Es la salvación porque nos da la capacidad de amar como amó Jesús y así alcanzar la felicidad.

El lenguaje simbólico en el bautismo

La comunidad cristiana celebra esta experiencia, este encuentro con la divinidad que me da plenitud con un lenguaje religioso expresivo, profundo, comunicativo, variado. El Nuevo Testamento habla de un nuevo comienzo, de nacer de nuevo en el Espíritu de Dios, de pasar de la muerte a la vida, de pasar del viejo Adán al nuevo Adán, de la persona vieja a la nueva, a una nueva creación. Habla de "nacer de lo alto", de "ser sepultados con Cristo en su muerte", de "quedar ciego" (Pablo), de "lavarse a la piscina y empezar a ver"....A través de 2000 años la comunidad ha conservado y recreado este lenguaje. Elegir el nombre, la señal de la cruz, la unción prebautismal, las promesas bautismales, el cirio pascual, la unción con el crisma, la vestidura blanca, la entrega del Padre nuestro...todo esto es como una cascada de símbolos que introducen en el misterio de Dios para perderse en él.

Padres-madres, padrinos-madrinas y comunidad

El bautismo me hace renacer en el Espíritu de Dios. Este Espíritu es relación hasta la entrega de la propia vida. La relación amorosa forma familia, comunidad, fraternidad. Una persona que dice haber renacido de Dios y va por su cuenta, sin importarle las demás personas, es mentirosa. Porque Dios es familia. En el Bautismo los padres, madres, padrinos, madrinas y la comunidad representan la familia de Dios de la que voy a hacer parte.

Los padres, al bautizar al hijo/a, asumen el compromiso de educarlo/a en la fe. El hogar es la pequeña Iglesia donde tiene lugar el primer aprendizaje de la fe. Cuando visitamos las familias, encontramos enmarcados hechos importantes de la vida cristiana: símbolos religiosos (cruz, cuadros, Biblia). Todo esto contribuye a que la fe se arraigue en el corazón de los hijos/as. Pero lo que habla más alto son las actitudes cristianas (el auxilio a la persona necesitada; la visita a la enferma; el compromiso de vida comunitaria). Así inician los padres al bautizado en la vida cristiana.

Es tan importante esta iniciación a la fe, que la Iglesia exige padrinos para el bautizado/a. Éstos participan de la misión de los padres y deben alertarlos cuando esta misión es olvidada, e inclusive deben asumirla en ausencia de los padres o madres. La elección de los padrinos debe seguir los criterios cristianos. Junto con los padres y madres, los padrinos y madrinas se comprometen en la educación de la fe del bautizado/a. El ahijado es alguien que va a depender también de su testimonio de vida cristiana.

La Iglesia doméstica, que es la familia, es una parcela de la comunidad mayor (parroquia, diócesis). La educación de la fe debe encaminar hacia la participación en esta comunidad mayor. Ésta contribuye de muchas maneras a la maduración de la fe. La comunidad es la gran escuela donde todas las personas ayudan a educar, y donde, a la vez, todas son educadas por ella.

Compromiso misionero bautismal

La realidad que se expresa en el "bautismo" es tan trascendente que el concilio Vaticano II construye toda la eclesiología (el ser y el quehacer de la Iglesia) a partir de la realidad del bautismo y no del orden sacerdotal como se hizo en el concilio de Trento. Con el Bautismo asumimos en la Iglesia el compromiso de anunciar a Jesucristo a todos los pueblos. Percibimos que esta creación nueva es una buena noticia para la humanidad entera. El Papa Pablo VI nos dice:

> Todos deben evangelizar. La evangelización es la misión de toda la Iglesia, por lo tanto, la misión de todas las personas bautizadas. La vida nueva que se recibe en el Bautismo es también compromiso con esta tarea evangelizadora. El Bautismo, liberándonos de la fuerza del mal, del desorden, del desequilibrio, nos marca como personas nuevas. Esta marca exige alto precio: el de ser cristianos/as comprometidos/as con toda la tarea de la Iglesia. (EN 18)

También nos dice que la evangelización comienza con el cambio interior de la persona.

¿Que significa que el bautismo borra el pecado original?

Si un niño o una niña nace en una ciudad marcada por la contaminación ambiental, pronto sufrirá las consecuencias del ambiente. No es responsable de la contaminación pero sufre igualmente las consecuencias. Todos/as nacemos en un mundo marcado por el pecado, respiramos un ambiente contaminado por el pecado. El pecado original es este pecado del mundo (Jn 1, 29), que nos rodea e influye negativamente en nosotros/as. Es la injusticia, la corrupción, la mentira, el machismo, el consumismo, el egoísmo....El bautismo no nos saca de este mundo, pero nos introduce en un mundo de gracia, en la Iglesia, donde la fuerza de Cristo vence al mal y al pecado del mundo. Para una completa visión sobre el pecado original no deje de consultar el Catecismo de la Iglesia Católica particularmente el parágrafo 7 sobre la caída.

2. La confirmación: en su Espíritu todo tiene sentido

Confirmación e iniciación cristiana. La confirmación se debe entender dentro del proceso de la iniciación cristiana; es decir dentro del proceso por el que una persona es incorporada progresivamente a la Iglesia.

En la Iglesia primitiva, entre el bautismo y la participación a la eucaristía, tenía lugar en la vigila Pascual, una unción a los recién bautizados/as, que simbolizaba el don del Espíritu, y que es el núcleo de la actual confirmación. Si el bautismo simbolizaba la incorporación al misterio pascual de la muerte y resurrección de Jesús, la confirmación simbolizaba que la vida cristiana es el don del Espíritu. Si el bautismo introduce en la Iglesia, la confirmación recuerda que esta Iglesia es la Iglesia del Espíritu, la Iglesia de Pentecostés, la Iglesia misionera, la Iglesia de los/las profetas, de los dones y carismas. El Espíritu es el que da fuerza para proseguir la misión de Jesús.

La confirmación debe verse en relación íntima con el bautismo, al que completa, y orienta a la eucaristía, término final de la iniciación cristiana.

A partir del siglo IV, cuando aumenta el número de las personas bautizadas y crece la Iglesia en zonas rurales, se plantea un problema pastoral. Hasta entonces, el ministro de la iniciación cristiana había sido el obispo, pero como ya no puede con tanto trabajo, hay que buscar alguna solución. En Oriente, la Iglesia decide que el sacerdote sea el ministro de toda la iniciación cristiana (bautismo, confirmación y eucaristía), mientras que la Iglesia latina opta por dejar al sacerdote el bautismo y la eucaristía, y reserva al obispo la confirmación, para expresar así mejor la vinculación con la Iglesia local y universal. Ésta es la razón por la que, en la liturgia sacramental de la Iglesia latina, el bautismo y confirmación se hayan separado, mientras que en Oriente se confieren conjuntamente.

Esto también ha planteado a la Iglesia latina el problema de la edad y del sentido de la confirmación. En Estados Unidos, los obispos decidieron que el sacramento de la confirmación se administre cuando la fe tenga una cierta madurez humana y cristiana, y el/la joven pueda ser consciente de lo que recibe y de aquello a qué se compromete. Por eso, se le llama a la confirmación el sacramento de la madurez cristiana, de la juventud, del compromiso cristiano.

El Vaticano II resume así el sentido de la confirmación:

> Por el sacramento de la confirmación, los fieles se vinculan más estrechamente a la Iglesia, se enriquecen con una fortaleza especial del Espíritu Santo y de esta forma se obligan con mayor compromiso a difundir y defender la fe, con su palabra y sus obras, como verdaderos testigos de Cristo. (LG 11)

El misterio expresado en el rito

El obispo de pie, de cara al pueblo dice:

Oremos, hermanos/as, a Dios Padre todopoderoso por estos hijos suyos, que renacieron ya a la vida eterna en el bautismo, para que envíe abundantemente sobre ellos al Espíritu Santo, a fin de que este mismo Espíritu los fortalezca con la abundancia de sus dones, los consagre con su unción espiritual y haga de ellos imagen fiel de Jesucristo.

El obispo moja el dedo en el santo crisma y hace con el mismo la señal de la cruz sobre la frente del conformando/a diciendo:

N. recibe por esta señal + el don del Espíritu Santo.

La unción es para la misión. En Oriente, este sacramento se conoce como "crismación". "Crisma" es una palabra de origen griego que significa "unción". Jesús es el "Ungido" del Padre: "El Espíritu del Señor está sobre mí, porque me ha ungido y me ha enviado para anunciar la buena noticia a los pobres" (Lc 4, 18-21). La confirmación nos configura con Cristo ungido por el Espíritu en el Jordán, para el cumplimiento fiel de su misión.

El aceite es un elemento muy común en muchos pueblos y culturas. Se usa en el ambiente doméstico y en la medicina, pero también como símbolo religioso. En Israel, los reyes eran ungidos con aceite para significar la consagración realizada por el Espíritu (1 Sam 10, 1; 1 Sam 16, 13; 1 Re 1, 39). Más tarde, también los sacerdotes eran ungidos. Por esta unción los reyes quedaban comprometidos a cumplir fielmente su misión: la misión de practicar el derecho y la justicia en su pueblo, sobre todo con las personas pobres y desvalidas (Sal 72, 1).

Así pues, el que es ungido con óleo es consagrado a Dios, a su servicio, como Jesús. La persona cristiana, por la confirmación, es una persona "consagrada" a Dios y recibe una misión especial. La vida nueva que se recibe en el bautismo revienta y se abre a la misión. ¡El abrirse es un imperativo de la vida! La persona cristiana confirma su compromiso bautismal y es llamada a dar testimonio de Cristo en su vida y en sus obras. La confirmación es, en la Iglesia, un paso más en el compromiso con Cristo. Es el acogimiento del Espíritu Santo por el que la vida cristiana se desarrollará plenamente hasta llegar a la madurez y producirá abundantes frutos para el Reino de Dios. Por la Confirmación somos llamados a la tarea de la liberación, pues el Espíritu Santo nos mueve a liberar y nos abre el camino de la unidad (cf. Puebla, 219).

La confirmación es el Sacramento del Espíritu Santo (LG 11). El Espíritu Santo siempre ha estado presente en los acontecimientos de la historia humana, desde su origen, en la creación del mundo. Acompañó al pueblo elegido hacia la Tierra Prometida, impulsó e iluminó a los profetas para que dieran testimonio del amor de Dios y para que proclamaran las exigencias de la justicia. Es el realizador de las promesas de Cristo, después que, resucitado, volvió al Padre. La renovación de la humanidad, y consiguientemente de la sociedad, va a depender de la acción del Espíritu Santo, que vivifica y hace que el Evangelio se encarne en la historia (cf. Puebla 199). Él es el Espíritu de la verdad (cf. Jn 16, 13).

La relación de la confirmación con el Espíritu Santo es fuertemente subrayada en el rito por medio del simbolismo de la imposición de manos y de la unción (la unción visible es sacramento de la unción invisible del Espíritu) junto con la fórmula que las acompaña, el tenor de las piezas eucológicas y la selección de lecturas del Ritual de la Confirmación (centradas en la acción y dones del Espíritu Santo) la figura del obispo, sucesor de los apóstoles, beneficiarios de la primera efusión del Espíritu Santo en el día de Pentecostés (cf. RC 7).

La Confirmación es don, es la fuerza del Espíritu Santo. La riqueza de este don se manifiesta en otros innumerables dones, orientados al crecimiento del pueblo de Dios. El Espíritu es vida, fuerza y acción vivificante en la Iglesia y el día de Pentecostés, descendió en forma de lenguas de fuego sobre la comunidad reunida (Hech 2, 1-14). Fue un acontecimiento que transformó a los discípulos/as y los/las impulsó a anunciar con gran valentía las cosas de Dios.

La abundancia de dones enriquece a nuestras comunidades, ayuda a la unidad. Muchas veces la acción del cristiano/a es contraria a la unidad. Hay muchas decisiones que se toman sin acoger al Espíritu de la verdad, del amor, de la sabiduría. Muchos prejuicios influyen en nuestras decisiones comunitarias. El confirmado/a está llamado/a a tomar posición en favor de Jesús y su Reino. Está llamado/a a discernir su presencia en los hechos.

El confirmado asume un lugar en la gran comunidad de la Iglesia, participando de su misión concreta: es llamado a la acción comunitaria. Es como un profeta. Se convierte en el anunciador de la paz y en el denunciador de las injusticias y opresiones. Su persona es encarnación de la verdad. Está consagrado/a a la predicación del Evangelio y al testimonio cristiano. Por sus acciones y palabras, defiende y difunde la fe cristiana (LG) y contribuye así a la construcción de una comunidad nueva, basada en el amor y en la fraternidad.

3. La eucaristía: se entrega la vida para crear la fraternidad

La catequesis tradicional, al tratar el tema de la Eucaristía, puso su atención, casi exclusivamente, en un solo punto: la presencia real de Cristo en este sacramento. Los clásicos catecismos de Astete y Ripalda no hablaban del sacramento de la eucaristía, sino del sacramento de la comunión y explicaban únicamente las cuestiones que se refieren a la presencia real y sustancial del cuerpo y la sangre de Cristo en el sacramento, así como las condiciones morales necesarias en la persona fiel cristiana para recibir dignamente la sagrada comunión. Los catecismos trataban tres cuestiones acerca de la eucaristía: la presencia real de Jesucristo en la eucaristía; el sacrificio de la misa y, la sagrada comunión.

Hay que esperar hasta los nuevos catecismos, posteriores al Vaticano II, para encontrar en la enseñanza catequética, un tratamiento más profundo de lo que significa la eucaristía para las personas creyentes. Se puede decir que, hasta hace poco, lo que se enseñaba acerca de la eucaristía era que Cristo está realmente presente en la sagrada comunión y que a esa comunión había que acercarse bien confesado y en ayunas. Lo demás eran cuestiones marginales, que apenas se tenían en cuenta o simplemente se ignoraban.

Consecuencia: la comunión eucarística, con su fuerte carga emocional y devocional, prevalecía sobre el resto de la celebración. Había personas que pedían comulgar al comienzo de la misa, para poder dedicarse durante todo el tiempo de la celebración a dar gracias por la presencia de Cristo en su alma. La dimensión eclesial y comunitaria quedaba prácticamente marginada. Las exigencias éticas de la eucaristía pasaban prácticamente inadvertidas, sobre todo las exigencias de tipo social y político. No era raro el caso de personas que comulgaban asiduamente y al mismo tiempo mantenían conductas dudosas en cuanto se refiere a la justicia y a la defensa de los derechos humanos.

Triple raíz del fundamento permanente de la celebración eucarística y de la vida misma de la Iglesia. El concilio Vaticano II afirma que la eucaristía es "fuente y cumbre de toda la vida cristiana" (LG 11) y que "ninguna comunidad cristiana se edifica si no tiene su raíz y quicio en la celebración de la eucaristía" (PO 6). La cuestión del origen de la eucaristía no puede reducirse al tema de la última cena de Jesús y de la institución por parte de él de una comida comunitaria para los discípulos. Hoy debemos distinguir una triple raíz en el origen de la eucaristía:

1. la comensalidad del Jesús histórico. La última cena encuentra su marco adecuado y su significación fundamental en el contexto general de la comensalidad de Jesús, en ese ámbito de compartir su mesa que llevó a cabo durante su vida con gentes de todo tipo y procedencia.
2. La última cena: hay que considerar como segundo elemento básico y constitutivo el banquete celebrado con sus discípulos en la noche antes de su muerte.
3. Las comuniones de mesa postpascuales con Cristo resucitado. Sin la dimensión pascual no pueden comprenderse las celebraciones de la comunidad primitiva. La celebración eucarística fue creciendo a partir de estas tres raíces fundamentales íntimamente ligadas entre sí: la última cena, su pre-historia constituida por las comidas comunitarias con el Jesús terreno, y su post-historia constituida por las experiencias postpascuales.

La comensalidad del Jesús histórico

El simbolismo de la comida. La cena eucarística implica esencialmente el simbolismo de la vida compartida. La comida es fuente de vida, es lo que mantiene y fortalece nuestra vida. Por eso, compartir la misma comida es compartir la misma vida. La comida y la bebida son consideradas como realidades "sacramentales" en no pocas religiones. La experiencia cotidiana nos enseña que el hecho de sentarse a la misma mesa es vivido, en casi todas las culturas, como un gesto de participación amistosa.

El primer elemento que nos ilumina sobre el significado de la misa nos viene de las comidas de Jesús con las personas pecadoras, excluidas o hechas a un lado por el sistema religioso, político o social, el pueblo sencillo y pobre. El Reino de Dios (el proyecto de una sola familia entre todos los pueblos, grupos, géneros...) ocupa el centro del anuncio de Jesús. El lo anuncia con palabras y con signos. El símbolo más significativo que hace real la proximidad y ternura de Dios con la humanidad es la comida familiar. Para Jesús lo importante no es la observancia de los rituales religiosos, sino la solidaridad con las personas despreciadas. "Cuando des un banquete invita a las personas pobres, lisiadas, cojas y ciegas; y dichoso tú entonces porque no pueden pagarte; te pagarán cuando resuciten los justos" (Lc 14, 13-14).

La comensalidad abierta de Jesús creaba las condiciones de posibilidad para el paso que dará Pedro en el episodio clave en casa de Cornelio (Hech 10, 1-11, 18) de compartir la mesa (y la comunidad por tanto) con la gente impura pagana. La comunidad cristiana adquiere un carácter inclusivo, como fuerza de integración social, como un sistema abierto con capacidad de acoger lo diverso; reúne a personas de las más dispares procedencias étnicas y sociales; con ello, en la comunidad cristiana se prefigura un nuevo tipo de relaciones sociales.

Por otra parte, la entrega martirial de Jesús se anuncia, en los relatos eucarísticos, como realizada "por muchas personas" o "por la vida del mundo". Esto quiere decir que la Iglesia sólo puede celebrar la eucaristía permaneciendo abierta a todas las personas, con la conciencia de su vocación misionera.

La comensalidad de Jesús con las personas pecadoras muestra, por otra parte, el carácter anticipador, gratuito y sorprendente del amor de Dios; significa la acogida y, el perdón de Dios. Del mismo modo, el hecho de que el Señor resucitado comparta la mesa con los discípulos/as que antes le habían abandonado quiere indicar que éstos/as, a pesar de todo, son readmitidos/as a su mesa, en calidad de invitados/as; se trata, en definitiva, de un signo visible del perdón.

Durante muchos siglos, la comunidad cristiana ha visto en la eucaristía el sacramento del perdón. Muchas generaciones de creyentes, entre ellas la de los grandes Padres de la Iglesia de los siglos IV-V, no se han servido jamás del sacramento específico de la penitencia y han vivido la dimensión reconciliadora del misterio cristiano por medio de su sacramento primigenio y fundamental, la eucaristía. No es impensable que en nuestros días haya un reencuentro con esta tradición de los siglos primeros.

La comunidad cristiana se constituye en la celebración de la eucaristía como cuerpo de Cristo. La eucaristía consiste esencialmente en poner en práctica del amor mutuo, en el servicio y disponibilidad ante las demás personas. "El cáliz de bendición que bendecimos ¿no es acaso participación en la sangre de Cristo? Y el pan que partimos ¿no es acaso participación del cuerpo de Cristo? Pues si el pan es uno solo y todos compartimos ese único pan, todos formamos un solo cuerpo" (1 Cor 10, 16-17).

Las personas creyentes deben adoptar en la comunidad el mismo comportamiento que los miembros en el cuerpo humano: todos son distintos, cada persona ocupa su puesto y tiene su función propia, pero todos están al servicio de todos. La organización de los miembros de la comunidad se orienta al servicio común, a la fidelidad y al amor (Flp 4, 1).

La comunidad cristiana lleva hasta las últimas consecuencias lo que representaba el símbolo de la comida compartida: la experiencia de comunión les llevó a poner en común lo que cada uno poseía. Solemos distinguir entre el espacio sagrado y el espacio profano. La celebración específicamente cristiana, la eucaristía, no está vinculada al espacio sagrado y a los rituales, sino al espacio profano. La celebración eucarística es un símbolo comunitario. Lucas dice "Los creyentes vivían todos unidos, y tenían todo en común" (Hech 2, 44); "en el grupo de los creyentes todos pensaban y sentían lo mismo, lo poseían todo en común y nadie consideraba suyo nada de lo que tenían" (Hech 4, 32). La comunidad cristiana empleaba la misma palabra "koinonía" (comunión) para designar la eucaristía y la comunidad de bienes. Para ella las dos realidades estaban íntimamente unidas.

La eucaristía se hace imposible al no compartir. En 1 Cor 11, 17-34, Pablo amonesta a la comunidad a causa del desorden que se observaba cuando se reunían para celebrar la eucaristía. La división que existía entre los cristianos/as se manifestaba también en sus asambleas, pues, mientras los ricos/as comían y bebían hasta emborracharse, las personas pobres pasaban hambre (1 Cor 11, 21). En la comunidad de Corinto había, pues, ricos y pobres, gente que tenía de sobra y gente que no tenía ni lo indispensable. Todos se reunían para celebrar la eucaristía. Pero, Pablo les advierte que en esas circunstancias la eucaristía se hace imposible (1 Cor 11, 20), que eso ya no es celebrar la "la cena del Señor". La unidad real entre los miembros de la comunidad es constitutivo esencial de la celebración eucarística.

4. "Hagan esto en memoria mía"

Eucaristía, última cena y muerte de Cristo

La Cena singular que tiene lugar en Jerusalén al final de la vida de Jesús, "la víspera de su pasión", tiene una gran importancia para entender la eucaristía. La comida de la última Cena tiene unos rasgos propios y únicos que la distinguen de todas las anteriores. Para subrayar su relación con la eucaristía, la tradición considera la Ultima Cena como la cena de la institución eucarística. Estos rasgos son: las palabras de Jesús que relacionan explícita y formalmente el pan y el vino con su persona, con su cuerpo y con su sangre; y el mandato del Señor de repetir esa comida desde ese momento en adelante: "Hagan esto en memoria mía".

Tradicionalmente se consideran como fuentes cuatro pasajes del Nuevo Testamento: tres de ellos pertenecen a los sinópticos: Mt 26, 26-30; Mc 14, 22; Lc 22, 15-20; y el cuarto se halla en 1 Cor 11, 23-25. Son textos no semejantes entre sí; y ninguno es igual a otro, todos tienen sus variantes, sus peculiaridades. ¿Realmente pudo Jesús decir a sus discípulos que bebieran su sangre? ¿Es esto imaginable en un ambiente judío que prohibía rigurosamente beber cualquier tipo de esta sustancia, incluida la de un animal? ¿No sonaría a blasfemia? (Recuérdese Gén 9, 4-6; Lev 17, 10-14). Estas palabras, tan explícitas, de beber la sangre de Jesús sólo se hallan en la versión de Mateo (26, 27-28).

Tanto Marcos como Lucas y Pablo las evitan cuidadosamente. Igualmente ni Lucas ni Pablo equiparan el vino y la sangre. No predican una identidad directa entre ambas realidades sino entre el cáliz (con su contenido) y la alianza (1 Cor 11, 25). Lucas incluso suprime el verbo copulativo "es". Siguiendo el modo arameo, yuxtapone ambos términos, con lo que viene a decir: "Este cáliz (y su contenido) es signo de la alianza en mi sangre" (Lc 22, 20).

Paralelamente las palabras "comed, esto es mi cuerpo" sólo están en Mateo (Mt 26, 26). Las otras tres fuentes suprimen el termino "comed", ¿por miedo a un malentendido de excesivo realismo, quizá algo antropofágico? Entonces ¿Que sucedió en realidad?, ¿qué hizo y qué dijo Jesús?

Para hallar una respuesta adecuada a estos interrogantes conviene distinguir los elementos que encontramos en todas estas perícopas sobre la institución: 1) Un relato que, a modo de marco general, encuadra el conjunto. 2) La alusión a una plegaria que dice Jesús. Es la oración de bendición o beraká. 3) Unas palabras interpretativas de Jesús que relacionan explícitamente el pan y el vino con su cuerpo y su sangre. 4) El mandato de Jesús de repetir su gesto: "Hagan esto en memoria mía". 5) La llamada profecía escatológica: "Ya no volveré a beber del fruto de la vid hasta que lo beba de nuevo en el reino de Dios". 6) Una catequesis de Jesús sobre diversas cuestiones relacionadas con la cena. 7) Una referencia al Espíritu que impulsa a hacer memoria y a actualizar la persona de Jesús.

Estos siete elementos no aparecen juntos en ninguna de las fuentes enumeradas. A lo largo del tiempo evolucionó la interpretación atribuida a estos siete elementos que componen el contenido de las tradiciones más antiguas sobre la eucaristía. Se ha ido dando más importancia a un elemento que a otro. El cambio principal fue el relieve que adquirieron las llamadas "palabras interpretativas" de Jesús respecto del pan y del vino. Se las empezó a considerar palabras consagratorias (en el misal actual, este momento, no se llama más consagración). Y parece que tal evolución estuvo muy relacionada con el énfasis que fue adquiriendo la cuestión de la "presencia real" de Cristo en el pan y en el vino. Se trata de dos hechos paralelos muy conectados ente sí y que acaecen en la temprana Edad media. Las consecuencias son de mucho peso. Estas palabras de Jesús empiezan a aislarse del relato de la institución y del conjunto de la plegaria eucarística en detrimento de los otros elementos que la rodean. Parece que esas palabras son lo único que cuenta y todo lo demás queda reducido a un mero añadido; así el conjunto queda empobrecido.

Antes del s. XII no era comúnmente aceptada la doctrina de la consagración y la transustanciación a través de las llamadas "palabras de la institución". Fue el concilio de Florencia el que impuso a los Armenios la tesis de santo Tomás de Aquino, el cual, siguiendo la filosofía aristotélica sobre la materia y la forma, enseñó que la forma de la eucaristía viene dada a través de las palabras interpretativas de Jesús pronunciadas por el sacerdote in persona Christi. Tal enseñanza formal nunca ha sido declarada dogma ni fue recogida por el concilio de Trento aunque algunos la han considerado como tal.

El recuerdo permanente de la última cena aporta el testimonio de que el Resucitado es el Crucificado, el que ha entregado la vida por las demás personas, el que ha concebido y enseñado la existencia como pro-existencia. La comensalidad con el Resucitado impone (al creyente individual y a la comunidad cristiana) un "nuevo estilo" de vivir en el mundo (Hch 5, 20).

La celebración festiva de la resurrecíron y de la entrada de la escatología en la historia por medio de los signos eucarísticos no es posible sino anunciando "la muere del Señor hasta que venga" (1 Cor 11, 16). De este modo, la eucaristía como signo escatológico de la muerte se convierte en matriz de la existencia cristiana, de la constitución interna de la Iglesia y de su presencia en el mundo. La memoria de la pasión, proclamada en cada celebración eucarística, es como un aguijón permanente en la carne de la Iglesia; el memorial del sufrimiento de Jesús debe conducirla a deletrear la historia de la pasión de la humanidad, la historia del pueblo crucificado, la anti-historia de las personas vencidas, de las condenadas de la tierra.

Si es verdad que la Iglesia hace la eucaristía, no es menos cierto que la eucaristía hace a la Iglesia; la convivialidad eucarística marca el camino de las relaciones internas en la Iglesia, ya que la eclesiología es antes eucarística que institucional. Todos los signos de la Iglesia deben estar referidos a este doble polo de tensión, muerte y resurrección, constitutivo interno de la anámnesis eucarística. Las misas tradicionales olvidaban la resurrección centrándose en la muerte de Cristo; las eucaristías de ciertas comunidades de nuestros días, sensibilizadas al compromiso socio-político de las personas creyentes, tienden a olvidar la dimensión de gratuidad, de esperanza, de resurrección, para volcarse en la "memoria de la pasión" leída en la historia concreta. Otros grupos cristianos, de corte carismático, tienen el peligro de vivir la vertiente de resurrección de la eucaristía desatendiendo las tareas históricas. En todas las situaciones, el signo escatológico de la muerte que es la eucaristía, aceptado en su doble polaridad, debe actuar como principio de crítica y de discernimiento.

El memorial, es la celebración conmemorativa de un acontecimiento salvífico del pasado que se hace presente a la comunidad celebrante, que así participa en el acontecimiento y en la salvación que el acontecimiento anuncia. El memorial no es mero recuerdo, sino que es la actualización de un acontecimiento pasado.

El texto más importante del Antiguo Testamento sobre el "memorial" es Éx 13, 3-9. Ese texto se refiere a la pascua judía, a la salida de Egipto. El memorial es una celebración cultual, la celebración de la pascua, que suscita en cada israelita la memoria de lo que Yavé ha hecho por él/ella, al sacarlo de la esclavitud, de manera que la virtualidad y los efectos del acontecimiento pasado se hacen presentes y actuales. La Mishna comenta así: "Cada uno está obligado a considerarse, de generación en generación, como si él mismo hubiera salido de Egipto". Hay una relación profunda entre memorial y liberación.

"Después tomó pan, dio gracias, lo partió y lo dio a sus discípulos diciendo: Esto es mi cuerpo, que se entrega por ustedes, hagan esto en memoria mía" (Lc 22, 19). Hacemos memoria de Jesús cuando como él entregamos nuestro cuerpo y nuestra sangre para la vida del mundo. El evangelio de Juan lo expresa así: "Les doy un mandamiento nuevo: ámense los unos a los otros. Como yo los he amado, así también ámense los unos a los otros. Por el amor que se tengan los unos a los otros reconocerán todos que son discípulos míos" (Jn 13, 34-35). Para el evangelio de Juan lo fundamental de la eucaristía es la experiencia que se expresa en el símbolo. Esa experiencia es el amor a las demás personas, así como Jesús se entregó hasta dar la propia vida.

El memorial es un acontecimiento público: "Así pues, siempre que coman de este pan y beban de este cáliz, anuncian la muerte del Señor hasta que él venga" (1 Cor 11, 26). El imperativo "proclamar" (kataggelein) es un término técnico en el NT, usado en relación con la proclamación misional del Evangelio. En su concepción profana, para los griegos, el verbo significaba anunciar pública y solemnemente un acontecimiento pasado, de forma tal que mediante este anuncio el acontecimiento se hacía presente y adquiría fuerza y valor para el público al que iba dirigido. Por lo tanto, para Pablo, la "memoria" se hace "proclamación" de la muerte y resurrección de Jesús. Cuanto la gente nos ven actuar "amando" como Jesús dirán: Jesús sigue vivo hoy.

El relato de la eucaristía está construido en expresa relación al acontecimiento de la pascua judía. En la tradición judía de la cena pascual se destacaba la idea de la solidaridad con las personas pobres y desgraciadas, hasta el punto de que se llamaba el "pan de las personas pobres" o también el "pan de la misericordia". Eso era lo que se compartía en aquella cena. Será en nuestro trato y compromiso con las personas pobres donde el memorial se hará más transparente.

Eucaristía y resurrección

Tanto en la tradición de Lucas, como en la de Juan, existe una relación muy estrecha entre las apariciones del Resucitado y las comidas comunitarias que los discípulos/as celebraban después de pascua. Estas comidas enlazan con las comidas previas a la pascua que encuentran su punto culminante en la última cena.

Según los relatos de apariciones, no es Jesús quien reúne a sus discípulos/as, sino que la aparición del Señor se produce estando ellos/as reunidos/as previamente. La comunidad de discípulos/as había continuado las comidas comunitarias, a las que Jesús les había acostumbrado. En tales ocasiones el recuerdo experiencial de las comidas con el Jesús terreno (anuncio y presencia del reino de Dios) y, sobre todo, la evocación de la última cena (junto con la experiencia de la muerte de Jesús) cobraban una densidad nueva, hasta convertirse en la experiencia viva de una presencia absolutamente original, pero muy real, del propio Señor. La comida comunitaria, no sólo fue el marco en que tuvieron lugar una serie de apariciones, sino el elemento decisivo que proporcionaba la experiencia del Resucitado. La comida comunitaria fue el signo decisivo de su nueva presencia. En conexión profunda con estas automanifestaciones del Señor resucitado es como se fue desarrollando, poco a poco, la celebración eucarística de las comunidades primitivas. Las apariciones son ilustraciones de su presencia invisible, indicios que confirman su presencia permanente. La celebración eucarística se manifiesta como una prolongación, en el tiempo de la Iglesia, de las apariciones pascuales: el lugar privilegiado donde las personas creyentes realizamos, en la fe, la experiencia del Resucitado.

La expresión "cena del Señor" hace patente la conexión interna entre la eucaristía y la resurrección del Señor, entre la eucaristía y la presencia actual, viva y transformadora, del Señor resucitado. Este dato fundamental ha sido ignorado por generaciones enteras; el olvido de esta correlación básica eucaristía-resurrección ha marcado la espiritualidad occidental del segundo milenio y ha enrarecido la vivencia popular de la misa. El dolorismo teológico alimentado unilateralmente en la muerte sacrificial de Cristo en la cruz, las interpretaciones ultrarrealistas de la presencia eucarística en la edad media con su variopinta gama de milagros (el Niño Jesús que aparece en la Hostia, hostias que sangran, etc.) y, por fin, sus variantes sentimentales y moralizantes del siglo pasado (el "prisionero divino del sagrario", al que debemos consolar en su soledad) tienen un denominador común: el desconocimiento de esta clave de la resurrección.

La cena del Señor es el don gratuito del Kyrios resucitado que nos sale al encuentro como a los discípulos de Emaús, nos invita a su mesa, nos perdona, nos despierta el entendimiento, nos abre los ojos del corazón y nos invita a su comunión. Hoy y aquí la cena del Señor nos pone en contacto con el Señor resucitado, nos hace partícipes de su nueva vida, de la nueva creación.

El misterio eucarístico como anticipación de la vida escatológica invita a la alegría, convoca a la fiesta. El acontecimiento fundamental constitutivo de la nueva comunidad, Iglesia, fue la visión del Resucitado. La eucaristía debe entenderse como una "forma permanente de la aparición pascual", y por eso, además de una teología de la palabra justamente valorada y promocionada, hay que dar lugar a una teología de la liturgia donde la belleza conjugada de la luz, el color, la música y todas las demás formas expresivas intenten transparentar la presencia viva y actual del Señor resucitado en medio de la asamblea creyente.

El domingo celebramos la eucaristía

Haciendo memoria de Jesús, la primera comunidad cristiana comenzó a celebrar la fracción del pan el primer día de la semana. Había lecturas, cánticos, oraciones, discursos, partición del pan para distribuirlo y comerlo, y una comida fraternal.

Hoy, los cristianos/as también nos reunimos el día domingo, como miembros de un pueblo. Es un encuentro con Jesús resucitado, en el que hacemos memoria de él, de su vida, de su proyecto y nos comprometemos con él.

Es un encuentro de fe. Solamente quien renace en el Espíritu de Jesús (comunidad cristiana sacramento de Jesús) puede reconocer su presencia y vivir su entrega en el signo de la comunidad, de la palabra, del pan y del vino. La eucaristía expresa y contiene la totalidad de la fe. Por medio de la Iglesia, la eucaristía se presenta en el mundo como el verdadero centro de unidad y la potencia transformante del misterio pascual de Cristo. La eucaristía lleva escondida en sí misma la vocación del mundo y señala su destino. El mundo lleva en sí la huella de Cristo, y su destino futuro consiste en ser asumido por Cristo para el Reino. La Iglesia se pone al servicio del mundo, y la eucaristía opera en el corazón del mundo.

Síntesis

- El bautismo es la celebración de mi encuentro con Jesús resucitado, que da sentido pleno a mi vida. Por él entro en el misterio de Dios, me llena de su Espíritu hasta enamorarme de él: ya no soy yo el que vive, es Cristo quién vive en mí. Y Dios me introduce en el misterio de su comunidad, la Iglesia, y en el misterio de la historia. Me llena de su Espíritu en la confirmación y me habilita para la misión de construir el Reino.

- El fundamento de la Eucaristía y de la Iglesia está puesto en tres pilares: las comidas solidarias de Jesús con las personas pecadoras, pobres y excluidas; la última cena, memorial de toda una vida entregada por amor; y las comidas de la comunidad con el Señor resucitado.

- La eucaristía es signo del proyecto del Padre y momento constitutivo de la comunidad cristiana y del mundo. Jesús resucitado reúne a su comunidad, la Iglesia, su cuerpo; se da por su Palabra, por su cuerpo y por su sangre; hace a sus hermanos/as siempre más hermanos/as e hijos/as, les va haciendo familia; impulsa el sentido de su vida hasta su realización máxima: la entrega de la propia vida a las demás personas hasta el sacrificio; entrega al proyecto del Padre en una historia de salvación; impulsa la historia hacia su meta final: la fraternidad universal.

- La eucaristía es "memorial" y la comunidad se transforma en memoria histórica: anunciamos su muerte, proclamamos su resurrección hasta que vuelva. Hacemos memoria de Jesús cuando, como él, nos entregamos para que el mundo viva.

- La celebración dominical de la eucaristía marca el ritmo del caminar del Resucitado con la comunidad cristiana y con toda la humanidad.

Tarea

1. El bautismo es algo dinámico, no puntual y estático. Describe tu experiencia de Cristo resucitado, describe el momento en que él empezó a ser el sentido de tu vida.
2. Fuiste ungido para la misión, anunciar a las personas pobres la Buena Nueva. ¿Cómo sientes que esta tarea es el camino para que seas profundamente tú mismo y para que seas feliz?
3. Describe lo que tienen el común y las diferencias entres las tres comidas de Jesús: con las personas pobres y excluidas, la última cena y las comidas con la comunidad como resucitado.
4. ¿Por qué se dice que la eucaristía es "memorial"? Explica lo que significa memorial y explica cuándo tu vida hace "memoria" de Jesús.

Notas

_____
_____
_____
_____
_____
_____

TEMA 12

Reconciliación, unción de las personas enfermas, orden y matrimonio

Los sacramentos de curación
1. El sacramento de la penitencia y reconciliación
2. La unción de las personas enfermas

Los sacramentos al servicio de la comunidad
1. El sacramento del matrimonio
2. El sacramento del orden (sacerdocio ministerial)

"Por los sacramentos de la iniciación cristiana, la persona recibe la vida nueva de Cristo. Ahora bien, llevamos esta vida en "vasos de barro" (2 Cor 4, 7). Actualmente está todavía escondida con Cristo en Dios" (Col 3, 3). Nos hallamos aún en "nuestra morada terrena" (2 Cor 5, 1), sometida al sufrimiento, a la enfermedad y a la muerte. Esta vida nueva de hijo/a de Dios puede ser debilitada e incluso perdida por el pecado".

"El Señor Jesucristo, médico de nuestras almas y de nuestros cuerpos, que perdonó los pecados al paralítico y le devolvió la salud del cuerpo (Mc 2, 1-12), quiso que su Iglesia continuase, con la fuerza del Espíritu Santo, su obra de sanación y de salvación, incluso en sus propios miembros. Esta es la finalidad de los dos sacramentos de sanación: del sacramento de la penitencia y de la unción de los enfermos". (CCE 1420-21)

1. El sacramento de la penitencia y reconciliación

Nuestra gente, el pecado y la confesión

La confesión está en crisis. Se ha perdido o al menos la conciencia de pecado ha cambiado; en la celebración actual se da más importancia al alivio que al rito de absolución y que al proceso de conversión. Se olvidan otras formas de alcanzar el

perdón fuera de la confesión. La crisis se plantea a nivel de contenidos: sobre pecado, culpa, conversión y posibilidad de perdón en la Iglesia.

Hay una situación cultural profundamente insensible al anuncio evangélico de la conversión y de la penitencia. En el fondo de todo esto está el radical viraje de la cultura moderna: desde una civilización donde el horizonte de la propia vida y de la comprensión del mundo era Dios Creador y Señor, a la civilización caracterizada por una percepción solamente científica, técnica y antropológica. En la práctica, Dios se ha hecho ausente, inútil e incluso competidor del ser humano, que pretende ser el único dueño de su destino, de sus opciones y de su comportamiento.

La pérdida del sentido de Dios trae consigo la pérdida del sentido del pecado como ofensa hecha a Dios, y del sentido de la responsabilidad respecto a la voluntad concreta de Dios o de su proyecto.

Hoy se puede observar el crecimiento del sentido de lo humano. Este fenómeno manifiesta la tendencia a ver el pecado como una ofensa a la persona y a resaltar solamente su dimensión humana y social. La carrera hacia el bienestar donde lo importante es estar bien, llegar a tener la mayor cantidad posible de bienes para el uso y consumo propio da razón al activismo. Hoy se pone afán en liberarse de todo yugo para alcanzar la felicidad.

En este contexto ¿qué significa la predicación cristiana de la penitencia, de la conversión a Dios o de la mortificación evangélica? Se está dejando el confesionario, y mucha gente manifiesta sus dudas, sus incertidumbres, sus angustias a otros confesores laicos dispuestos a dar consejos y liberar de los diversos sentimientos de culpa. No solamente se recurre al psicólogo/a o al psiquiatra, se buscan guías espirituales de otras religiones, brujos y horóscopos para orientar la propia existencia.

El hispano que vive en las grandes ciudades de Estados Unidos entra fácilmente en crisis y confusión. Dejarse llevar por la tentación de abandonarlo todo es más frecuente que la capacidad de salvar los valores de reconciliación y se pierden los propios de su cultura.

La reconciliación y el perdón en la Biblia

Todas las culturas y religiones han tenido la convicción de que hay acciones malas, pecados, que ofenden a Dios, hieren a los hermanos/as y nos dañan a nosotros/as mismos/as en lo profundo de nuestro corazón. En nuestra vida diaria nos encontramos con frecuencia en situaciones donde aparece el mal, el pecado. Por él rompemos las relaciones con Dios y con nuestros hermanos/as. Todos los seres humanos tenemos la experiencia de estar divididos entre el bien y el mal, de elegir muchas veces el mal en vez del bien. Y esto, tanto a nivel individual como social. El pecado forma parte de la realidad de nuestra vida diaria, de nuestras estructuras individuales y sociales, de nuestras relaciones personales y comunitarias. El pecado tiene siempre algo de rebelión, consciente o no. El ser humano se rebela contra su propia condición. No quiere ser verdaderamente humano. Trata de definirse prescindiendo de su padre Dios. Quiere independizarse y renunciar a su vocación de persona; vivir al margen de la historia. El pecado no se localiza en un lugar determinado, sino que afecta en lo más profundo al ser mismo de la persona y, por lo tanto, repercute en toda ella y en sus relaciones con las demás personas. Por eso, todas las religiones tienen ritos de purificación, de expiación, y liturgias penitenciales.

Israel también tuvo conciencia de su pecado, que se resumía en la idolatría: confiar en los ídolos de oro (Éx 32) en vez de confiar en Dios. Confiar y adorar el dinero, el poder, el sexo, en vez de servir al Señor Yahvé, también era idolatría.

Los primeros relatos del Génesis nos hablan de una historia de pecado e infidelidad del pueblo y de sus jefes. Los profetas denuncian con fuerza el pecado del pueblo y el castigo que todo pecado lleva consigo. El exilio de Israel es interpretado como consecuencia de haber abandonado a Dios: pecar es caer en la esclavitud.

Pero en Israel la denuncia del pecado va acompañada del anuncio del perdón, si el pueblo se arrepiente. La última palabra de Dios no es su cólera, sino su misericordia.

Dios protege a Caín (Gn 4, 9-16), hace una alianza con Noé después del diluvio (Gn 8, 20-22) y elige a Abraham después de la dispersión de Babel (Gn 12). El profeta Natán, que acusa a David de adulterio y homicidio, le anuncia el perdón de Dios, una vez que el rey ha confesado su pecado (2 Sam 11), pues Dios no quiere la muerte de la persona que peca, sino su conversión y su vida (Ez 18, 32).

Por eso, todo el Antiguo Testamento está lleno de liturgias penitenciales y de ritos de purificación: el día de la expiación con la expulsión de un macho cabrío al desierto (Lev 16), la penitencia de Nínive motivada por la predicación de Jonás (Jon 3), la invitación a la penitencia de Joel (Jl 1), la gran liturgia penitencial de los desterrados (Ba 1-3), la ceremonia expiatoria al regreso del exilio (Ne 9).

En Jesús se da la plena revelación y realización del amor de Dios que amando reconcilia y perdona. Él lleva a plenitud la relación del ser humano con Dios: es el "Hijo". Y lleva a plenitud la relación del ser humano consigo mismo y con las demás personas; supo ser fiel a esta dimensión hasta el extremo, hasta dar su vida: es el "hermano". Pecado es no vivir las relaciones de amor con Dios y con las demás personas. Dándonos su Espíritu nos habilita a ser hijo/as y hermanos/as, y así perdona nuestros pecados. Así nos ha reconciliado con el Padre (Hb 3-7). Jesús comienza para la humanidad una nueva era: la posibilidad de volver a la comunión con nosotros/as mismos/as, con las demás personas, con el Padre y con el universo.

Jesús instaura esta nueva era de "relaciones humanas desde la gratuidad": come con las personas pecadoras (Lc 15, 1-2), perdona pecados (al paralítico Mc 2, 12; a Zaqueo, Lc 19, 1-10; a la pecadora que le unge los pies, Lc 7, 36-50; a la mujer adúltera, Jn 8, 1-11) y revela la misericordia de Dios sirviéndose de las grandes parábolas de la misericordia. En la parábola llamada del hijo pródigo, Jesús manifiesta como Dios desafía al ser humano: él con un amor que perdona y re-crea, y el hermano mayor que no acepta comer a la mesa con su hermano. Además, Dios nos ofrece la posibilidad de vivir con su capacidad de amar (Lc 15, 11-31). Esta postura de Jesús escandaliza a los fariseos (Mc 2, 6-7; Lc 15, 1-2) que no comprenden que Dios no quiere sacrificios, sino misericordia (Mt 9, 13; Os 6, 6).

Jesús quiere que sus discípulos se perdonen mutuamente (Mt 18, 21-22) y en la parábola de los dos deudores critica duramente al siervo sin entrañas que fue perdonado por su amo y no supo perdonar a su compañero (Mt 18, 23-34). En el Padrenuestro, el perdón fraterno es condición del perdón divino (Mt 6, 12; Lc 11). Jesús muere venciendo el pecado y perdonando. Desde la cruz Jesús nos da su Espíritu, que es Espíritu de amor. El perdón es la otra cara del amor. Capacita a la comunidad para ser sacramento de su amor y de su perdón: "Reciban el Espíritu santo. A quienes les perdonen los pecados, Dios se los perdonará; y a quienes se los retengan, Dios se los retendrá" (Jn 20, 22).

Al principio muchos cristianos y cristianas creyeron que después del bautismo ya no volverían a pecar. Pero la Iglesia primitiva es testigo de graves pecados de cristianos y cristianas: el de Ananías y Safira (Hech 5, 1-11), el del incestuoso de Corinto (1 Cor 5). Otras personas más rígidas creían que a las pecadoras habría que expulsarlas definitivamente de la comunidad eclesial.

La comunidad cristiana hizo la experiencia que, por la presencia viva de Cristo resucitado en medio de ellos, la comunidad tenía capacidad de perdonar. Experimentaron que eran pueblo de salvación. El Vaticano II dirá: la Iglesia es sacramento de salvación.

En la Iglesia primitiva existía la institución llamada "penitencia pública". Por ella, quienes habían cometido pecados graves (idolatría, homicidio, adulterio) eran apartados temporalmente de la comunidad y de la eucaristía (eran ex-comulgados), debían hacer penitencia pública durante toda la cuaresma, para ser reconciliados con la Iglesia el Jueves Santo y participar de la comunión en la Pascua. Esta forma sacramental era muy dura y sólo se podía recibir una vez en la vida.

En la Edad Media, la Iglesia comenzó otro camino penitencial, la confesión privada o individual del pecado, hecha en secreto al sacerdote, quien imponía una penitencia, no tan dura como antes, y daba la absolución. Además se podía acudir a este sacramento cuantas veces fuese necesario. Este sistema se reguló de forma definitiva con el concilio de Trento: el penitente, como un reo, acudía al tribunal de la penitencia, donde el sacerdote, como juez, escuchaba la confesión detallada de los pecados, le absolvía en nombre del Señor, y le imponía una penitencia. Este estilo permanece todavía en muchas partes hasta nuestros días.

El Vaticano II volvió al sentido evangélico del perdón gratuito, subrayando más el re-encuentro con el Padre y con la comunidad que el aspecto de tribunal. Además, el aspecto comunitario de la re-conciliación vuelve a tomar su lugar.

Aunque el nombre "reconciliación" aplicado a la penitencia ha sido una constante a lo largo de la historia, sólo a partir del Vaticano II se le ha considerado de tal modo que implica una estructura renovada de la penitencia: "estructura de reconciliación". Cristo, reconciliador, ha encomendado a su Iglesia el "misterio de la reconciliación" (Rom 5, 10ss; 2 Cor 5, 15-18; Col 1, 19-22). El término destaca la verdad del sacramento como encuentro, como diálogo interpersonal, como alteridad y comunión, como renovación relacional con Dios, con las demás personas, consigo mismo/a y con el mundo. En la palabra reconciliación subyace la palabra griega metánoia. Esto expresa el acto de arrepentirse, hacer penitencia, convertirse, cambiar de idea, cambiar de sentimientos. Para Jesús la palabra metánoia define el mismo ser cristiano, indica una necesidad radical y un cambio de toda la persona. El pecado marca una ruptura, una desviación. La necesidad de reconciliarse con la comunidad y con Dios es evidente: es el restablecimiento de nuevas relaciones, las ya naturales. Aquí está la esencia de la reconciliación.

La reconciliación es posible sólo si Dios la prepara: "les daré un corazón nuevo e infundiré en ellos un espíritu nuevo" (Ez 11, 19-20). "Pondré mi ley en su interior, la escribiré en su corazón, y yo seré su Dios y ellos serán mi pueblo" (Jer 31, 33).

Efectos de la reconciliación. La acción reconciliadora de Dios "crea una nueva criatura" (2 Cor 5, 17), porque la reconciliación implica una renovación completa y coincide con la justificación (Rom 5, 9-10) y la santificación (Col 1, 21-22). Cristo es nuestra paz por habernos reconciliado con Dios en un único cuerpo "por medio de la cruz, destruyendo en sí mismo la enemistad..., por él tenemos acceso al Padre en un mismo Espíritu" (Ef 2, 14-18).

El misterio de la reconciliación. La reconciliación ya ha sido realizada por Dios; pero por parte de la humanidad –la reconciliación universal- prosigue hasta la parusía. Pablo escribe que la "pérdida" de los judíos "ha servido para la reconciliación del mundo" (Rom 11, 15) y que "Dios por medio de Cristo, estaba reconciliando al mundo" (2 Cor 5, 19). "En él quiso el Padre que habitase toda plenitud, quiso también por medio de él reconciliar consigo todas las cosas, tanto las de la tierra como las del cielo, pacificándolas por la sangre de su cruz" (Col 1, 19-20). También el mundo material es solidario de la humanidad en la reconciliación como lo fue en su caída.

La cuaresma: momento colectivo de reconciliación

La Iglesia primitiva hizo de la preparación a la Pascua un momento colectivo de reconciliación y de perdón, que se manifestaba en ayunos, limosnas, oración y gestos de reconciliación. Se iniciaba con el rito de la ceniza, el miércoles de la semana precedente a la cuaresma con el propósito que fueran exactamente cuarenta días de ayuno. El rito de reconciliación de los/las penitentes (absolución colectiva del pueblo entero; peregrinaciones penitenciales) generalmente tenía lugar el Viernes Santo en la Iglesia hispana.

En la época postridentina, la cuaresma se fue llenando de ritos y gestos penitenciales, que hacen de ella como el "gran sacramento" espaciado de reconciliación para la comunidad entera: la misa, los ayunos y abstinencias, la limosna y la caridad, las privaciones y sacrificios voluntarios, la oración más intensa, las predicaciones y ejercicios espirituales, los retiros y misiones populares, las peregrinaciones, los vía crucis, las procesiones, la confesión y comunión anual....

Hoy en día se destacan los elementos de solidaridad y participación, se prodigan las celebraciones comunitarias, se destaca la incidencia y los compromisos sociales que la penitencia comporta: las vigilias, las jornadas de solidaridad, los procesos bautismales, las pascuas juveniles.

Compromiso de reconciliación en la vida social

La reconciliación sacramental no sucede por encima ni al margen de la historia, sino dentro de una historia marcada por el rompimiento de la convivialidad y la conflictividad. Vivimos en un mundo desgarrado y dividido: entre el hambre y la abundancia, las personas explotadoras y las explotadas, las pobres y las ricas, las poderosas y las débiles, las sabias y las ignorantes, las del Norte y las del Sur....Ésta división e irreconciliabilidad es producida fundamentalmente por la injusticia, la confrontación de intereses, el conflicto de las ideologías, la utilización discriminada e injusta de medios y tecnología, la lucha por la hegemonía y el poder. Todo esto conduce a la negación de los derechos fundamentales de la persona humana, a las presiones contra la libertad, a las diversas discriminaciones, a la violencia y al terrorismo, la tortura y las formas injustas de represión, al armamentismo, a la distribución inicua de la riqueza.

La Iglesia se siente afectada, llamada y comprometida con la obra de reconciliación en su misión y en toda su actividad. Siendo reconciliada se siente en deuda con la reconciliación.

Cuando la Iglesia proclama la Buena Nueva de la reconciliación, realiza una acción profética, denunciando los males de la persona, señalando la raíz de las divisiones e infundiendo la esperanza de poder superar las tensiones y los conflictos para llegar a la fraternidad, a la concordia y a la paz a todos los niveles y en todos los sectores de la sociedad humana. El sacramento es un signo eficaz para la construcción de una vida personal, eclesial, social y política verdaderamente reconciliada. En el sacramento de la penitencia se celebran todas las reconciliaciones y liberaciones parciales de la historia, y por el mismo sacramento se nos impulsa para trabajar por una reconciliación nunca plenamente lograda.

La persona cristiana reconciliada debe sentirse como una "persona universal" que actúa en todas partes y en todas circunstancias, a favor de la justicia y de la paz.

En el sacramento de la reconciliación, la comunidad cristiana es sacramento de Jesús que reconcilia a la persona con ella misma, la comunidad, el mundo y el universo hasta alcanzar la plenitud de la comunión.

2. La unción de las personas enfermas

"Aquel que nos fortalece con ustedes en Cristo y nos da la unción es Cristo" (1 Cor 1, 21).

Para muchas personas, la unción de los enfermos es un sacramento de muerte, una especie de certificado anticipado de defunción, el aviso de que ya no hay remedio. Cuando el sacerdote va a la casa y la persona enferma lo ve, teme lo peor y comienza a pensar que su vida ha llegado ya al final. Por eso muchas personas temen llamar al sacerdote, para que la persona enferma no se asuste. O lo llaman, para que se muera ya.

En realidad, esta situación es fruto de una larga historia, que ha ido deteriorando el sentido original de este sacramento hasta convertirlo en "extremaunción". Por eso el Concilio Vaticano II ha vuelto a llamar a este sacramento "unción de los enfermos". No es un sacramento de muerte, sino de esperanza y de vida.

Sin los ojos de la fe, es difícil comprender la enfermedad, el dolor y el sufrimiento, que debemos aceptar como parte de nuestra limitación humana. La enfermedad es siempre un momento difícil en la vida. Además del sufrimiento y de la debilidad física, la persona enferma se siente postrada, separada de la vida normal, incomunicada de las demás, sola. A veces se añade la angustia del futuro. Cuando se trata de la vejez, a todo ello se suma el miedo a la muerte.

Por eso, la persona enferma, además de médicos y medicinas, necesita un alivio de otro tipo, un consuelo humano y espiritual. La sabiduría de los pueblos siempre vio que la enfermedad necesitaba no sólo de remedios, sino de otros ritos de salvación. Muchos pueblos ven la enfermedad también como un castigo de los pecados y creen que para la curación son necesarias la reconciliación y la penitencia por parte de la persona enferma.

Esto acontecía en Israel en tiempo de Jesús: se veía la enfermedad como castigo. Jesús reacciona contra ella (Jn 9, 2). La enfermedad es algo natural; se debe a la debilidad humana y a otras causas. Por eso Jesús tiene ante las personas enfermas una actitud de compasión y de acogida: las sana.

Los evangelios nos hablan de muchas curaciones de Jesús a todo tipo de personas enfermas: personas ciegas, paralíticas, leprosas, sordomudas....En la parábola del Buen Samaritano, Jesús dice que este hombre caritativo ungió con aceite en las heridas del hombre asaltado, con la intención de suavizar sus dolores. De hecho, sabemos que el aceite alivia, cura y da fuerza (Lc 10, 30-37).

Estas curaciones de Jesús eran una señal de que el Reino de Dios, que había llegado con él, es salud y vida, y de que Dios no quiere la muerte, sino la vida. Era una invitación a luchar contra toda forma de fatalismo y pasividad. Jesús lucha contra todo lo que amenaza la vida humana: la enfermedad y el hambre (Mc 6, 30-40), el legalismo (Mc 7, 20-23), la hipocresía religiosa (Mt 7, 21-23).

Jesús mismo envió a sus discípulos/as a anunciar el Reino y a curar a las personas enfermas (Lc 10, 9). Los discípulos/as predicaron, convirtieron a mucha gente, expulsaron demonios, ungieron con aceite a las personas enfermas y las curaban (Mc 6, 12-13). La salud recuperada es una de las señales del Reino (Mc 16, 17).

Después de la resurrección de Jesús, la Iglesia continuó curando personas enfermas. Los hechos de los apóstoles nos dan amplio testimonio de ello: la curación del paralítico que pedía limosna en el templo (Hch 3, 1-10), enfermos/as que se precipitaban sobre los apóstoles para ser curados/as (Hch 5, 12-16)....En este contexto se entiende el texto de la Carta de Santiago, que es el fundamento bíblico clásico para el sacramento de la unción:

"¿Está enfermo alguno de ustedes? Que llame a los presbíteros de la Iglesia para que oren sobre él y lo unjan con el óleo en el nombre del Señor. La oración hecha con fe salvará al enfermo; el Señor lo restablecerá, y le serán perdonados los pecados que hubiera cometido" (Sant 5, 14-15).

La persona enferma debe llamar a los presbíteros: se trata de algo no meramente privado sino de una ceremonia eclesial, comunitaria. Los ministros deben orar: como en todo sacramento, es la oración de la Iglesia la que constituye el núcleo del sacramento. Se habla de unción: el simbolismo del aceite sirve para expresar la salud del enfermo/a; no solo la salud física sino la salud integral, que es señal del Reino.

No es un rito mágico, ni una simple curación medicinal, sino un símbolo de la fe de la Iglesia que en el nombre del Señor pide la salud del cuerpo y del espíritu. Es un acto de fe en Jesús, Señor de la vida. El fruto del sacramento es la salud en sentido pleno.

Después de un tiempo, la comunidad cristiana comenzó a comprender esta bendición (unción con el óleo) como un sacramento. La "unción de las personas enfermas" era diferente de todas las demás unciones. Era un gesto de Cristo que seguía aliviando el dolor y estaba cerca del corazón atribulado para confortarlo con la esperanza y la fuerza de su presencia.

La "unción de las personas enfermas" es un momento especial de encuentro con el Señor Jesús, mediante un gesto visible: la bendición con el óleo. El obispo o el sacerdote son los ministros de este sacramento. Es importante que no sean sólo el ministro y la persona enferma quienes participen en la celebración. Si la celebración tiene lugar en la casa de la persona enferma, es bueno llamar, además de la familia, a las personas amigas. Cuando se celebra en el hospital, si las condiciones de la persona enferma lo permiten, deben igualmente participar en la celebración las otras personas enfermas, el equipo de pastoral de la salud y los familiares.

Formada la asamblea para la celebración, participen todos/as en las oraciones. Ha de seleccionarse el texto de la palabra de Dios de manera que ayude al enfermo/a a entender su enfermedad como "vida". La unción con el santo óleo ha de hacerse en un clima de alegría y esperanza, explicitando con claridad la unión a Cristo crucificado, pero poniendo también de relieve la victoria final del señor resucitado sobre el dolor y la muerte, y, su presencia operante en la celebración del sacramento.

Si es posible, celébrese la unción de las personas enfermas durante la misa. Entonces será más fácil que la persona enferma sienta la solidaridad y el apoyo de los hermanos/as en la fe. El tiempo oportuno para recibir el sacramento de la unción de las personas enfermas es cuando la persona está enferma de modo permanente, o ya está anciana, o está en peligro de muerte, o se va a someter a una operación.

El sacramento consiste en la unción de la persona enferma con óleo bendito en la frente y las manos, y en la oración que reza el sacerdote: "Por esta santa unción y por su bondadosa misericordia, te ayude el Señor con la gracia del Espíritu Santo. Amén. Para que libre de tus pecados, te conceda la salvación y te conforte en tu enfermedad. Amén".

Los sacramentos al servicio de la comunidad

Los sacramentos del matrimonio y del orden contribuyen a la propia salvación, pero esto lo hacen mediante el servicio que prestan a los demás. (CCE 1534)

"En estos sacramentos, los que fueron ya consagrados por el Bautismo y la Confirmación" (LG 10) para el sacerdocio común de todos los fieles, pueden recibir consagraciones particulares. Los que reciben el sacramento del orden son consagrados para "en el nombre de Cristo ser los pastores de la Iglesia con la palabra y con la gracia de Dios" (LG 11). Por su parte, "los cónyuges cristianos, son fortificados y consagrados para los deberes y dignidad de su estado por este sacramento especial" (GS 48, 2, CCE 1535).

La vida como vocación

La vida es una llamada. Dios nos llama a vivir. Y la llamada a la vida es una llamada a una misión. Cada persona está llamada, desde la profundidad de su ser, a ser feliz, y esto lo realiza plenamente sólo en hacerse hijo/a de Dios y hermano/a de las demás personas y poniendo todo nuestro ser en la realización del proyecto del Padre. En esta llamada general está comprendida la llamada específica y particular de cada cual. Es mi vocación personal.

Es muy frecuente relacionar el término vocación sólo con el estado de vida de quienes se consagran a Dios en el sacerdocio o en la profesión religiosa. El uso y la costumbre han generalizado este sentido restringido de la palabra. Tener vocación no es cosa sólo de privilegiados/as. Todos/as poseemos una vocación. Tenemos una llamada para una concreta realización personal en la sociedad, cumpliendo un cometido o función.

Es importante y decisivo descubrir y seguir la propia vocación. La vocación queda configurada como la forma o estado de vida, profesión y función social a la que la persona se siente llamada y para lo cual cuenta con suficientes cualidades. La persona se siente integrada y dispuesta para rendir frutos en abundancia, cuando ha logrado acertar con el puesto o profesión apropiada a sus características. La fidelidad a la propia vocación, significa fidelidad a sí mismo/a, es garantía de equilibrio interior y satisfacción personal; eso favorece decididamente una realización coherente, una convivencia enriquecedora y una continua aportación social

La reflexión personal proporcionará elementos de juicio para elegir bien, pero habrá que contar, asimismo, con el consejo y la orientación de otras personas.

Para ayudarnos a realizar nuestra vocación en la vida, se impone ejercitar el respeto máximo a la decisión de cada uno/a, después de aportar una sincera iluminación desde nuestro punto de vista. Hemos de favorecer y apoyar siempre a quien emprende, con ilusión, algo positivo en su vida.

3. El sacramento del matrimonio

Nos vamos a casar (Yo te acepto a ti como mi esposo, y yo a ti como mi esposa).

- Contexto cultural de los EU respecto de la vida, el amor y el matrimonio.

- ¿Qué significa para un hispano/a en este país, optar por un amor adulto y por la familia?

Esta sociedad ofrece diferentes maneras de entender la vida, el amor y la familia. La comunidad hispana se ve obligada a dialogar con diferentes culturas, con problemas sociales y religiosos nuevos. Ella misma vive una crisis de identidad y no sabe hacia dónde dirigirse. Dios y la religión ya no son los que dan sentido a su vida.

En los Estados Unidos muchas personas son partidarias del "matrimonio a prueba" o sencillamente de la unión libre, y sólo piden que se les deje seguir viviendo en armonía con su entorno.

Cuestiones que se le plantean a la Iglesia. A las declaraciones oficiales que recuerdan unos principios claros se les reprocha su carácter idealista o demasiado tajante, su falta de adaptación a las circunstancias concretas. ¿Cuál es la autoridad de la Iglesia cuando una persona no entra ya en su lógica que considera a todas las personas bautizadas como sometidas a sus reglas?

Fidelidad e indisolubilidad de la pareja. ¿Quién puede mantener esa ilusión, cuando se fija concretamente en lo que ocurre? Todos/as somos testigos de la degradación de los hogares. ¿Cuántos/as hemos encontrado en nuestras familias alguna razón para creer que es posible la fidelidad profunda? ¿Cuál es el ser amado que no decepciona? ¿Es posible pensar que pueda responder siempre a todos los deseos físicos, afectivos y hasta espirituales de otro ser, que aspira a vivir en totalidad?

Fecundidad. Sí, pero como uno quiere y cuando uno quiere. Antes los hijos/as eran un "báculo" para la vejez. Hoy esto lo hace el seguro social. Entonces, ¡qué viva el hijo/a que asegure a la pareja un equilibrio feliz! Por lo tanto, hay que rechazar al intruso. Hoy se discute el principio indiscutible en otros tiempos: la familia legítima como célula base de la sociedad. Hoy la madre soltera o las personas divorciadas tienen perfectamente un lugar en el mundo. Los homosexuales exigen su derecho de formar una familia.

Estamos en la época de la "liberación sexual". Las necesidades sexuales, afectivas y físicas, pueden encontrar cause libre sin tener que pasar necesariamente por la institución "familia". La división entre sexo y amor es aceptada comúnmente. En la familia no hay comunicación, y esto se expresa mediante conflictos, a veces violentos. La grande, larga y unida familia hispana va siendo cada vez más cosa de otros tiempos.

Por eso, la decisión de casarse implica una necesaria elección: querer orientar la realización de la propia vida siguiendo el espíritu de Jesús encarnado en la cultura hispana. Esto implica una particular visión del amor, de la familia y de la sociedad.

COMUNIDAD DE VIDA Y AMOR

(La sexualidad y procreación en el matrimonio)

La persona humana es un ser en relación. La sexualidad es, más allá de la satisfacción sexual, el impulso para encontrar otro ser que posibilite la vida individual. Todo lo que podamos ser, lo que realizamos, creemos, todo depende del amor. La persona es constituida en el amor.

La característica esencial del concepto de persona es su relacionalidad, su constitutiva necesidad de relacionarse, su imposibilidad de surgir desde sí misma y de mantenerse en su realidad sin sentirse apoyada por la otra persona. Sólo se puede ser una persona, si hay al menos dos personas. Amar y ser amado es un mismo proceso, es un único movimiento. El hijo/a provoca en el matrimonio un proceso dinámico, pleno de vida y actividad.

El amor conyugal exige la presencia del otro "yo" precisamente en cuanto persona inseparable del cuerpo. El cuerpo, como manifestación de la interioridad, permite el encuentro personal. Hay diferentes niveles de integración y diálogo. La vida en el amor es un caminar constante, y la entrega física es la comunicación del yo profundo, es un darse de persona a persona.

Pero...nubes y tempestades oscurecen el cielo libre y claro de la vida conyugal: infidelidad, abusos, machismo, drogas, alcoholismo, maltrato, enfermedad. Desde un principio y siempre, en la vida de la pareja hay una virtud importante que practicar: la generosidad, olvidarse un poco de uno mismo y buscar siempre la felicidad de la otra persona. Las expectativas emocionales y físicas son diferentes. Concretamente, la satisfacción del varón en el acto conyugal se suele producir antes que en la mujer. La aspiración instintiva de la mujer es la de ser amada. Hay que propiciar que el acto conyugal sea un momento significativo para el "tú".

Comunidad de bienes: recibe estas arras

(El trabajo, el dinero y la administración familiar)

La persona es un ser en el mundo; la persona no puede ser, ni llegar a ser plenamente tal sin establecer una relación directa con el mundo. Ejerce un protagonismo creativo colaborando con Dios en el proyecto de Dios mismo, y humaniza el mundo haciéndolo responder a toda la gama de necesidades que descubre la persona dentro de sí. A este actuar de la persona contribuyen la ciencia, la técnica, la cultura y el trabajo. La unidad conyugal varón-mujer, está llamada a ser la transparencia más clara del ser de la persona en el mundo. La comunión de bienes expresa el valor más alto de la relación "bienes-persona". Es necesario insistir y clarificar el trabajo de la persona hispana en Estados Unidos y su relación con la familia. Hay que introducir a las familias a una sana y razonada administración de los bienes y del dinero.

La familia no es un núcleo cerrado en sí mismo; se sitúa en la sociedad como fermento y levadura, con las características de un corazón solidario con los sufrimientos de las personas más pobres y con un compromiso firme para transformar las estructuras injustas en estructuras de fraternidad.

Nuestra familia núcleo de la sociedad de Estados Unidos

Con el matrimonio, las parejas entran a ser parte de la estructura social. La familia ejerce un papel importante en la transmisión de valores y en el proceso de socialización. La realidad y problemática social, económica y cultural de la comunidad se ve ahora desde una nueva óptica.

La nueva familia necesita una iniciación a su responsabilidad y compromiso para la consecución del "bien común". La ruta del caminar de la comunidad depende también de ella. Conducir la historia no es sólo de los grandes políticos sino tarea de todas las personas. Unos campos específicos que pueden interesar desde el principio son: la educación, la diversión y deporte, los medios de comunicación social, la paz en las calles y en el barrio.

Nuestra familia: pequeña Iglesia

El amor humano, en su profundidad, es ya divino. Las parejas cristianas renacidas en el Espíritu de Jesús dan a ese mismo amor su máxima significación, su máximo alcance: entran en el misterio mismo de Dios. En el darse sin medida y hasta el extremo se hacen imágenes de Dios manifestado en Cristo Jesús, que se realizó dándose hasta morir.

Los evangelios presentan a Jesús como el esposo que viene a realizar las bodas de Dios con la humanidad en su propia persona. En la respuesta que Jesús da a su madre en las bodas de Caná, deja vislumbrar toda la distancia que existe entre una perspectiva limitada y la suya: Él está totalmente orientado hacia la hora de sus desposorios con la humanidad, los que habrían de realizarse en la cruz.

A partir de una experiencia profunda de Dios que alimenta su amor, los esposos ven y actúan en su vida. La originalidad profunda de su amor y de su vida es su espiritualidad. La comunión con Dios les permite ser fieles y vivir profundamente. La Iglesia es sacramento de la comunión de las personas con Dios, de la fraternidad y de la comunión entre sí. Esta sacramentalidad se debe realizar en la familia. Los esposos prestan su cuerpo a Jesús para que siga amando y realizando el Reino por medio de ellos. La comunión y compromiso con la comunidad parroquial les permite alcanzar más significación en su ser profundo: vivir un amor que no tiene fronteras y es acción que construye la fraternidad.

La celebración de nuestra boda

Como el acto conyugal es expresión de la entrega de las personas, así la eucaristía de la boda es la entrega, en el ámbito de la comunidad, de la pareja a Dios y de Dios a la pareja. La comunidad es elemento importante de la boda; en la comunidad, cuerpo de Cristo, se realiza la alianza. Cristo, vivo en la comunidad, constituye a la pareja sacramento de su amor y de su proyecto. En la comunidad las parejas celebran su sentido de la vida, del amor; su opción por un amor sin medida hasta la muerte; su compromiso con la sociedad y con la comunidad cristiana. Hay que preparar la celebración para que sea "signo" transparente y eficaz.

4. El sacramento del orden (sacerdocio ministerial)

En nombre de Cristo y de la Iglesia, llamado a la entrega y al servicio por el Reino de Dios.

Mirando las religiones de la humanidad, encontramos la figura del sacerdote: "aquel que da lo sagrado". Desempeña el papel de mediador. Representa a las personas ante Dios y la voluntad de Dios ante la humanidad. Por eso el pueblo romano llamó pontífices a sus sacerdotes: los que hacen puente, que unen los extremos, trayendo y llevando. Esta función era ejercida especialmente en el sacrificio. En él, el sacerdote inmolaba las víctimas y hacía la ofrenda a Dios; aceptada la ofrenda por Dios, el sacerdote distribuía al pueblo las bendiciones de Dios. Así llevaba la ofrenda y traía bendiciones. Intermediaba la relación entre Dios y la humanidad.

También en Israel, el sacerdote es el hombre de lo sagrado, consagrado al templo, separado de los demás, que ofrece dones y sacrificios por el pecado del pueblo.

Pertenecían a la tribu de Leví, por eso se llamaban levitas, y formaban como una casta aparte (Num 4, 1-140). El libro del Levítico recoge muchas leyes y prescripciones del culto sacerdotal. Pero esto cambió con la venida de Jesús. Jesús no era levita, ni sacerdote de la tribu de Leví, sino un seglar, un laico de la tribu de Judá. Se enfrentó a los abusos de los sacerdotes que habían convertido el templo en una casa de negocios y de cambio (Jn 2, 12-22; Mc 11, 15-19). Murió ejecutado fuera de la ciudad, y con su vida, muerte y resurrección nos reconcilió con Dios y obtuvo el perdón de nuestros pecados.

Cristo, nuestro único Sacerdote

Jesucristo es Dios-Hombre. En su persona se encuentran la divinidad y la humanidad. Por eso mismo, fue constituido, como el más perfecto mediador. Como hombre nos representa y nos lleva al Padre. Como Dios, nos trae la presencia viva de la Trinidad en el mundo. No es una persona encargada de una función exterior. Él mismo ya es la unión, la mediación, el sacerdote, justamente porque es Dios y hombre. No lleva una ofrenda a Dios, porque él mismo es ofrenda viva. No nos entrega una bendición, porque él mismo es la bendición presente. No busca una víctima, un cordero, como hacía la comunidad judía, para ofrecer a Dios y conseguir su gracia.

Él, en persona, se hizo víctima sacrificada al Padre en nuestro favor. El sacrificio que más le agrada al Padre es una vida vivida en el amor hasta el extremo. Es esta vida de amor la que Jesús le ofreció al Padre. Por eso lo llaman "Cordero de Dios que quita el pecado del mundo". En lugar de segregarse de las demás personas, se solidarizó con los humanos, haciéndose igual que ellos en todo, menos en el pecado. Su sacerdocio no es cultual sino existencial; no ofrece sacrificios de animales, sino del sacrificio de su propia vida. La característica de su sacerdocio no es el ritualismo sino la fidelidad y la misericordia (Hb 2, 17-18).

Para la comunidad cristiana, hay un único sacerdote, un sacerdote que da Dios: Jesucristo. Él es el único sacerdote, la única víctima del sacrificio ante el Padre. Él mismo dijo: "Yo soy la puerta...Quien me ve, ve al Padre...Sin mí nada pueden hacer Uds." Por eso mismo, no hay otro sacerdote a su lado. Él es suficiente. Y su sacrificio también es único. No necesita otro. Las misas no son sacrificios que se van colocando unos encima de otros, sobre el sacrificio de Cristo. Es el mismo sacrificio de Cristo (una vida de amor vivido hasta las últimas consecuencias) que continúa en la historia. Es la eterna alianza:

la unión entre el cielo y la tierra, Dios y la humanidad, que ha tenido lugar en el Hijo de María de una vez para siempre.

Desde Jesús, ya no es el ser humano que quiere subir a Dios, como en los sacerdocios antiguos, sino es el mismo Dios que envía a su propio Hijo para reconciliarnos. Desde entonces todo ha cambiado. Ya no necesitamos otros mediadores, pues Jesús es nuestro único mediador y sacerdote. Todo el pueblo es ya sacerdotal (1 Pe 2, 5, 6; Ap 1, 6; 5, 10) porque, en su Espíritu, Dios es nuestro Padre (Abbá) y somos hijos e hijas. Es lo que se llama sacerdocio común de los/las fieles, un sacerdocio no de segregación sino de comunión que nos hace hermanos y hermanas.

El Sacramento del orden: sacerdocio ministerial

La Iglesia, comunidad de Jesús, ha sido enriquecida por el espíritu con muchos dones o carismas, para que pueda llevar adelante su misión (1 Cor 12, 1-11). Poco a poco la comunidad se irá institucionalizando y entre los ministros destacarán "los que presiden en el Señor". Estos servidores de la comunidad reciben el sacramento del orden. El obispo, sucesor de los apóstoles, les impone las manos para que reciban la fuerza del Espíritu y sean fieles a la misión de Jesús. La imposición de las manos es el símbolo que expresa la elección para la misión. Lo propio de estos ministros es servir a la comunidad: anunciar la palabra de Dios, formar la comunidad, mantenerla unida, presidir la comunidad -por eso presiden en la eucaristía-, hacer que la comunidad se vaya convirtiendo al Reino y lo vayan realizando en el mundo; en fin, como Jesús, anunciar la Buena Nueva a las personas pobres y la liberación a las cautivas (Lc 4, 16), aunque sea a costa de la propia vida. Su espíritu no es de dominio sino de servicio.

La gente del pueblo busca en los sacerdotes lo mismo que buscaban Israel y las religiones no cristianas: hombres de lo sagrado, mediadores entre Dios y el pueblo, con fuerza casi mágica para resolver todos los problemas, más como hombres de sacramentos y ritos sagrados que como hombres de la palabra y de la comunidad. Muchas personas desearían que el sacerdote estuviera en el templo y la sacristía todo el día, dedicado a bendecir, y que no trabajara por el Reino y sus exigencias.

Frente a estos abusos, el Vaticano II ha vuelto a insistir en lo fundamental: son ministros de la palabra de Dios, al servicio de la comunidad, para la cual celebran los sacramentos, sobre todo la eucaristía, imbuidos de un amor pastoral al pueblo y sobre todo a los pobres, dispuestos a dar la vida por sus ovejas como Jesús el Buen Pastor (cf. Decreto sobre el ministerio de los presbíteros del Vaticano II).

Este sacerdocio no existe sin el sacerdocio común de los/las fieles y los dos no existen fuera del único sacerdocio de Cristo. Por el bautismo, todos los cristianos y cristianas hemos sido introducidos/as en el sacerdocio común de la Iglesia. Por el sacramento del orden, algunos cristianos son introducidos en el sacerdocio ministerial.

Este sacerdocio fue dado por Cristo a los Apóstoles. Con el tiempo, los doce encontraron colaboradores en este servicio y, antes de morir, establecieron sucesores. Estos sucesores llegan hasta hoy en la persona de los obispos. Por eso, la fe católica dice que en los obispos está la plenitud del sacramento del orden. Como los apóstoles tenían colaboradores, los obispos también siguen teniéndolos: son los sacerdotes y los diáconos. De esta manera, decimos que el sacramento del orden comprende: Diácono: anuncia el Evangelio de Jesucristo y da testimonio de él con las obras de caridad.

Bautiza, asiste a los matrimonios y preside celebraciones. Puede ser una persona casada. El presbítero: sacerdote, que, además de las funciones del diácono, celebra la eucaristía, confiesa y da la unción de los enfermos; preside la comunidad. Forma parte del presbiterio: ejerce el ministerio junto con sus colegas sacerdotes en comunión con el obispo. El obispo, preside, como sucesor de los Apóstoles, una porción del pueblo de Dios, llamada diócesis, con la ayuda de los presbíteros. Unido a los otros obispos, responde por la Iglesia de todo el mundo. En realidad el obispo, el sacerdote y el diácono representan como tres esfumaturas de un mismo color, del mismo carisma, el de "presidir en el Señor".

Explicándolo con un ejemplo diríamos: se dan diferentes tipos de guitarras: guitarra solista, guitarra acompañamiento y guitarra bajo. Los tres instrumentos son guitarras (el carisma de "presidir en el Señor) pero, en el conjunto musical, cada una tiene su lugar particular, su timbre particular y cuando suenan juntas (obispo, sacerdote, diácono) es cuando se oye la armonía plena

El Papa no tiene un grado más en el sacramento. Es el obispo de Roma, elegido para suceder a Pedro en el servicio de la unidad de la Iglesia universal.

Síntesis

- En el bautismo entramos en el misterio de Dios que nos hace vivir en plenitud nuestra realidad de hijos/as y de hermanos/as. A partir de esta experiencia, nuestra vida entra en una dinámica de fidelidad (de seguimiento de Jesús) que nos va haciendo siempre más profundamente hijos/as y hermanos/as (metánoia). En este caminar hacemos la experiencia de tomar decisiones en contra de nuestra realidad de hijos/as y hermanos/as y en contra del proyecto histórico de Dios (pecado). El Espíritu de Jesús no nos abandona, sino que impulsa nuestro caminar (reconciliación) hasta alcanzar la meta final: la comunión entre nosotros/as y el Padre.
- Nuestro cuerpo y la creación entera participan del proyecto de la fraternidad. La enfermedad y la muerte son realidades "absurdas" porque nos sentimos hechos/as para vivir para siempre. Tenemos que asumir que somos seres finitos, asumir que la muerte es parte de nuestro ser. El Espíritu de Jesús, en la unción de los enfermos, nos ayuda a reconciliarnos con la enfermedad y la muerte y a transformar estos momentos en vida.
- Jesús vive hoy en nuestra sociedad: da sentido a la vida: la vida es una llamada a la felicidad; lleva a su máxima expresión el amor humano: la felicidad se consigue en un darse hasta el extremo. Estar hecho para la otra persona y vivir esta dinámica es la máxima realización. "Matrimonio y Orden" son signos de Jesús que sigue amando hasta el extremo y que entiende su vida como servicio.

Tarea

1. Génesis capítulo 2 nos narra de la comunión encantadora entre Dios, Adán y Eva y la naturaleza. El capitulo 3 nos narra el pecado de Adán y Eva. Reflexiona y describe en que consiste el pecado y cuáles consecuencias trae.
2. Sufrimiento y muerte son parte de nuestra existencia. Hoy la sociedad no educa a sufrir y menos nos prepara a morir. Desde la fe y sabiduría cristiana, qué podríamos ofrecer a esta sociedad.
3. ¿Qué significa hoy casarse por la Iglesia en Estados Unidos? Presenta tres aspectos.
4. Dios es Padre y forma su familia: la fraternidad. El sacerdote es "padrecito", signo de Dios que construye su familia: la comunidad cristiana. Describe unos rasgos del sacerdote para nuestro tiempo y lugar.

QUINTA PARTE

Acción pastoral de la comunidad cristiana

La evangelización es el anuncio del Evangelio que la Iglesia realiza en el mundo mediante todo cuanto ella dice, hace y es. La comunidad cristiana, por su trabajo y en sus diferentes servicios ¿cómo realiza y hace visible el proyecto del Padre?

- En su servicio a la humanidad (diakonía), en una entrega total hasta el extremo, la comunidad cristiana manifiesta a Jesús, que realiza el reino.
- En su vida y estructura de comunión (koinonía), la comunidad revela cómo Jesús crea la familia de Dios e impulsa a una vida de diálogo y comunión.
- Por medio del testimonio, la acción misionera, la catequesis y la predicación (martyría), la comunidad anuncia y revela a Jesús que con la palabra y las obras realiza la humanidad nueva.
- En su liturgia, la comunidad celebra con Jesús las "maravillas" del Reino, que tiende constantemente a su plena realización.

13. *Koinonía*: la "vida" de la comunidad
14. Experiencia religiosa y
    Liturgia: la comunidad "celebra" la realización del Reino
15. *Martyría*: la comunidad "anuncia" la humanidad nueva
    Diakonía: la comunidad "servidora" del mundo

TEMA 13

Koinonía: la "vida" de la comunidad

1. Acción pastoral de la comunidad cristiana
2. Iglesia evangelizadora y mediaciones de la comunidad
3. Etapas del proceso evangelizador
4. Koinonía: la comunidad sacramento del proyecto de la fraternidad

1. Acción pastoral de la comunidad cristiana

¿QUÉ SIGNIFICA "ACCIÓN PASTORAL"?

El término pastoral, que hoy aplicamos comúnmente a la acción de la Iglesia, se refiere a "pastor". La idea y la realidad del pastoreo están profundamente arraigadas en la cultura de Israel. Su origen nómada, su alusión continua a la época peregrinante, una historia en que la movilidad de sus gentes caracterizó su propio ser, hicieron que la figura del pastor adquiera importancia en su comprensión de Dios y en su misma autocomprensión de pueblo. El nombre "pastor" le sirvió para ilustrar su historia a partir del amor que Dios le manifestaba.

La acción de sacar al pueblo de la esclavitud y su conducción por el desierto es comprendida desde la imagen del rebaño y de las ovejas (Sal 78, 52). Su constitución como pueblo le ha convertido en propiedad personal, reino de sacerdotes, nación santa (Éx 19, 5-6). El cuidado de Dios para su propiedad es expresado en términos pastorales; la conducción continua, la protección en cada momento, la liberación de los enemigos y la misma entrega y repartición de tierra se leen en esta clave (Sal 78, 53-55). En algunas ocasiones, ese cuidado se expresa con términos de ternura: "como pastor pastorea a su rebaño, recoge en sus brazos a los corderitos, en el seno los lleva y trata con cuidado a las paridas" (Is 40, 11).

La vuelta del exilio es contemplada como una nueva reunión de las ovejas dispersas y como nueva conducción a la tierra de los antepasados (Is 49, 1-26; Zac 10, 8-10).

En el Nuevo Testamento, Jesús interpreta su historia y su misión a partir del ámbito religioso-cultural de su pueblo y también ha presentado su propia obra mediante la terminología pastoril. La situación del pueblo que él encuentra es la del rebaño sin pastor (Mt 9, 36; Mc 6, 34). Junto a la

proclamación de Jesús como buen pastor, se introduce la novedad de la universalidad su rebaño. Las ovejas que no son del redil judío también le pertenecen y van a ser agregadas al rebaño que él conduce para que haya un sólo rebaño y un sólo pastor (Jn 10, 16). El Jesús post-pascual encomienda a Pedro la tarea de apacentar sus ovejas y sus corderos (Jn 21, 15-17).

Hemos llamado pastoral a la acción de Jesús, también llamamos pastoral a la acción de la Iglesia que continúa en el mundo la misión de Cristo hasta su vuelta. "Como el Padre me envió, así los envío yo; reciban el Espíritu Santo…" (Jn 20, 21). De la misma manera han sido llamados pastores aquellos que ejercen la acción pastoral.

Iglesia entra en contacto con las distintas personas y tiempos, evolucionando según las exigencias de la evangelización. Los apóstoles y sus comunidades fueron muy libres para dar las respuestas adecuadas y para cambiar las estructuras de la Iglesia. La organización concreta, los ministerios de la comunidad, las formas de oración, los lugares,…van respondiendo a las exigencias que el tiempo y el lugar van presentando a la Iglesia. La autorrealización de la Iglesia pasa por el diálogo con la historia, el hoy del mundo y de la cultura. El lenguaje, los edificios, las vestiduras, la estructura jurídica, la estructura mental, los moldes filosóficos…son asumidos por el Evangelio y puestos al servicio de la evangelización. Solamente así puede encarnarse en un contexto cultural. Aunque este diálogo pueda ser costoso y fuente de problemas, es absolutamente necesario para que la misión de la Iglesia siga realizándose.

CRITERIOS DE LA ACCIÓN PASTORAL

Criterios que brotan de la continuidad de la misión de Cristo

- Acción teándrica. Esto significa que por ser Jesús humano y divino, en la acción pastoral se mezclan la acción divina y la acción humana. La acentuación de la acción divina en la vida de la Iglesia ha dado origen a una pasividad pastoral. Una pastoral no programada o a la espera. La acentuación de la parte humana ha llevado históricamente a un naturalismo pastoral que comprende la acción eclesial y la institución como producto de la iniciativa y de los intereses humanos. Solamente la acción pastoral que sepa unir lo humano y lo divino tendrá garantía de autenticidad.

- Acción sacramental. La palabra sacramento nos remite a la de misterio y símbolo. La realidad del sacramento se compone de dos elementos: uno visible y el otro invisible. Jesús sacramento del Padre: "Quién me ve a mí ve al Padre". El Vaticano II define la Iglesia como sacramento de la unión íntima con Dios y de la unidad de todo el género humano (LG 1). Las estructuras pastorales o el elemento institucional de la comunidad no son el añadido a una concepción teológica espiritualista, sino son el componente necesario, y también identificador, de una acción eclesial. Lo visible tiene que ser lo más transparente posible de lo que no se ve. La gente, viéndonos, tiene que entender inmediatamente el mensaje del proyecto de fraternidad del Padre.

- Conversión. Gracias a la encarnación, Jesús se convierte en la revelación más perfecta de Dios. La comunidad cristiana lleva consigo en su acción pastoral, los caracteres de: pequeñez, pecado y contingencia. La Iglesia es santa y pecadora. La dimensión de conversión constante en la acción pastoral es criterio de autenticidad.

CRITERIOS QUE BROTAN DEL CAMINO HACIA EL REINO

- Historicidad. Jesús se sitúa en una historia de salvación en la que Dios ha ido realizando su acción por la mediación de los sucesos históricos humanos. Inaugurada por él, la plenitud de los tiempos vive en una historia impregnada de escatología en la que la plenitud está ya presente, pero aún no completamente manifestada. La Iglesia, por ser pueblo de Dios, es fundamentalmente pueblo de peregrinos/as. Esto marca e identifica toda su acción pastoral: siguiendo el dinamismo de la historia se encamina a su plenitud, que es la fraternidad.

- Apertura a los signos de los tiempos. Los valores del Reino no existen solamente dentro de los límites visibles de la Iglesia, sino que la trascienden. El Espíritu ha suscitado los valores en medio de la humanidad y del mundo, sin que tengamos exclusividad sobre ellos. Para que la Iglesia cumpla su misión es necesario que escrute los signos de los tiempos, que conozca el mundo en que vivimos, con sus esperanzas y aspiraciones. Escrutar los signos de los tiempos implica: una lectura creyente de la realidad; una confrontación de la realidad con el Evangelio; y descubrir en esa realidad los interrogantes más profundos de la humanidad, las respuestas que está esperando.

Dios lleva la historia hacia su meta final. Signos de los tiempos son las acciones que permiten descubrir la presencia de Dios y su acción en la historia. La comunidad necesita una fuerte capacidad de escucha y discernimiento para orientar positivamente su acción pastoral.

- Universalidad. La universalidad de la salvación es imperativo y criterio de acción. La misión de la Iglesia rompe las fronteras del tiempo y del espacio para convertirse en ofrecimiento y en realidad de salvación para todas las personas. Esto implica una gran capacidad de encarnarse en las distintas culturas y un profundo acto de fe en que cada momento histórico puede ser momento de salvación.

Criterios que brotan de la presencia y misión en el mundo

- Diálogo. Situar la tarea de la Iglesia en una perspectiva histórica y continuarla como colaboradores de la misión de Cristo nos lleva a entender la acción de la comunidad como diálogo. Dios ha hablado de muchas formas a la humanidad, y sigue comunicándose. Nuestra acción pastoral es sacramento de este diálogo de Dios con la humanidad en el momento presente.

- Encarnación. Jesús se encarnó, se hizo uno de nosotros/as. La acción de la comunidad cristiana tiene señalado el camino: tiene que encarnarse. Si el Evangelio no se encarna, nunca será asimilado por los pueblos o por las culturas que forman nuestra sociedad: el mundo de las personas jóvenes, de las trabajadoras, de las ancianas...

- Misión. Nos sentimos llamados/as a la vida y a la Iglesia por una razón: por la misión. Por esto nacimos y solamente en esto encontraremos la realización plena de nosotros/as mismos/as y la felicidad. Nuestra comunidad ha perdido fuerza, porque ha perdido en muchos casos el sentido de la misión. Solamente perdiéndonos, dándonos hasta la entrega de nuestra propia vida es como vivimos y nos realizamos.

Acción pastoral sinónimo de evangelizar

El término "evangelización" ha tenido una significativa evolución. De hablar de evangelización como el llevar el primer anuncio del evangelio a las personas que no lo conocían, por medio del ministerio de la palabra, la evangelización ha llegado a comprenderse como el proceso global de vida de la Iglesia. "Evangelización es el proceso total mediante el que la Iglesia:

- anuncia al mundo el Evangelio del Reino de Dios;
- da testimonio entre la humanidad de la nueva manera de ser y de vivir que el inaugura;
- educa en la fe a las personas que se convierten a él;
- celebra en la comunidad mediante los sacramentos la presencia de Jesucristo y el don del Espíritu;
- impregna y transforma con su fuerza todo el orden temporal".

La evangelización es el anuncio del Evangelio que la Iglesia realiza en el mundo mediante todo cuanto ella dice, hace y es. La Iglesia nace de la acción evangelizadora de Jesús; es enviada por él a evangelizar; comienza por evangelizarse a si misma; es depositaria de la Buena Nueva que debe ser anunciada; envía a las personas evangelizadoras.

¿Cuál es la Buena Noticia que la Iglesia católica ofrece a la sociedad en que vivimos? A los Estados Unidos de los artistas y de las diversiones, de la economía y de los políticos, de las razas y religiones, de las personas emigrantes y ciudadanas, la Iglesia católica anuncia la buena noticia que una vida en plenitud es posible, que es posible ser feliz y vivir dignamente y que una sociedad "familia" ya ha empezado.

Desafíos del momento presente a la religión y a la Iglesia católica

Desde el Vaticano II la situación de nuestro mundo ha cambiado y ante una situación nueva se plantea un nuevo modelo de evangelización. Nos encontramos ante una situación global, ante una situación del mundo en el que la injusticia es manifiesta. La confrontación se sustituye al diálogo (posturas de cerrazón y de confrontación que llegan a la intransigencia) y la vuelta al pasado en forma de añoranza invade muchas manifestaciones de la sociedad.

- En una sociedad secularizada la religión es realidad "despreciada". La religión y la fe cristiana, consideradas por mucho tiempo un valor fundamental para la vida, aparecen hoy como producto que ha perdido valor, no más tan significativo a los ojos de muchas personas.

El sentido religioso toma concreciones diferentes: la religión civil: rituales del cuerpo político, el mito del sistema; la religión de las masas: el dinero, lo sagrado del mercado capitalista, el culto del consumismo; la religiosidad profana: música, deportes, el hedonismo, la diosa tierra, el cuerpo objeto de culto; movimientos religiosos fundamentalistas, fascinación de lo oscuro: esoterismo, enigma oscuro del destino, fascinación de lo demoníaco; sincretismos religiosos: New Age, propuestas orientales. En este sentido la sociedad se ha hecho más religiosa: aspecto utilizado por la economía, la política, la religión y los grupos para manipular a la gente.

En esta situación, la religión se ve obligada a ser verificada, purificada y profundizada.

- En una sociedad pluralista la religión es una elección entre muchas. La fe cristiana aparece como un producto ente muchos otros, en competencia con muchas otras propuestas alternativas. El pluralismo genera en muchas personas confusión y perplejidad, del momento en que todas las ofertas culturales parecen gozar de los mismos argumentos de credibilidad.

- Ante la crisis de las instituciones y de las iglesias, la "religión oficial" es poco creíble. La religión institucionalizada es percibida como un producto mal presentado y de mala gestión. Sus mensajes se presenten poco creíbles y desacreditados.

- En la cultura post-moderna la religión es una experiencia "efímera". En una sociedad dominada en muchos ámbitos por la fragmentariedad y por la crisis de los valores fuertes, la religión arriesga ser degradada a producto "usa y tira". De hecho son frecuentes las adhesiones y convicciones parciales, provisionales y fragmentarias. Domina el miedo a los compromisos a largo plazo, a las verdades y valores definitivos.

- Por la separación entre fe y vida, fe y cultura la religión es una realidad "in-significante". La fe aparece extraña, lejana, y, muchas veces, en contradicción con las exigencias y los valores de la cultura y de la vida.

- En la sociedad de los "media" la religión es una realidad fluida, fragmentaria, realidad – espectáculo. La fe cristiana se ve reducida a menudo al rol de propuesta contracultural ineficaz, producto aplastado por una poderosísima maquina de socialización e iniciación frente a la cual la experiencia religiosa aparece insignificante, del todo marginal. La religión aparece a los ojos de mucha gente como una realidad que no goza de buena imagen.

Respuesta insuficiente: la pastoral de "administración"

- Predominio de la práctica devocional y sacramental. En este modelo de pastoral, el momento litúrgico-sacramental ocupa un lugar preferencial. Misas, bautizos, confesiones, administración de sacramentos, cultos y fiestas, devociones son las actividades que absorben la mayor parte del quehacer pastoral. Es una actividad que apunta, sobre todo, a fomentar la práctica religiosa de los fieles, y tiene como ideal poder contar con el mayor número posible de "practicantes". Poca atención se presta a la personalización de la fe, pues se presupone como evidente la experiencia de Dios, y la opción de fe.

- Pastoral intra-eclesial. Se supone la existencia de un "pueblo que ya es cristiano" y se piensa que la evangelización tenga sentido entre los pueblos paganos. En consecuencia: la acción misionera "ad extra" es casi inexistente; la acción catecumenal brilla por su ausencia, la acción pastoral "ad intra" ocupa todo el espacio del quehacer eclesial, centrado en la vida y la practica religiosa de la comunidad que se conserva fiel. No faltan iniciativas para hacer volver a la práctica religiosa a las personas "lejanas", como en el caso de las misiones populares. Ejercicios espirituales, cursillos, retiros tienen como objetivo fundamental llevar a las personas a la recepción de los sacramentos. La presencia y acción en el mundo resultan limitadas y condicionadas por el acento cultual. Una Iglesia así concebida, apoyada por un dualismo antropológico y con un concepto de salvación espiritualista, centra su acción pastoral en la parte espiritual de la persona. No es tarea de la Iglesia incidir de forma significativa en la esfera social y política y contribuir a la transformación de la sociedad.

- Polarización clerical y pesadez institucional. Por lo que se refiere al nivel institucional, este estilo pastoral se distingue por su carácter clerical, pues casi toda la acción se concentra en las manos del clero (obispos, sacerdotes, religiosos y religiosas), y está muy controlada por la autoridad o extendida a algunos laicos en forma subordinada y puramente ejecutiva. Se ve la crisis vocacional y la falta de sacerdotes como una grave amenaza al desarrollo de la actividad pastoral. Además, la vida eclesial resulta atiborrada por una serie complicada de prescripciones, leyes y reglamentos que absorben en gran medida la atención y tarea de las personas responsables. En la acción pastoral predominan los factores institucionales, jurídicos e incluso económicos, con grave menoscabo de la eficacia evangelizadora.

- Eclesiocentrismo. En esta visión pastoral, la Iglesia se siente en el centro de la sociedad, única poseedora de la verdad y de la salvación, depositaria de los valores del Reino, con el que prácticamente se identifica. Piensa que debe cumplir su misión reafirmándose e incrementándose a sí misma, conquistando el mayor número posible de adeptos, recuperando espacios de poder y de influencia.

Esta manera de actuar (pastoral) ya no tiene futuro. La situación actual, la nueva era que está naciendo desafía a la religión, a la Iglesia católica. En el centro de todo está la necesidad de reformular nuestra identidad como Iglesia y como experiencia de fe en el interior de una sociedad en profunda y dinámica transformación. Tenemos que clarificarnos lo específico y la incisividad de nuestra misión, como personas y como comunidad. En la perspectiva de futuro: ¿hacia donde vamos? y ¿cuál es nuestro rol en la historia de la humanidad? La Iglesia vive en un tiempo en el que es simplemente necesario caminar con valentía, hacia lo nuevo e inexplorado. Es necesario optar por un camino que lleve a la experiencia de Dios en Cristo Jesús y por una Iglesia toda ella evangelio vivo y evangelizadora. Hay que tener el valor de pasar de una pastoral de administración (de sacramentos, de cursos, de catecismos…) a una pastoral evangelizadora.

2. Iglesia evangelizadora y mediaciones de la comunidad

Evangelización: giro histórico y desafío comprometedor

Es necesario vigorizar, en todos los niveles de la vida eclesial, la función evangelizadora, a fin de que la conversión personal y la maduración de la fe vuelvan a constituir el verdadero criterio resolutivo de pertenencia y de participación a la misión de la Iglesia. Decidirse por la evangelización, "gracia y vocación propia de la Iglesia" (EN 14), es una opción tan preñada de consecuencias que se puede hablar de verdadero giro histórico en la historia de la Iglesia.

Ponerse en estado de evangelización significa aceptar el desafío de la secularización y de la increencia; aceptar el reto del pluralismo y esforzarse por superar la grave crisis de credibilidad que padece la Iglesia. Se exige un gran esfuerzo de testimonio y de autenticidad cristiana, necesarios para que el Evangelio del Reino sea creíble, y esto, no en algún momento particular o en un aspecto parcial del quehacer de la Iglesia, sino en la globalidad de su vida y realidad. No será suficiente que la Iglesia prepare grupos de voluntarios o especialistas, o abra oficinas para la evangelización: es toda su vida, en todos sus aspectos, la que resulta implicada y cuestionada.

- La evangelización pide a toda la Iglesia un esfuerzo de concentración en lo esencial y de redescubrimiento de la identidad cristiana en términos culturalmente significativos y actuales, para que en el conjunto de las tradiciones, ritos, fórmulas y manifestaciones religiosas, sea posible dar con el corazón palpitante del mensaje evangélico en su pureza y fuerza transformadora.
- La evangelización obliga a la Iglesia a un redescubrimiento y reformulación de su identidad y de su misión, que es la de ser en el mundo "palabra" reveladora de la novedad del Reino. Esto comporta aceptar un dinamismo de renovación radical a partir de la palabra de Dios, abandonarse con pobreza integral a ser fuerte tan sólo con la fuerza de la palabra. No tendría sentido organizar la acción evangelizadora a la manera de las grandes campañas publicitarias, con los habituales medios de la propaganda y los recursos del poder.
- La evangelización debe llevar a la Iglesia a salirse de sí misma, en cuanto "sierva de la humanidad", tendiendo toda ella al anuncio salvador del que es portadora. No tiene sentido alguno concebir la opción evangelizadora como una especie de "operación rescate", en clave de conservación o restauración; o para reconquistar espacios perdidos de prestigio o de influencia; o como relanzamiento propagandístico, con miras proselitistas, para conseguir nuevas adhesiones y multiplicar el número de los propios adeptos.

El resultado debe ser una movilización global y un proyecto de renovación en profundidad, capaz de *transformar el significado histórico de la presencia de la Iglesia en el mundo*. Destacamos algunas tendencias e imperativos comunes en la Iglesia de nuestro tiempo:

- *El objetivo y tarea fundamental de la pastoral de la Iglesia: en el mundo, para el mundo, al servicio del Reino* (superación del eclesiocentrismo).

Nuestra razón de ser, como comunidad cristiana, no somos nosotros o nosotras mismas sino estamos en función del mundo y de la sociedad. Existimos para hacer posible en el mundo la plenitud de vida. Pero ¿cómo llevamos acabo esta tarea? Es necesario "pensar antes de actuar". Para nadar no es suficiente dar manotazos o patadas al agua. Puedes levantar mucha agua y hacer mucho ruido pero no avanzar en ninguna dirección. El mejor nadador es el que saber coordinar los movimientos y la respiración de manera tal que a las inversiones de energía corresponda un avance máximo hacia la meta. Es sabiduría orientar todo lo que hacemos en una única dirección: el reino de Dios, el proyecto de Dios, del que somos sacramentos y fuerza de realización para el mundo.

El primer rasgo esencial que caracteriza la tarea de la Iglesia consiste en que no existe para sí misma, sino al servicio del proyecto del Padre que supera con mucho los límites de la acción eclesial: el proyecto del Reino de Dios. Este proyecto (llamado también plan universal de salvación, la "misión", paz mesiánica, vida en plenitud, fraternidad universal...) es el plan de Dios sobre la humanidad, que, en Cristo y por medio del Espíritu, se realiza en la historia. Es el proyecto de liberación integral de una humanidad reconciliada y fraternal, realización de los valores que la humanidad de todos los tiempos anhela y sueña: "reino de verdad y de vida, reino de santidad y de gracia, reino de justicia, de amor y de paz". La venida del Reino de Dios, ésta utopía del corazón humano, constituye el anhelo supremo y la meta final de toda la actividad de la Iglesia.

En cuanto "sacramento universal de salvación", sacramento del reino, La Iglesia no se identifica con el Reino de Dios, sino que "constituye en la tierra el germen y el principio de este reino" (LG 48). Es "signo", anuncio y presencia germinal, del gran proyecto de Dios sobre la humanidad. La Iglesia constituye una mediación histórica providencial, pero sus fronteras no abarcan ni limitan la realización del Reino, sino que tiene la misión de anunciar y ser primicia de este mismo reino.

En el mundo, para el mundo: esto obliga a repensar la relación Iglesia-mundo. El mundo (la humanidad histórica) no es en sí algo extraño u opuesto al proyecto del Reino sino lugar de realización del Reino. La Iglesia, como porción del mundo, se proclama "sierva de la humanidad" y "camina con toda la humanidad, experimenta la suerte terrena del mundo, y su razón de ser es actuar como fermento y como alma de la sociedad, que debe renovarse en Cristo y transformarse en familia de Dios" (GS 40).

El planteamiento de la misión de la Iglesia como "sacramento del Reino" está reclamando un giro decisivo en la orientación global de la acción pastoral. El proyecto del Reino, y por tanto, el destino y problemas de la humanidad entera, deben constituir la pasión dominante de la presencia eclesial. Por esto hay que abandonar la perspectiva eclesiocéntrica (Iglesia preocupada de sí misma, de su conservación y expansión) para asumir una orientación misionera, como pueblo mesiánico enviado en medio del mundo para dar testimonio y servir. El mundo de hoy con sus problemas y expectativas debe dictar de alguna manera el programa operativo a realizar, el "orden del día" de las urgencias eclesiales.

- *Las mediaciones eclesiales, diaconía, koinonía, martyría, liturgia, al servicio del Reino* (superación de la polarización sacramental y devocional).

La tarea de la Iglesia (el servicio del Reino) no se reduce a colaborar con las personas de buena voluntad en la labor transformadora de la humanidad. La Iglesia tiene la misión específica de iluminar y estimular la historia de la humanidad, para que se acerque, de manera formal y consciente, al ideal del Reino. Actúa su sacramentalidad (sacramento del Reino) por medio de las mediaciones eclesiales.

Tradicionalmente se han clasificado las funciones eclesiales según el esquema de los tres oficios de Cristo: sacerdote, profeta y rey, distinguiendo así un triple ministerio en la Iglesia: litúrgico, profético y real. Pero esta división no tiene un fundamento vinculante, ni refleja las reales modulaciones del quehacer eclesial. Resulta preferible una división cuatripartita que enlaza con la función sacramental de la Iglesia en cuanto signo e instrumento del Reino de Dios. El ideal del Reino se hace visible en el mundo por medio de cuatro formas fundamentales de visibilidad eclesial:

- como Reino realizado en el amor y en el servicio fraterno (signo de la diaconía);
- como Reino vivido en la fraternidad y en la comunión (signo de la koinonía);
- como Reino proclamado en el anuncio salvífico del Evangelio (signo de la martyría);
- como Reino celebrado en ritos festivos y liberadores (signo de la liturgia).

De este modo, la Iglesia debe ser en el mundo el lugar por excelencia del servicio, la fraternidad, el anuncio y la fiesta, en correspondencia con cuatro factores antropológicos básicos: la acción, la relación, el pensamiento y la celebración. Las llamamos "funciones" o "mediaciones": cuatro formas de ser en el mundo "sacramento" del Reino.

Hay una profunda relación y complementariedad que une las mediaciones. El conjunto de las funciones eclesiales constituye un todo orgánico, signo de la globalidad de la experiencia cristiana eclesial. La presencia armónica de las cuatro llega a ser un criterio de discernimiento de autenticidad cristiana y eclesial en la acción pastoral. La actuación de las funciones eclesiales (diaconía, koinonía, martyría y liturgia) reclama una revisión global que supere la tradicional primacía del momento cultual y devocional y restituya la debida importancia a los signos evangelizadores del servicio y de la comunión.

3. Etapas del proceso evangelizador

En las décadas de los 60-70 se hablaba del ministerio de la Palabra, del ministerio de la Liturgia y del ministerio de la Caridad; en el ministerio de la Palabra se distinguía: la evangelización para la conversión de las personas no creyentes, la catequesis para profundizar en la fe-conversión; la homilía, para preparar a los/las fieles a adentrarse en el misterio que se celebra, y la teología para la exposición sistemática y la investigación de las verdades de la fe (cf. DCG 17). Hoy, a la luz del Vaticano II y, particularmente, de EN (1975) y CT (1979), esas realidades de la acción eclesial se engloban en el gran concepto de Evangelización: "la dicha y vocación propia de la Iglesia; su identidad más profunda. Ella existe para evangelizar" (EN 14; cf. EN 17-24).

La evangelización es "un proceso complejo" con componentes muy variadas: apuntando a la transformación profunda de la humanidad, abarca el testimonio, el anuncio explícito, la adhesión del corazón, la entrada en la comunidad, la celebración y acogida de los signos sacramentales y las iniciativas de compromisos transformadores y misioneros (cf. EN, 24-30). Los elementos del proceso evangelizador se estructuran "en tres etapas o momentos esenciales" (CT, 18): la acción misionera para las personas no creyentes y para las que viven en la indiferencia religiosa; la acción catequético-iniciatoria (catecumenal) para las que optan por el Evangelio y para las que necesitan completar o reestructurar su iniciación; y la acción pastoral para las personas fieles cristianas ya maduras y su formación permanente en el seno de la comunidad cristiana (cf. DGC 49).

Estos "momentos" no son etapas cerradas: "se reiteran siempre que sea necesario" para las personas concretas o para grupos o comunidades necesitados de aliento cristiano, porque "tratan de dar el alimento evangélico más adecuado (según etapas), al crecimiento espiritual de cada persona o de toda una comunidad" (DGC 49, final).

Sin embargo, es difícil que estas tres acciones, lógicas en sí y en su desarrollo, puedan ser así divididas en nuestra Iglesia. El nacimiento dentro de una fe, la recepción del bautismo antes del proceso catecumenal, la dispersión de la iniciación cristiana, etc., producen unas serias dificultades pastorales.

1. Acción misionera

Naturaleza y formas. La acción misionera, como punto de arranque de la evangelización, se sitúa en el mundo de las personas no creyentes. Estos no se hallan únicamente en los territorios donde aún no ha penetrado la savia del evangelio. En nuestro mundo llamado cristiano hay grupos enteros de personas bautizadas que han perdido el sentido vivo de la fe o incluso no se reconocen ya como miembros de la Iglesia, llevando una existencia alejada de Cristo y su evangelio. En 1944 conocidos pastoralistas franceses declararon a Francia país de misión. Numerosos hombres y mujeres se han encontrado a la intemperie ante la avalancha de la modernidad y la posmodernidad. La vivencia religiosa de las personas no estaba lo suficientemente arraigada, y muchísimos cristianos/as han ido alejándose de la fe en mayor o menor grado y, aunque conservan en muchos casos un fondo religioso que despierta en determinadas ocasiones, construyen su vida sobre criterios del mundo, prácticamente al margen de la fe. La acción misionera tiene que ver con las preguntas referentes al sentido de la vida, la experiencia de las limitaciones y contradicciones de la condición humana, la ubicación de la pregunta religiosa y la conversión inicial; cuando la persona y el grupo tienen estas inquietudes la propuesta de Jesús y del discipulado es mejor comprendida y aceptada. La acción misionera es también necesaria en nuestra comunidad. No es idéntica la situación de alejamiento de la fe de unas y otras personas y esto hace que la acción misionera no pueda ser uniforme. Si el punto de partida es distinto, el punto de llegada de la acción misionera es el mismo: suscitar la conversión, la adhesión inicial a Jesucristo y a su evangelio.

La acción misionera con las personas alejadas. El primer anuncio. Hay personas que se declaran cristianas o creyentes, porque persiste un fondo religioso que alimentan ocasionalmente, pero que construyen su vida diaria sin gran referencia a Jesucristo. Hay personas que frecuentan ocasionalmente la comunidad cristiana con motivo de algún acontecimiento sacramental, funerales o grandes fiestas litúrgicas (navidad, semana santa...); otras que acuden con mayor o menor asiduidad a cultos de la religiosidad popular, pero para quienes Jesucristo no ocupa el centro de su vida. Todas estas personas tienen en común que no han descubierto aún la novedad viva y la centralidad del evangelio de Jesús. Estas personas bautizadas se encuentran en una situación que necesita una nueva evangelización (DGC 58), necesitan un primer anuncio de Jesucristo y su evangelio. Quizá no sea la primera vez que muchas de ellas lo oyen, ya que pudieron ser catequizadas en su infancia. Sin embargo, los muchos años que han vivido al margen de la fe, han desfigurado en ellas todo rasgo cristiano y es necesario situarse ante ellas como ante las personas no creyentes. El objetivo del primer anuncio es provocar una actitud de búsqueda, el interés por la fe, la simpatía por Jesucristo y su evangelio. Esta simpatía por Jesucristo va tomando cuerpo hasta transformarse en una adhesión inicial a él.

Hay que colmar el vacío de acción misionera. Nos encontramos inmersos/as en una sociedad afectada por una indiferencia y un agnosticismo poscristianos y por un rechazo a lo institucional, todo lo cual hace que la oferta de la Iglesia no tenga muchas personas adeptas. A esto añadimos que las personas cristianas están poco motivadas y preparadas para la misión. Está totalmente ausente la pedagogía misionera, o cómo ayudar a una persona a pasar de la no-fe a la fe. Un dato significativo de esta deficiencia misionera: casi en ninguna diócesis se cuenta con un departamento de acción misionera en función de la propia diócesis. No se entendería que una diócesis no tuviese un departamento de catequesis. Sin embargo, no se palpa aún la necesidad de un organismo diocesano competente para llevar a cabo el anuncio misionero.

Es necesario se plantee la urgencia de poner en marcha un servicio diocesano para la acción misionera. El Directorio lo expresa así: "El hecho de que la catequesis, en un primer momento, asuma estas tareas misioneras, no dispensa a una Iglesia particular de promover una intervención institucionalizada del primer anuncio, como la actuación más directa del mandato misionero de Jesús. La renovación catequética debe cimentarse sobre esta evangelización misionera previa" (DGC 62).

2. Acción catecumenal

Una Iglesia con talante catecumenal. Desde los tiempos precedentes al Vaticano II, la Iglesia ha venido tomando conciencia cada vez más clara de una doble deficiencia y exigencia: en su relación con el mundo, es consciente de un "sentirse extraña" respecto a algunas realidades que se le escapan de las manos, y por tanto de una necesidad de hacerse realmente presente en todas las áreas donde se juega el futuro de la humanidad; y en relación con su propia vida, es también consciente de la existencia de no pocos elementos de inautenticidad y disgregación, de la lejanía, indiferencia o escasa participación de la gran mayoría de sus miembros bautizados de hecho pero no plenamente convertidos, creyentes en teoría, pero ignorantes de su fe en la práctica. El catecumenado se concibe hoy como una institución apta para el proceso de reiniciación cristiana de las personas bautizadas no suficientemente evangelizadas, y como medio de creación de comunidad cristiana. Una imagen que nos ayuda a visualizar la relación entre Iglesia y catecumenado de iniciación es la imagen de la Iglesia "madre". La madre sin útero no puede dar a luz, y si no da a luz no vive plenamente su naturaleza de mujer-madre. El útero para la Iglesia es el catecumenado de iniciación. Sin catecumenado de iniciación, sin vivir profundamente con talante catecumenal, en estado de misión, como lugar de iniciación a la vida la Iglesia no tiene futuro. Y si está engendrando nuevos hijos e hijas (catecúmenos y catecúmenas) todo su cuerpo esta necesariamente implicado en el parto. La acción catecumenal es una función esencial de la Iglesia, expresión de su maternidad (cf. DGC 48). La etapa catecumenal tiene un carácter de fundamentación y sistematización; para ello inicia al catecúmeno/a en la historia de salvación, en los valores evangélicos, en la celebración cristiana y en la vida de la caridad. El objetivo de esta etapa es la conversión radical a Dios como sentido de la vida.

3. Acción pastoral-comunitaria

La etapa pastoral educa de manera permanente en la fe y en la comunión fraterna; ayuda a madurar la síntesis fe-vida y a en la formación de miembros activos de la vida y misión de la Iglesia.

- Vive en su comunión. Realizada y hace visible en sus comunidades la comunión con el misterio de la Trinidad y con los demás hermanos/as que han aceptado su salvación por la inserción en la muerte y en la resurrección de Jesús. Esta comunión es la fuente más profunda de la misión al mundo y de la evangelización activa, porque el misterio de la comunión de Dios abierto a la humanidad es el origen de toda misión en la Iglesia. La comunión no es estática, sino dinámica; tiende por su misma esencia a crecer y a hacer partícipes a todas las personas y a todos los pueblos a lo largo de la historia hasta que llegue el momento en que todos los seres humanos comulgarán con Dios y entre sí en el Reino.

- Vive las realidades mundanas como anticipo y anuncio del Reino de Dios transformándolas desde el mensaje de Jesucristo y desde los cielos nuevos y la tierra nueva que esperamos. Desde su propia experiencia de Dios vive las actitudes y los valores evangélicos en medio del mundo, trabajando por la comunión humana, sirviendo a las personas, especialmente a las más necesitadas, y transformando las estructuras del mundo desde las características del Reino: la paz, la justicia, la verdad y la vida, el amor y la gracia.

- Profundiza continuamente en el misterio de Dios, del Espíritu, de Cristo y de su evangelio por medio de su formación, su contemplación, la escucha de la palabra y el testimonio de las otras personas cristianas. Aunque la acción catequética haya dado a la Iglesia un conocimiento global de Jesucristo, de su doctrina y de sus exigencias, la profundización en un misterio inabarcable siempre es progresiva. Esta profundización del misterio de Cristo es también fuente de palabra y testimonio para el mundo, exigencia del anuncio de Cristo para la humanidad, interpretación de los signos de los tiempos, fuente de una nueva catequización.

- Celebra en sus sacramentos la salvación que se hace presente en medio de la comunidad y del mundo por la fuerza del Espíritu del Resucitado. Esta salvación se hace especialmente presente en la celebración de la Eucaristía, en la que las personas participan de la acción redentora del Señor y se constituyen en comunidad que es en el mundo anticipo de la comunión del Reino. La Eucaristía hace la Iglesia y es, por ello mismo, también fuente de misión. La comunidad que se quiere y se ama celebra el perdón de sus pecados, el amor, la vida y la muerte.

La misión esencialmente idéntica de todas las personas cristianas se diversifica en distintos carismas y ministerios que crean la comunidad, están al servicio de ella. Gracias a esta diversidad de ministerios, la acción evangelizadora de la Iglesia puede llegar a todos los lugares del mundo y de la historia para anunciar la Buena Noticia a la humanidad. En la medida en que estos carismas y ministerios son respetados y potenciados, la acción evangelizadora de la Iglesia se hace más eficaz. Por ello, es importante que, en este momento de la acción pastoral de la Iglesia, cada cristiano/a encuentre su puesto y sepa dar respuesta a su vocación desde el servicio a la comunidad.

4. Koinonía: la comunidad sacramento del proyecto de la fraternidad

Koinonía. Dios es comunión-koinonía, y la Iglesia es comunión-koinonía. Koinonía es el proyecto de nuestro Dios: la comunión con la creación, los seres humanos y Dios, la oikumene total. Estamos llamados a ser el signo de este proyecto. El Vaticano II presenta un modelo de Iglesia centrado en la comunión con Dios y con la humanidad. La Iglesia es sacramento universal de salvación y unidad. Somos un cuerpo cuya cabeza es Cristo; somos su pueblo peregrinante hacia la meta final: la comunión profunda realizada. Presentar la Iglesia bajo la categoría de sacramento implica la unión entre el ser de la Iglesia y su misión: su finalidad (para qué es) va necesariamente implícita en su ser (qué es). La misión determina la misma naturaleza, el mismo ser de la Iglesia; el "para qué" define el "qué". Por eso, la estructura de nuestra comunidad debe reflejar la realidad de la comunión-koinonía.

Hacia una Iglesia-comunión. El signo de la koinonía (comunión, fraternidad, reconciliación, unidad) responde al anhelo de hermandad y de paz de la humanidad de todos los tiempos. Debe manifestar un modo nuevo de convivir y de compartir, anuncio de la posibilidad de vivir como hermanos/as reconciliados/as y unidos/as, con plena aceptación de todas las personas y máximo respeto de su libertad y originalidad. Frente a una sociedad dominada por la ambición, por la codicia del poder, por la violencia y la marginación sistemática de los más débiles; frente a las leyes de la ganancia y de la eficacia despersonalizante y deshumanizante; en un mundo desgarrado por las divisiones, discriminaciones y egoísmos, la comunidad cristiana está llamada a testimoniar la utopía del reino de la fraternidad y de la paz, ofreciendo espacios de libertad y de comprensión, de amor sincero y de respeto de los derechos de todas las personas.

También el signo de la koinonía busca hoy nuevas formas de expresión, como reflejo de los valores de comunión y fraternidad entre las personas.

- El anhelo por una Iglesia comunión en nuevas formas de comunidad y de igualdad. La imagen que ofrece la Iglesia a muchas personas es la de un cuerpo fuertemente institucionalizado y jerarquizado, bien organizado y eficiente, pero con pocos espacios de comunión y de fraternidad real. De ahí el deseo de nuevas formas de comunidad, sobre todo pequeñas, de talla humana, para hacer que la Iglesia sea una auténtica fraternidad, donde la igualdad y la común dignidad de todos los miembros (LG 32) prevalezca sobre la distinción de cargos y ministerios.

- La urgencia de llevar a la práctica la concepción de la Iglesia como pueblo de Dios, en donde la igualdad y la común dignidad de todos los miembros prevalezcan sobre la distinción de los oficios y ministerios. Se impone una bien entendida "desclericalización" de la Iglesia y de la inadecuada distinción entre clero y laicado, dando espacio a una realización de la Iglesia como comunión y articulación de diversos ministerios dentro de la común participación en "un solo bautismo". No se trata propiamente de "promocionar" al laicado, sino de repensar en profundidad la praxis eclesial sobre la base de la sustancial igualdad de todos (LG 32) y del reconocimiento de la variedad de carismas y ministerios, sin desconocer en modo alguno el diferente rol de las personas.

- Si la actividad pastoral tradicional ha podido ser tachada de infantilismo respecto a sus destinatarios y de paternalismo por su talante operativo, hoy se siente la urgencia de poner en el centro de la atención pastoral la promoción de personas creyentes adultas de fe adulta, sujetos responsables y participantes, no simples objetos de cuidados pastorales. Esto significa el paso de una pastoral de la directividad a una praxis eclesial caracterizada por la creatividad y corresponsabilidad de cuantas personas pertenecen al cuerpo de la Iglesia.

- En este contexto, el reconocimiento de la dignidad e igualdad de la mujer en la Iglesia se presenta como una tarea urgente y obligada. Hay que reconocer que la estructura y la praxis eclesiales están aún dominadas por el predominio masculino y por formas de discriminación y de subordinación de la mujer, en estridente contraste con la proclamada paridad y dignidad de la condición femenina. Es necesario un planteamiento eclesial que reconozca el papel paritario de la mujer, y superar condicionamientos históricos y culturales pertenecientes al pasado.

- La koinonía se manifiesta como búsqueda de la comunión ecuménica, a fin de superar la escandalosa desunión de las personas creyentes en Cristo. El ecumenismo no puede ser considerado como tarea secundaria o marginal "no es solamente una especie de "apéndice" que se añade a la actividad tradicional de la Iglesia. Por el contrario, pertenece orgánicamente a su vida y a su acción" (Ut unum sint n.20).

Iglesia más carismática que institucional. Al nivel institucional de la praxis eclesial pertenecen las personas, servicios y estructuras necesarias para que la Iglesia pueda cumplir su misión. Por ejemplo: la disciplina de los ministerios y de los/las agentes pastorales, la pastoral vocacional, la organización de las diócesis, los organismos colegiales, los reglamentos e instituciones, etc. Son problemas y realidades, necesarias para el ejercicio de la acción pastoral, que condicionan de manera relevante el significado global de la labor de la Iglesia. Toda su razón de ser consiste en hacer posible el ejercicio de las funciones eclesiales y, en definitiva, el servicio del Reino. Fuera de esta esencial referencia, el aparato institucional de la Iglesia puede ser obstáculo y antitestimonio en orden a la evangelización. Corresponde por eso a la naturaleza evangélica de la Iglesia reducir al mínimo este aspecto, siempre necesario, y mantener aquella ductibilidad y libertad propias de su misión como sacramento del Reino. En su inspiración originaria, la Iglesia de Cristo posee muy pocos elementos institucionales esenciales e inmutables, por lo que debe revisarlos en cada época histórica para adaptarlos con valentía a las exigencias de la misión.

Respecto a los condicionamientos estructurales e institucionales, la acción eclesial adolece actualmente de un lastre jurídico-institucional que compromete seriamente su transparencia y credibilidad. Se requiere un gran esfuerzo de revisión y de vuelta a lo esencial, una valoración efectiva de la dimensión profética y carismática de la dinámica eclesial, con sincera atención a los signos de los tiempos y a los impulsos del Espíritu. He aquí algunas urgencias operativas:

- La reforma institucional de la Iglesia, que afecta a personas y estructuras, órganos e instituciones, reglamentaciones y praxis de acción. Entre los problemas aquí implicados destaca la urgencia de la descentralización estructural y organizativa, la actuación efectiva de la colegialidad episcopal, la conversión evangélica del ejercicio de la autoridad, la racionalización del aparato organizativo, la institucionalización del cambio, etc.

- La promoción y reconocimiento de los ministerios y carismas presentes en el pueblo de Dios. El discernimiento de carismas y ministerios, con la preocupación de no apagar el Espíritu, debe asegurar a la Iglesia un clima de aceptación y libertad respecto a los dones libremente derramados por Dios en el cuerpo eclesial. Esto supone la promoción de ministerios desde la base y la revalorización de las Iglesias particulares.

- La valentía operativa y la apertura al futuro figuran también entre los imperativos del trabajo eclesial en la situación actual. En una época de grandes y rápidas transformaciones, la comunidad cristiana debe saber mirar hacia el futuro sin perder las riquezas del pasado. En un mundo en estado de aceleración no se puede caminar solamente mirando hacia atrás, sino que se imponen el valor del riesgo, la prudencia de la audacia, la actitud juvenil y esperanzadora.

Síntesis

- La Biblia describe la acción de Dios con su pueblo Israel y la acción de Jesús en términos de "pastoreo". Así, llamamos acción pastoral las acciones prácticas que la Iglesia lleva a cabo para la realización del proyecto de la fraternidad.
- Se distinguen diferentes tipos de pastoral, según los campos a los que se hace referencia: pastoral catequética, pastoral litúrgica, pastoral juvenil, pastoral de los medios de comunicación, pastoral sanitaria…
- Se dan varios "modelos" de acción pastoral. Llamamos modelo a la acción de la Iglesia estructurada y ordenada en torno a ideas básicas que son capaces de relacionar todos los campos de la acción pastoral. Los dos modelos más comunes son: el modelo "tradicional" y el modelo "evangelizador". El modelo "tradicional" ha potenciado más directamente el culto y la "sacramentalización", configurando una Iglesia centrada en el culto.
- El modelo "evangelizador" tiene como punto de partida una situación social a-cristiana. Mediante un serio proceso catecumenal quiere llevar la persona, a la experiencia de Dios en Cristo Jesús, y de allí a la formación de la comunidad cristiana, signo de salvación y de la realización del Reino.
- La Iglesia existe para "evangelizar" y anunciar la buena noticia mediante todo cuanto ella dice, hace y es. El proyecto del Reino, y por tanto, el destino y problemas de la humanidad entera, deben constituir la pasión dominante de la presencia eclesial.
- El proceso evangelizador consta de tres etapas: acción misionera, acción catecumenal y acción pastoral-comunitaria.
- El signo de la koinonía eclesial, o comunión, responde al anhelo de hermandad, de paz, de reconciliación de los seres humanos de todos los tiempos. Nuestra koinonía manifiesta un modo nuevo de vivir y de compartir, anuncio de la posibilidad de vivir como hermanos y hermanas.

Tarea

1. Uno de los aspectos fundamentales de la acción pastoral es dar respuesta a la realidad. En la realidad en que te mueves ¿cuáles son los tres elementos más significativos? ¿Cómo responde tu comunidad cristiana a esta realidad?
2. Reflexionando sobre la acción pastoral de tu parroquia ¿a cuál modelo de Iglesia se acerca, al "tradicional" o al "evangelizador"?
3. Investiga si hay consejo pastoral en tu parroquia y cómo funciona.

Notas

_____
_____
_____
_____
_____

TEMA 14

Experiencia religiosa y liturgia

1. La experiencia religiosa
2. Liturgia: la comunidad "celebra" la realización del reino
3. El año litúrgico
4. La oración cristiana

1. La experiencia religiosa

La martyría y la liturgia, así como la koinonía y la diaconía encuentran su más profunda significación en la experiencia religiosa. Una persona o grupo expresa su experiencia profunda con la divinidad mediante la palabra, el culto, la ética, la estética y la estructura social.

Qué entendemos por "experiencia". En la revelación juega un papel central la experiencia religiosa, que permite leer la vida y la historia como lugares en donde la palabra de Dios alcanza la conciencia de las personas. La articulación de hechos y palabras, en el plan de Dios, no ha de entenderse en un sentido material, como si tales hechos y palabras cayesen desde fuera en la historia de las personas y reclamasen una pura aceptación pasiva por su parte. Aunque la Biblia se expresa en términos de intervención directa de Dios sabemos que la revelación, fiel a la ley de la encarnación, asume, en realidad, los procesos normales de la mediación humana: búsqueda, reflexión, oración, etc. Sólo por medio de la palabra interpretativa, la conciencia creyente llega a percibir la presencia operante de Dios en la historia. Y esto se realiza normalmente en el contexto de la experiencia religiosa.

La palabra de Dios se hace oír dentro de la rica experiencia religiosa que lleva a la comunidad creyente (Israel primero y la comunidad apostólica después) a leer en su historia, guiada por el Espíritu, los signos de la presencia de Dios.

Sólo a través de una "experiencia de Dios" es posible percibir la "palabra de Dios". Es tal la importancia de esta dimensión experiencial de la palabra, que es posible formular una ley estructural básica: sin experiencia religiosa no hay comunicación ni escucha de la palabra de Dios. Y esto tiene repercusiones importantes en la comprensión de la catequesis y de la liturgia así como de la koinonía y diakonía.

Estructura de la experiencia humana. Hay que superar la idea que identifica la experiencia de una persona con los años transcurridos o las situaciones vividas. Los elementos constitutivos de la experiencia son:

- Realidad o situación vivida. Es el carácter de inmediatez, de implicación personal, de contacto vivencial y directo con la realidad. Es fácil distinguir lo que es saber por experiencia de lo que se sabe de oídas, o por medio de los libros, etc. Este aspecto confiere a la experiencia autoridad: todo el que puede atestiguar algo "por experiencia" lo hace con autoridad.
- Realidad vivida intensamente. Para no quedar en la superficie, la realidad debe ser experimentada con una cierta intensidad y en forma totalizante, es decir, con implicación de toda la persona (en el orden intelectual, emotivo y operativo).
- Realidad pensada e interpretada. Sólo con la reflexión y el esfuerzo interpretativo la vivencia adquiere significado y valoración, quedando integrada en el contexto vital de la existencia, dotada de sentido, puesta en relación con otros acontecimientos y experiencias. Este esfuerzo interpretativo hace que la vivencia (sentimiento intenso) llegue a ser experiencia, lección de vida, acceso a la realidad, orientación existencial, y no una percepción vaga y confusa de lo real.
- Realidad expresa y objetivada. Es el momento de la expresión, en el que lo vivido se dice, se "cuenta", viene "objetivado" en formas diversas de lenguaje (palabra, gesto, rito, conducta, etc.). La expresión y el lenguaje son necesarios, no sólo para poder comunicar a otras personas la experiencia, sino en cuanto mediación necesaria para la elaboración de la experiencia misma. Para tener una experiencia es necesario tener los medios para expresarla, y cuanto más rico es nuestro sistema de expresión y de lenguaje, tanto más sutil, variada y diferenciada será nuestra experiencia. Las experiencias religiosas pueden darse solamente en personas que han aprendido el lenguaje para interpretar religiosamente la realidad. Quien no ha oído jamás hablar de Dios no puede tampoco tener experiencia de Dios.
- Realidad transformadora. Si las experiencias son profundas y auténticas, las personas quedan transformadas, cambiadas. Es difícil que haga verdadera experiencia quien no está dispuesto a cambiar, así como es difícil cambiar de vida si no se viven experiencias significativas.

Rasgos típicos de la experiencia religiosa. Intentamos señalar los rasgos típicos de la experiencia religiosa en cuanto tal:

- La experiencia religiosa no es experiencia de otro mundo o de otra realidad, sino un modo más profundo de vivir la realidad. Tal experiencia no presupone necesariamente realidades o situaciones extraordinarias de vida, sino que surge de la vida misma en sus momentos fundamentales (amor, odio, esperanza, compromiso, dolor, muerte, etc.) aunque, eso sí, percibidos a un nivel interpretativo más profundo y radical. La experiencia religiosa es la experiencia humana que lleva a una persona reconocer en ella una dimensión de trascendencia.
- La experiencia religiosa es lectura en profundidad de lo vivido, hasta el nivel del "misterio" y la apertura al "trascendente". En la experiencia religiosa la realidad viene captada en el horizonte de la totalidad (significado, origen y fin último, etc.), en su problemática más radical (búsqueda de sentido, demanda de salvación, invocación, etc.) y abierta a la dimensión trascendente del "totalmente Otro".
- La experiencia religiosa se expresa en las diversas objetivaciones o lenguajes de lo religioso: ritos, creencias, narraciones, instituciones, normas, etc. Estas pueden ser verbales o no, sagradas o profanas, individuales o comunitarias. En la experiencia religiosa las objetivaciones juegan un importante papel de mediación, ya que permiten el acceso a la profundidad del misterio y a la alteridad de lo trascendente. La experiencia religiosa se

presenta así como un iceberg, que deja ver solamente en la superficie una pequeña parte de su consistencia y profundidad. No todos los lenguajes son aptos igualmente para expresar esta profundidad: poco apropiados son, por ejemplo, el lenguaje informativo, el racional o demostrativo; más adecuados son los lenguajes evocativos o "sacramentales": la narración, el testimonio, el símbolo, la metáfora, la poesía, el rito, etc.

Las mediaciones del hecho religioso (fórmulas, narraciones, ritos, etc.) pueden ser comprendidas en profundidad sólo si se llega a captar su relación con las experiencias religiosas subyacentes, pues la comunicación religiosa no es del orden de la transmisión del echo, sino más bien de la lectura en profundidad del acontecimiento. Por otra parte, la experiencia religiosa, dado que posee la estructura del lenguaje, puede ser comunicada y evocada, no obstante su originalidad y relativa "inefabilidad".

La experiencia religiosa tiene su fundamento en la necesidad de búsqueda de sentido a la propia existencia humana. Esta búsqueda de sentido va evolucionando hasta llegar a una integración de todos los aspectos de la personalidad desde el factor religioso. La madurez religiosa es el punto ideal de llegada de la experiencia religiosa.

Expresiones de lo religioso. El ser humano, en el encuentro con la divinidad, se siente identificado en profundidad, da sentido a su vida, se siente vivo y trasformado por la comunión y el encuentro. El no se limita a experimentar la presencia de la realidad trascendente en su vida, sino que además la celebra con todos los medios a su alcance: la palabra, el rito, las artes plásticas, el comportamiento, etc. Esta reacción convierte a la persona religiosa en creadora de nuevos símbolos expresivos a través de los cuales entiende que se perpetúa la presencia de la divinidad y que se actualizan sus poderes en el mundo. Al ponerse en contacto con estos símbolos, la persona religiosa participa nuevamente de la acción favorable de la divinidad. La experiencia religiosa es algo que se apodera de toda la persona y, aunque radica en los estratos más íntimos de su ser personal, no queda encerrada en su profundidad sino que busca también su celebración. Si el ser humano fuera solo espíritu, la religión podría ser puramente "espiritual". Pero el ser humano es "espíritu encarnado" y lo que afecta a su espíritu se manifiesta en su carne. Los mitos, los ritos, las fiestas y la ética son cuatro expresiones fundamentales del hecho religioso, presentes en todas las culturas y en todas las situaciones humanas.

- Los mitos son relatos elaborados por una reflexión impersonal y milenaria a través de los cuales la humanidad busca saber a qué atenerse y encontrar en su vida un sentido global. Los mitos no son ciencia y no han de establecer una competencia con ella. Sirven para que el ser humano se comprenda mejor a sí mismo y comprenda los lazos que le unen con los demás seres.

- Los ritos son gestos colectivos por los que los pueblos y las culturas dan expresión a su vida. En los ritos tiene una importancia primordial la palabra. Los ritos que han desarrollado las religiones se basan en los gestos universales, aunque inyectándoles una nueva significación. Para ser válidos, los ritos han de responder a una realidad y ser a la vez fieles a sus destinatarios/as.

- En las fiestas el ser humano ha expresado siempre el sí a la vida, el sentido utópico, la gratuidad, la exuberancia. En las religiones proféticas, la fiesta es además recuperación del pasado y anuncio de un futuro pleno.

- Al dirigirse al ser humano con un carácter totalizador, la religión impregna también el actuar del la persona. Así la ética se convierte en expresión de lo religioso.

La experiencia cristiana. ¿Qué es lo que distingue a la experiencia religiosa cristiana? ¿Qué tienen de original la escucha de la palabra de Dios revelada en Jesucristo y la respuesta de fe? Esta experiencia posee ciertamente contenidos propios, pero en cuanto a la estructura adopta el esquema de toda experiencia religiosa:

- El Antiguo Testamento es la expresión literaria de la experiencia religiosa de Israel, experiencia compleja y atormentada, rica y profunda. Ella ha sido históricamente el lugar de la manifestación de la palabra de Dios en su camino abierto hacia la plenitud de Cristo.

- El Nuevo Testamento es el testimonio y objetivación de la excepcional y decisiva experiencia religiosa de Jesús de Nazaret y de la comunidad apostólica. En él se nos transmite de manera insuperable la profundidad del misterio vivido y su interpretación salvadora.
- La experiencia religiosa eclesial, posbíblica, queda plasmada en numerosos documentos y manifestaciones de la tradición de la Iglesia: historia, liturgia, herencia patrística y teológica, figuras de santos, magisterio pastoral, formas de espiritualidad, etc.
- La experiencia de fe, hoy, se realiza en la conexión de la propia experiencia con las experiencias bíblica y eclesial.

La experiencia bíblica desempeña un papel normativo respecto a cualquier otra experiencia que quiera llamarse cristiana, en cuanto fuente de interpretación y valoración. Por otra parte, la experiencia eclesial constituye también un punto obligado de referencia.

Se da una experiencia de fe cristiana, a la escucha de la palabra de Dios, cuando una persona o un grupo profundiza y expresa su propia vivencia acogiendo las experiencias bíblica y eclesial como fuente de sentido. Se actúa así un proceso de identificación dinámica entre el propio itinerario experiencial y las experiencias fundamentales cristianas. Es éste el núcleo de la experiencia de fe y lo que significa existencialmente oír la palabra de Dios y ponerla en práctica.

La relación entre palabra de Dios y experiencia religiosa permite vincular la catequesis, como servicio de la palabra, a la estructura fundamental de la experiencia de fe. Fuera del contexto de la experiencia religiosa no es posible la comunicación de la palabra, ni la actitud de fe como respuesta a la palabra: sin experiencia religiosa no hay comunicación religiosa. "En el fondo, ¿hay otra forma de comunicar el evangelio que no sea la de transmitir a otro la propia experiencia de fe?" (EN 46). La experiencia humana entra en el proceso catequético por derecho propio. Si hoy la Iglesia insiste en el papel de la experiencia en la educación de la fe es porque la misma naturaleza de la fe cristiana y de su trayectoria de maduración postula que se atienda debidamente a la experiencia en el acto catequético. "La relación del mensaje cristiano con la experiencia humana no es puramente metodológica, sino que brota de la finalidad misma de la catequesis" (DGC 116).

2. Liturgia: la comunidad "celebra" la realización del reino

La palabra "liturgia" viene del griego *leiturgia*, "servicio público". En el cristianismo bizantino, desde el siglo IX, liturgia alude al culto cristiano no privado, sobre todo a la liturgia eucarística o misa. Originariamente la Iglesia latina hablaba de *divina oficia*, u oficios divinos, pero, a partir del siglo XVI, adoptó el término bizantino. El Vaticano II al presentar la liturgia recuerda que el verdadero culto cristiano es la vida de comunión con Dios y con las personas.

El signo de la liturgia, en sus distintos momentos (eucaristía, sacramentos, culto, devociones, oración) abarca el conjunto de ritos, símbolos y celebraciones de la vida cristiana como anuncio y don de salvación, experiencia de liberación. Responde a la exigencia, profundamente radicada en el corazón del ser humano, de celebrar la vida, de acoger y expresar en el símbolo el don de la salvación y el misterio de la existencia, rescatada y trasformada. Ante los límites mortificantes de la racionalidad y de la falta de sentido, la comunidad cristiana está llamada a crear espacios en donde la vida y la historia, liberadas de su opacidad, sean celebradas, exaltadas, relanzadas como proyecto y lugar de realización del Reino. En la Eucaristía, sacramentos, fiestas y conmemoraciones que jalonan la experiencia de fe, la comunidad cristiana debe testimoniar, anunciar y celebrar, con alegría y agradecimiento, la plenitud liberadora de la vida nueva manifestada en Cristo. Los valores del Reino (la paz, la fraternidad, el amor, la justicia) son así anunciados y pregustados en la forma visible de celebraciones que los manifiestan y los realizan.

La liturgia es "actualización". "La liturgia, mediante la cual se actualiza la acción redentora..." (SC 2). La liturgia actualiza la historia de salvación porque la expresa, y la expresa para actualizarla. "Cristo envió a los apóstoles no sólo a anunciar que el Hijo de Dios, con su muerte y resurrección, nos libró del poder de Satanás y de la muerte...sino también a actualizar mediante el sacrificio y los sacramentos, la acción salvífica proclamada. En torno a ellos gira toda la vida litúrgica" (SC 6). La liturgia y los sacramentos son una actualización de la acción salvadora.

La liturgia es "celebración" festiva. "Celebrar" es, sin duda, una categoría central para definir la liturgia, el término más reiterado, dentro del documento conciliar (SC 7-8; 24; 26-28; 35; 41; 59; 102-103). "Nunca la Iglesia ha dejado de reunirse para celebrar el misterio pascual" (SC 6). "Celebrando la eucaristía en la que se hace presente de nuevo su victoria y su triunfo sobre la muerte". Queda clara la ecuación: actualizar es celebrar. Y dado que actualizar significa y supone expresar, podemos concluir también que expresar es celebrar. Celebrar es actualizar y expresar.

Celebración como Koinonía, Diakonía. En el período de la vida de Israel que refleja el Deuteronomio se destacan dos rasgos especiales dentro de la celebración del pueblo creyente: la alegría y la comunidad de hermanos/as en forma de diakonía. La alegría se destaca una y otra vez (Dt 12, 7.18; 16, 15; 21, 11). La comunidad en forma de diakonía significa que la fiesta debe reunir a todas las personas, también a las que hoy llamamos marginadas: pobres (viudas y huérfanos), extranjeras, emigrantes (Dt 12, 5-6; 14, 28-29; 15, 1.4; 16, 9-12.13-14). La raíz última de estas normas se formula al comienzo de estos pasajes: "Yavé ama a los emigrantes (extranjeros) y les da alimento y vestido. Por eso también deben ustedes amar a los extranjeros, pues han sido extranjeros en Egipto" (Dt 10, 19).

En los pasajes reseñados se nos describen dos de las tres fiestas centrales de Israel: la fiesta de las Semanas (Savout) o Pentecostés y la de las Tiendas o Cabañas (Sucot) - la otra es la del Pesaj o Pascua.

Hay una relación muy estrecha entre estos textos del Deuteronomio y los "sumarios" sobre la Iglesia de Jerusalén que se encuentran en los Hechos de los apóstoles. En ellos se recogen de manera intencionada las dos características de la celebración deuteronómica: la alegría y la comunidad diacónica. En Hech 2 se relata el pentecostés cristiano. Al final se describe como fruto del evento pentecostal, la primera comunidad cristiana y su vida de la siguiente manera: "Todos los creyentes vivían unidos y tenían todo en común. Vendían sus posesiones y sus bienes y repartían el precio entre todos según la necesidad de cada uno....Con un mismo espíritu partían el pan por las casas y tomaban el alimento con alegría....Alababan a Dios" (44-47).

Es claro que se está aludiendo a la liturgia doméstica, a la eucaristía como fracción del pan y a la alegría que embarga a los participantes. Se hace referencia a la puesta en común de bienes como expresión última de la unión de la asamblea litúrgica, es decir, a la koinonía y la diakonía.

Celebración y memorial. Otra característica de la celebración en la tradición bíblica es el memorial: la fiesta como el tiempo son para hacer memoria de los acontecimientos salvadores realizados por Dios en favor del pueblo. La celebración pascual es memoria de un éxodo. Uno de los ejes de la liturgia de la celebración de la fiesta pascual es la haggadá, una narración de lo sucedido a Israel. En el rito el niño pregunta al padre de familia: ¿por qué esa noche es distinta de las otras noches, por qué se realizan gestos nuevos, singulares, insólitos? Es la pregunta por el sentido y el significado de la noche, sobre el motivo de la fiesta realizada a través de signos, símbolos, ritos.

Entonces el padre responde relatando la liberación pascual-exodal, haciendo memoria, recordando un pasado que se pide sea presente y futuro en todo lo que tiene de salvador, y dando gracias a Dios por él. La comunidad cristiana ha heredado ese rito a través de la eucaristía, centro y eje de toda la liturgia de la Iglesia. La eucaristía, que es la forma cristiana de celebrar la Pascua, está centrada en un relato: el llamado relato de la institución. Antes se solía llamar a esta parte de la eucaristía "consagración". Hoy nos damos cuenta de que es ante todo el relato de la pascua de Jesús, de su despedida y entrega mediante la muerte cruenta, de su autodonación en forma de ágape, de su paso de este mundo al Padre (Jn 13, 1).

La liturgia es la epifanía del reino de Dios. La especificidad de la liturgia reside en su función de revelar, patentizar y potenciar la vida eclesial para que llegue a aparecer realmente como epifanía del Reino, el Reino que está por venir pero que constituye el horizonte de la historia. La liturgia contribuye a que se haga presente en la Iglesia, revelándolo y comunicándolo. Así la acción litúrgica realiza y anticipa una parusía o presencia de la basileia.

La liturgia es transfiguración. A través de la celebración se va manifestando la luz que irradia la persona de Jesús sobre el monte Tabor, y las personas fieles van purificando sus sentidos para poder contemplarla. En la liturgia tiene lugar como una transfiguración: lo del cuerpo en Kénosis de Jesús y la de su cuerpo místico que es la comunidad eclesial. La liturgia es teofanía: la vida litúrgica transfigura el mundo en reino de Dios por anticipación profética. De ese modo, por la liturgia se asciende a la montaña santa del Tabor. Participando en Cristo y en el Espíritu (Heb 3, 14; 6.4) se llega a participar de la plenitud de Dios (2 Pe 1, 4). La liturgia es una epifanía de Dios y, por esa razón, la más pobre Iglesia de una aldea, a la hora de la celebración, se convierte en "monte de la transfiguración".

La liturgia como hora tabórica no es una evasión ni una huida, sino un momento singular de esperanza y visión en que se contempla la meta lejana desde la altura a que nos eleva la celebración. Al celebrar se ensancha el horizonte, se ilumina el entorno y se percibe la luz de la Pascua resquebrajando los nubarrones sombríos que envuelven la vida de la persona cristiana comprometida con su fe.

La liturgia es acción del Espíritu. La teofanía, la experiencia tabórica, la liturgia son acciones del Espíritu. Tienen un fondo "epiclético"; son fruto del Hijo y del Espíritu desde el Padre. En la celebración litúrgica se expresa toda la riqueza y profundidad del misterio como anticipación de su gozo pleno, de su gloria y su luz, al tiempo que su carácter de tremendum et fascinans, como hecho hierofánico ("cayeron pecho a tierra llenos de temor", dice Mt 17, 6). Pero predomina la alegría. Jesús transforma lo terrible de ciertas experiencias religiosas en vivencia mística de cercanía: "Jesús, acercándose a ellos, los tocó y les dijo: Levántense, no tengan miedo" (Mt 17, 7).

Para la comunidad hispana la celebración es esencialmente "fiesta". La fiesta es un acontecimiento religioso vivido por la comunidad, como un momento de vida intensa, en completa ruptura con la vida ordinaria, en que se cumple la costumbre y la tradición.

- Ruptura del tiempo profano por el tiempo sagrado: la comunidad vive en la fiesta; la fiesta es para vivir; en ella el pueblo celebra la vida, para que Dios le siga dando vida; el modo de ser en la fiesta enseña al pueblo como vivir todos los días.

- Ruptura con la "muerte": el pueblo "muerto" (inmóvil, aplastado) revive en la fiesta; ahí vuelve a ser él, se identifica, se mueve, se presenta ante todos, les dice de mil maneras que existe; después de este día de la vida, regresa a la "muerte" de todos los días. La fiesta es, pues, la semilla de un vivir que debería hacerse permanente.

- Ruptura con el espacio: grupos por lo común separados (ricos-pobres; mujeres-varones; jóvenes-viejos) se comunican y colaboran en un mismo fervor.

- Ruptura con el orden establecido: la fiesta manifiesta, aunque sea momentáneamente, un profundo anhelo de vida en abundancia: suficiente comida; solidaridad, apertura, igualdad, cercanía de Dios. Es la afirmación de cómo debía ser la sociedad que ha superado la injusticia, la desigualdad y la pobreza.

- Ruptura con el clero: aunque no siempre se da esta ruptura, no es raro constatarla. La fiesta es organizada por las personas laicas (mayordomos-responsables del grupo guadalupano) con el pueblo. Todos son laicos/as. El clero es parte, pero no coordinador de la fiesta. La afirmación, según la cual cada uno actúa según sus intereses y sus criterios, lleva no rara vez a un enfrentamiento y ruptura.

El proceso festivo del pueblo culmina en la fiesta patronal. Entre las principales se encuentran: la fiesta de la Virgen de Guadalupe, la festividad de la Santa Cruz, La Candelaria, El Señor de Esquipulas, el Salvador del mundo, San Pedro y San Pablo, San Miguel...

Cuando la persona hispana llega a los Estados Unidos todo entra en crisis. Generalmente el mundo religioso como razón de la fiesta no resiste a la crisis y fácilmente los/las jóvenes manifiestan el sentido profundo de la fiesta en un "mundo laico y profano". La fiesta de XV años y la boda, la fiesta anual de Guadalupe o del Señor de Esquipulas...reflejan aspectos típicos de la celebración religiosa popular. Los otros grupos étnicos se resisten a entender los enormes gastos y derroche de adornos, trajes, música y símbolos con los que se expresa la fiesta.

La iniciación a la fe se puede hacer de muchas maneras: enseñando la Biblia, exponiendo el credo, predicando los mandamientos...; un camino privilegiado para el pueblo son las fiestas. La Iglesia anuncia el Evangelio en las celebraciones, en las fiestas cristianas (Navidad, Pascua), en la celebración de los sacramentos (bautismo, eucaristía...), en las conmemoraciones de los santos/as (fiestas de María, fiestas patronales...) en las celebraciones de la vida de los individuos (matrimonio, entierro...) en las bendiciones de casas, cosechas...

Esto requiere la capacidad de comunicar la fe con símbolos, cantos, ceremonias, imágenes, procesiones. En las fiestas, la Iglesia vive y expresa su fe de forma comunitaria. Las diversas fiestas del año litúrgico van proponiendo a la comunidad cristiana los diversos momentos de la historia de la salvación. Los momentos culminantes de la vida personal quedan santificados mediante los sacramentos. Los grandes misterios de la fe, los núcleos básicos del mensaje bíblico se presentan en forma festiva y simbólica a lo largo de la liturgia de la Iglesia, de los sacramentos y de las celebraciones populares. La celebración eclesial es expresión de la fe, y la fe, sobre todo de la gente popular, se vive en los misterios que la Iglesia celebra. Esta realidad todavía es significativa por un grupo de personas adultas que viven en los Estados Unidos, pero ya no es totalmente significativa por las nuevas generaciones.

Hay que promover el diálogo entre el "sentido" religioso hispano y la cultura post-moderna.

La celebración litúrgica es la acción sagrada que evoca y hace presente la salvación realizada por Dios en Jesucristo con la fuerza del Espíritu. La celebración litúrgica comprende cuatro elementos básicos: un acontecimiento salvífico que motiva la celebración; una comunidad que se reúne en asamblea; un clima festivo que lo envuelve todo y un ritual que expresa la experiencia del encuentro comunitario con la divinidad.

La acción ritualizada consta siempre de los siguientes elementos: anuncio de la Palabra de Dios mediante lecturas bíblicas; canto de himnos y salmos; oraciones de la asamblea y signos, gestos y ritos simbólicos.

Esta estructura celebrativa tiene un profundo sentido teológico: Dios convoca a la asamblea por medio de su palabra; la asamblea hace suyo este anuncio y lo expresa con cánticos y con oraciones; e inserta su oración y acción en la de Cristo al Padre.

Desde el principio de la vida de la Iglesia, la comunidad cristiana se reúne regularmente en un día fijo, el día primero de la semana: el domingo, llamado también día del Sol, octavo día y, sobre todo, día del Señor. El domingo es el día de la reunión de la comunidad cristiana, en la que tiene lugar el encuentro con el Señor resucitado y la celebración del misterio pascual.

La pastoral litúrgica. La pastoral litúrgica es una parte de la acción pastoral de la Iglesia que tiene como finalidad la participación consciente, activa, plena y fructuosa de los fieles en la celebración cristiana y, como consecuencia, la edificación del Cuerpo de Cristo, mediante la santificación de las personas y el culto a Dios (SC 10 y 14). La pastoral litúrgica es acción educativa del ser cristiano y siempre creadora de comunión y de comunidad.

El equipo litúrgico tiene como tarea ayudar a que en todas las comunidades cristianas se pueda desarrollar una vida litúrgica plena y auténtica. Para ello, es preciso que presten atención a: la preparación de las celebraciones; la realización de las celebraciones; la educación litúrgica de la comunidad; la formación litúrgica del mismo equipo.

3. El año litúrgico

El año litúrgico

La vida humana, inseparable del tiempo, se regula por tres rotaciones astrales: la tierra alrededor del sol (el año), la luna alrededor de la tierra (el mes, la semana) y la tierra alrededor de sí misma (el día). Desde la más remota antigüedad, el ser humano ha fijado en todas las culturas y religiones, con la ayuda del reloj cósmico, fiestas anuales, mensuales y semanales, merced a la ruptura de la actividad laboral y al acceso en el ámbito religioso para tomar contacto con la divinidad y lograr favores de su presencia salvadora. A través de la suspensión del trabajo y del fenómeno de las celebraciones festivas, el pueblo penetra en el ámbito sagrado, repitiendo ritos y evocando mitos, de acuerdo a unos calendarios regulados por los ciclos de la naturaleza y determinados acontecimientos históricos, básicamente religiosos. Así se logra mantener el equilibrio físico, psíquico, social y religioso de un pueblo. Producto cristiano de innumerables herencias, relacionadas con la rotación del tiempo, es el año litúrgico. Hoy no podemos olvidar el contexto socio-cultural, marcado por la secularización y los condicionamientos de una sociedad técnico-industrial y postmoderna. El año litúrgico tuvo su formación en una cultura agraria y campesina y hoy se cuestiona la realidad misma de la fiesta religiosa, como residuo de un mundo sacral ya superado, para dar paso solamente a una fe secular que valora lo cotidiano y lo profano como lugar auténtico del encuentro con Dios. En su estructura el año litúrgico no es un absoluto: es una creación de la Iglesia, pero su contenido constituye la esencia de la fe de la misma iglesia: el misterio de Dios. El de la liturgia es el tiempo del hoy de gracia en que la palabra de Dios se convierte en vida. Es también tarea nuestra colaborar en recrear las formas de la celebración del encuentro con la divinidad para que sean más cónsonas con nuestro tiempo.

El año litúrgico es la celebración-actualización del misterio de Dios en el tiempo. Un conjunto armonioso de tiempos y de fiestas que, siguiendo el ritmo solar o astronómico, hace presente al Señor en la evocación de los misterios de su vida histórica e incorpora a los fieles a su acción salvífica. Tiene su fundamento en la historia de la salvación. Su centro son los misterios salvíficos de Jesús, sobre todo su misterio pascual y, a través de él, se hacen de nuevo vivos y operantes para nosotros en las celebraciones.

El año litúrgico consta de tres ciclos temporales: Pascua, Navidad y Tiempo Ordinario, y de un conjunto de solemnidades y de fiestas del Señor, de la Virgen María y de los Santos. Algunos tiempos litúrgicos son llamados fuertes, por la importancia y significación que tienen para la vida cristiana. Entre estos, debe destacar la Cuaresma y el tiempo de Pascua.

El año litúrgico no puede reducirse a un simple calendario de días y meses a los que están vinculadas las celebraciones religiosas; es la presencia, en un modo sacramental-ritual, del misterio de Dios en el espacio de un año.

Para la persona cristiana el tiempo es la categoría dentro de la cual se realiza la salvación. Éste es el motivo por el que "en el ciclo del año (la Iglesia) desarrolla todo el misterio de Cristo, desde la encarnación y el nacimiento hasta la Ascensión, el día de Pentecostés y la expectativa de la feliz esperanza y retorno del Señor. Al conmemorar así los misterios de la redención, abre la riqueza de las virtudes y de los méritos de su Señor, de modo que se los hace presentes, durante todo tiempo, a las personas fieles para que los alcancen y se llenen de la gracia de la salvación" (SC 102).

La liturgia, vista como la continuación de la intervención de Dios que salva a través de signos rituales, prolonga y actualiza en el tiempo, mediante la celebración, las riquezas salvíficas del Señor. Por ello el año litúrgico no es una serie de ideas o una sucesión de fiestas más o menos importantes, sino que es una Persona, Dios. La salvación realizada por Jesús, "principalmente por el misterio pascual de su bienaventurada pasión, de su resurrección de entre los muertos y de su gloriosa ascensión" (SC 5), es ofrecida y comunicada en las diversas acciones sacramentales que caracterizan el dinamismo del calendario cristiano. La historia de la salvación que continúa en el hoy de la Iglesia constituye, por tanto, el elemento vertebrador del año litúrgico.

La historia de la salvación fue proyectada por Dios como una economía de salvación que, iniciada en el pasado, alcanza su vértice en Cristo y actúa en el tiempo presente en espera del cumplimiento. Si la historia salvífica se concibe como una línea recta que se desarrolla teniendo a Cristo como un punto fijo que orienta toda la historia anterior y posterior a él, la celebración litúrgica de la Iglesia se puede ver como un momento de esa historia, es decir, un momento de contenido histórico-salvífico en forma ritual. En efecto, el año litúrgico en sus fiestas celebra sólo y siempre el misterio de Dios y de Cristo como centro de la historia salvífica. En la fragilidad del tiempo que huye, nuestro tiempo en la celebración litúrgica adquiere el valor de "kairos", de espacio de la salvación. Después de la ascensión de Cristo al cielo, la obra de la salvación continúa a través también, de la celebración de la liturgia.

La celebración de los diversos misterios de la redención, a lo largo del año litúrgico, no se debe interpretar como una reproducción dramática de la vida terrena de Jesús. De hecho en toda celebración, aparentemente parcial, se celebra siempre la eucaristía en la que tiene lugar el todo

El Año Cristiano

Reviviendo la espera gozosa del mesías en su encarnación.
Preparamos la vuelta del Señor al final de los tiempos.

Reviviendo la marcha de Israel por el desierto y la subida de Jesús a Jerusalén.
Revivimos nuestro bautismo (= inmersión) en el misterio de la muerte y resurrección.

Con los once y la primera iglesia celebramos el gran domingo (7 semanas x 7).
Pascua, ascensión y pentecostés son un mismo misterio a lo largo de 50 días.

Movida por el Espíritu, alimentada por la palabra, la iglesia sigue construyendo el reino de Cristo hasta que vuelva.

Vino, Viene, Volvera...

Has muerto, vives, ¡ven, señor Jesús

El Espiritu hace de la iglesia el cuerpo de cristo hoy

33 ó 34 domingos (incluidos los domingos móviles) según los años.

Adviento — Navidad Epifana — Domingos móviles (tiempo ordinario) — Miercoles de ceniza — Cuaresma — Ramos Pasión — Triduo Pascual — Tiempo Pascual — Ascensión — Pentecostés — Tiempo Ordinario

Ciclo de navidad — Ciclo de pascua

y, por tanto, el misterio es siempre completo, el todo está siempre en cada fragmento. Sin embargo, esta plenitud tiene necesidad de ser desplegada y recibida en cada una de sus partes. Por ello, en el marco de las celebraciones anuales, la palabra de Dios expresa la sobreabundancia y la multiformidad del misterio, las evoca y las hace presentes. A la luz de la palabra el misterio particular que se celebra en el transcurso del año nos revela, cada vez, una de las dimensiones de la salvación. El misterio de Dios celebrado se convierte así en la vida de la Iglesia, y la Iglesia, a su vez, prolonga y completa el misterio de Dios.

4. La oración cristiana

La oración es un fenómeno religioso universal de comunicación con la divinidad. La encontramos en todas las religiones; por ella el ser humano se eleva hasta Dios con el deseo de unirse con él o invoca su nombre para que intervenga en los acontecimientos de la historia y en los fenómenos de la naturaleza; este diálogo con la divinidad surge de la presencia de lo sagrado, que el ser humano percibe en el ámbito de la naturaleza, o bien en la revelación que Dios ha querido hacer de sí mismo a través de las múltiples tradiciones religiosas. Es una relación intelectual-afectiva que de algún modo compromete a toda la persona cristiana e incluye una característica particular: se trata de un encuentro interpersonal con el Dios de Jesús; las personas cristianas debemos orar como Jesús, y como comunidad creyente animada por el Espíritu de Jesús. El "Padre nuestro" es la oración de la comunidad cristiana en que se integran las personas bautizadas. Siempre que nos dirigimos al Padre, lo hacemos como hermanos/as y apoyados/as por la comunidad eclesial.

La oración religiosa popular. El pueblo religioso ora, o como él dice, reza, en lo que se ha dado en llamar un lenguaje total (DP 454). En este modo de orar las palabras son escasas, repetitivas, sencillas y simples: "mi Virgencita, madrecita mía, Padre Jesús...". Sin embargo, enriquece su pobreza de lenguaje con su participación corporal y emotiva: fija sus ojos, llora, besa, toca y soba la imagen; se unta de ella en la parte enferma; se cubre con su manto, se viste como ella; danza ante ella; hace el signo y se pone en cruz, canta, ofrece flores y cera; le da limosna, que besa previamente; en ocasiones paga la música, los cohetes; guarda largos silencios delante de la imagen (DP 457). Como recuerdo de esta experiencia espiritual profunda, que es mayor si se hace en la peregrinación, al llegar al santuario, compra agua o tierra del lugar; adquiere la imagen del santito, se retrata a su lado, y, al despedirse, no le da la espalda. En su casa hace este mismo tipo de oración ante el altar de las imagencitas, aunque con un lenguaje menos total.

La oración religiosa popular nace de la inventiva del pueblo; tiene preferencia por los signos, signos que cambian lo que toca; transmitida en familia o en el grupo social; es casi siempre expresión de importancia; es motivada por una necesidad básica; es utilitarista; es sentimental, emotiva y con diferentes sintaxis; esta llena de movimiento; rica en expresiones (color, espacio, tiempo, ritmo...); se reza en ciertos lugares y tiempos; todas las personas son orantes principales; tiene suma espontaneidad; su culmen es el encuentro con la imagen.

Este modo de orar, muy marcado en los países de origen, encuentra dificultad de inculturación en los Estados Unidos. Generalmente, la segunda generación hispana la ignora.

Casi siempre se propone la oración litúrgica como el ideal de la oración cristiana. Es urgente, sin embargo, buscar la inculturación de dicha oración en las formas de la oración religiosa popular. Para esto es necesario reconocer esta oración como una manera legítima de rezar; por lo mismo, exige al agente de pastoral el deseo sincero de aprender a rezar en este lenguaje total, como lo hace la mayoría de las personas cristianas.

La indiferencia del pueblo religioso popular respecto de la oración litúrgica (misa, laudes, Biblia, liturgia de la palabra), no es sólo la respuesta a la indiferencia mostrada por el clero respecto de la forma popular de orar. Hay oraciones que, sin ser auténticamente creación del pueblo, éste adopta con gusto. Es el caso de las novenas y los devocionarios que, escritos por gente ilustrada, tocan cuerdas muy sensibles del rezar popular. El sentimentalismo, la melosidad, el ser dirigidos a un santo especialista en resolver alguna necesidad básica, el utilitarismo, la emotividad son aspectos que ciertamente no son los más positivos de la oración religiosa popular.

Las estructuras de la oración bíblica

Oración dialógica y personal. La oración tiene sus raíces en la estructura misma de la revelación, que es dialógica. Dios habla, y la persona escucha y responde; Dios obra y la persona colabora. En la medida en que escucha, la persona se hace capaz de interrogarse, de ver y de comprender. La oración bíblica es personal en el sentido de que se dirige a una persona y la involucra enteramente. El encuentro con Dios es de tú a tú, de persona a persona. La oración bíblica nunca es un monólogo, sino un descendimiento a lo profundo del propio yo; es siempre un salir de sí, un coloquio con el otro. Este coloquio es tan verdadero, tan real, que adopta a veces la forma de la discusión y de la disputa. El coloquio con Dios se mueve simultáneamente entre dos polos: trascendencia e inmanencia, cercanía y distancia, confianza y temor.

Para la Biblia la verdadera oración es la del corazón, o sea la que sube del centro de la persona y de lo profundo de la vida. La oración de los labios o de muchas palabras no es auténtica, porque no asciende de la raíz de la persona. En la oración, la persona está involucrada en su totalidad, en su inseparable unidad. Las necesidades físicas y espirituales forman cuerpo. La oración bíblica no se mueve sólo en la esfera de los bienes espirituales, sino en la totalidad de la vida.

La oración es trinitaria y comunitaria. En Jesús la revelación se ha manifestado como la comunicación de una vida divina que es un diálogo entre personas. La oración es una referencia precisa y personal al Padre, al Espíritu y a Jesús. El término último de la oración es siempre el Padre, pero por Cristo y en el Espíritu. La oración bíblica es profundamente personal, pero es al mismo tiempo comunitaria y eclesial. El individuo no está nunca separado de la historia de su pueblo y ora siempre como miembro del pueblo. El paso de lo personal a lo colectivo, de lo individual a lo comunitario se produce sin contraposiciones y sin violencia. Y esto no sólo a nivel de oración formulada, sino, antes, a nivel de experiencia vivida.

Nexo con la historia y la vida. La oración asume tonos diferentes en las diversas etapas de la historia de la salvación. Dios habla a la persona en la historia, y ésta responde a Dios dentro de la historia, adoptando su lenguaje, cultura y sus problemas. Se busca el rostro de Dios y se nos remite a la creación y a la historia; aquí están sus huellas, los signos de su amor. La oración nace de la vida y, después de haberse dirigido a Dios, vuelve a la vida, pero con ojos nuevos y abriendo nuevas posibilidades.

La oración no es sólo una relación verbal con Dios, sino una relación vital, existencial, de la cual la relación verbal es simplemente su expresión explícita y parcial. Una de las desviaciones más graves que la Biblia reprocha es la separación entre oración y moral, culto y vida (Is 1; Am 5; Jer 7).

Jerusalén y el templo son los lugares privilegiados de la oración, y todavía hoy las sinagogas tienen un ábside dirigido hacia Jerusalén. Pero la oración no estuvo nunca vinculada al santuario. Dios está en todas partes; el espacio de la oración es la vida. El lugar de la oración es el Espíritu "en espíritu y en verdad", no Jerusalén ni Garizín (Jn 4, 21).

El signo del "silencio de Dios". La experiencia más desconcertante, reveladora y purificadora de la oración bíblica es el silencio de Dios. No raras veces en la oración se encuentra a un Dios que calla. El salmo 22 dice: "¿Dios mío, Dios mío, por que me has abandonado?" Es la pregunta de una persona pobre judía que se siente abandonada por un Dios que tiene por característica fundamental la fidelidad. El lamento del pobre judío se convirtió en la oración de Jesús en la cruz. Estamos en el corazón de la fe cristiana. La Biblia no conoce solamente a un Dios que nos escucha, sino también a un Dios que nos desmiente. Esto muestra la diversidad entre el Dios bíblico y el dios pagano. El dios pagano es complaciente y se hace garante de los proyectos de la persona. Deja a la persona prisionera de sus proyectos y de sus ilusiones. El Dios bíblico juzga, desencanta, fuerza a la persona a superar sus deseos, y por eso la libera y salva. El silencio de Dios es signo de su amor y de su fidelidad, la señal de que escucha a la persona profundamente. La oración es siempre eficaz, pero a su modo: "¿Qué padre de entre ustedes, si un hijo le pide pan, le dará una piedra?" (Lc 11, 11).

Súplica y alabanza. La persona bíblica no sólo alaba a Dios por sus maravillas; no sólo lo busca, sino que con más frecuencia, le suplica por sus necesidades y por sus infidelidades. La súplica es confiada y abierta. La angustia no conduce a las personas a una resignación fatalista y estéril. El que suplica está convencido, cualquiera que sea su situación, de que Dios tiene firmemente en sus manos los acontecimientos. La oración de súplica abre nuevas posibilidades de coraje, de impulso; libera energías nuevas y conduce a descubrir las razones profundas del mal y a convertirse. La súplica tiende a la alabanza. La alabanza bíblica es reveladora de la visión bíblica del mundo y de la historia. Las cosas son don de Dios y los acontecimientos son gestos de Dios.

Síntesis

- La experiencia religiosa, permite leer la vida y la historia como lugares en donde la palabra de Dios alcanza la conciencia de las personas. Aunque la Biblia se expresa en términos de intervención directa de Dios, la revelación, fiel a la ley de la encarnación, asume en realidad, los procesos normales de la mediación humana: búsqueda, reflexión, oración, etc. Sólo por medio de la palabra interpretativa, la conciencia creyente llega a percibir la presencia operante de Dios en la historia. Y esto se realiza en el contexto de la experiencia religiosa.

    La palabra de Dios se hace oír dentro de la rica experiencia religiosa que lleva a la comunidad creyente a leer en su historia, guiada por el Espíritu, los signos de la presencia de Dios. Sólo a través de una "experiencia de Dios" es posible percibir la "palabra de Dios". Se da una ley estructural básica: sin experiencia religiosa no hay comunicación ni escucha de la palabra de Dios. Y esto tiene repercusiones importantes en la comprensión de la catequesis y de la liturgia.

- El signo de la liturgia, en sus distintos momentos (eucaristía, sacramentos, culto, devociones, oración) abarca el conjunto de ritos, símbolos y celebraciones de la vida cristiana como anuncio y don de salvación, experiencia de liberación. Responde a la exigencia, profundamente radicada en el corazón del ser humano, de celebrar la vida, de acoger y expresar en el símbolo el don de la salvación y el misterio de la existencia, rescatada y trasformada. La comunidad cristiana crea espacios en donde la vida y la historia, liberadas de su opacidad, son celebradas, exaltadas, relanzadas como proyecto y lugar de realización del Reino. En la Eucaristía, sacramentos, fiestas y conmemoraciones que jalonan la experiencia de fe, la comunidad cristiana testimonia, anuncia y celebra, con alegría y agradecimiento, la plenitud liberadora de la vida nueva manifestada en Cristo. Los valores del Reino (la paz, la fraternidad, el amor, la justicia) son así anunciados y pregustados en la forma visible de celebraciones que los manifiestan y los realizan.

- Durante todo el año celebramos con Jesús, en comunión con el Padre y unidos en el mismo Espíritu, el misterio de nuestra salvación (Año litúrgico). Nuestra vida vivida en comunión con Dios la llamamos "oración" y vivir lo humano en divino lo llamamos espiritualidad cristiana.

Tarea

1. Narra una "experiencia humana" que ha marcado tu vida y en donde has experimentado el paso de Dios.
2. Describe dos características de la "fiesta" que sean, al mismo tiempo, características de la celebración litúrgica.
3. Nombra los diferentes tiempos del año litúrgico y su significado.
4. Escribe una oración teniendo en cuenta unas características de la oración bíblica.

TEMA 15

Martyría y diakonía

1. Martyría: la comunidad "anuncia" la humanidad nueva
2. La comunidad cristiana "servidora" del mundo
3. La realidad desafía la vocación "servidora" de la Iglesia
4. Espacios y formas de servicio social

1. Martyría: la comunidad "anuncia" la humanidad nueva

Martyría viene de una palabra griega *martys*, *martyros*, "testigo". Mártir es la persona que, por su fe y amor a Cristo, afronta el sufrimiento y la muerte (LG 50). En el evangelio de Juan, el término se aplica al testimonio del Padre a favor del Hijo (Jn 5, 37) y al testimonio ofrecido por Jesús (Jn 3, 1-12) o por Juan Bautista (Jn 1, 6-8.15.19-36). Los apóstoles y otras personas cristianas dieron testimonio de la verdad (Lc 24, 48). Con el tiempo, mártir pasó a designar a las personas que habían sufrido y muerto por su testimonio (Hch 22, 20; Ap 12, 11), y la muerte de Jesús fue considerada como el ejemplo supremo de martirio (cf. Hech 3, 14). Con la palabra "martyría" designamos todas las expresiones con que proclamamos el proyecto del Reino: anuncio, testimonio, profecía, catequesis, predicación y reflexión teológica.

Diferentes formas del servicio de la palabra de Dios. En las Iglesias apostólicas existe un ejercicio muy variado, espontáneo y no cristalizado, del ministerio de la palabra. La comunidad cristiana, surgida de la respuesta de la fe al anuncio de Cristo muerto y resucitado, desarrolla y profundiza de varias formas la palabra que edifica la comunidad y la convierte en testimonio vivo. Algunas *formas típicas*: el *primer anuncio* del mensaje, con el fin de suscitar la adhesión en quien aún no posee la fe; la *instrucción*, que pretende comprender más a fondo y deducir del centro del mensaje todas las consecuencias para la vida; la *profecía*, que estimula la comunidad a discernir la voluntad de Dios en la historia; el *testimonio*, que quiere iluminar garantizar y convencer; la *exhortación*, que tiende a corregir e infundir valor.

El criterio de adaptación y de articulación de todas estas manifestaciones de la palabra es la vida de la comunidad, fiel al mensaje de salvación, que unifica y suscita todo. Cabe destacar una cierta distinción de base entre un *primer momento de lanzamiento del mensaje*,

expresado por verbos como gritar (*krazein*), anunciar (*keryssein*) evangelizar (*euangelizein*), testimoniar (*martyrein*), y un segundo momento de explicación y profundización, expresado por los verbos enseñar (*didaskein*), catequizar (*katejein*, literalmente: hacer resonar), predicar (*homilein*), transmitir (*paradidonai*) y otros semejantes.

La sacramentalidad de la palabra. La revelación es sacramental no sólo porque está relacionada con su realización, sino que la misma palabra es en sí sacramento. La palabra de Jesús es escuchada y entendida como fuerza dinámica y eficaz (Mt 8, 16; 10, 1; 8, 8; Lc 5, 5); la palabra de Dios despliega su energía en ustedes (1 Tes 1, 13); la palabra de la cruz es locura para las personas que se pierden, más para las que se salvan, para nosotros/as, es fuerza de Dios (1 Cor 1, 18; Rom 1, 16). San Juan recalca este carácter sacramental de la palabra: "Ustedes están limpios/as gracias a la palabra que les he anunciado" (Jn 15, 3); "El que escucha mi palabra tiene vida eterna" (Jn 5, 24); "Tu palabra es la verdad" (Jn 17, 14).

El signo de la martyría o función profética (primer anuncio, catequesis, predicación, reflexión teológica) debe brillar en el mundo como anuncio liberador y *clave de interpretación de la vida y de la historia*. Ante la demanda de sentido y experiencia del mal, que induce a tantas personas al fatalismo y a la desesperación, la comunidad cristiana debe ser por vocación portadora de esperanza, personas "enemigas de lo absurdo, profetas del significado", por medio del anuncio de Jesús de Nazaret, que revela el amor del Padre e inaugura la venida del Reino. Es testimonio desinteresado, de la palabra libre y valiente, llena de la fuerza profética que no calla ante las amenazas; es el signo de la palabra encarnada, repensada y vivida en el lenguaje significativo de cada grupo humano y de cada persona.

Primer anuncio. Urgidos/as a evangelizar. "No me envió Cristo a bautizar sino a anunciar el Evangelio" (1 Cor 1, 17). "¡Ay de mí si no anuncio el Evangelio!" (1 Cor 9, 16). "No se enciende una lámpara para meterla debajo del celemín" (Mt 5, 15). El anuncio es una dimensión de creer: creer entraña confesar la fe, dar testimonio. No se puede creer sin evangelizar; no se puede evangelizar sin creer; el sólo creer evangeliza. Una Iglesia que cree con una fe confesante es una Iglesia que evangeliza. La evangelización es acción de toda la Iglesia, es su identidad más profunda; ella existe para evangelizar (EN 14).

Elementos de la acción evangelizadora. La misión o acción evangelizadora es una realidad rica, compleja y dinámica compuesta de diferentes elementos: "renovación de la humanidad, testimonio, anuncio explícito, adhesión del corazón, entrada en la comunidad, acogida de los signos, iniciativas de apostolado" (EN 24). En la Iglesia, todos estos elementos se relacionan entre sí y se mantienen siempre activos. La comunidad cristiana evangeliza cuando, dotada de un profundo sentido misionero, trata de renovar la humanidad en medio de la cual vive, transformando con la fuerza del Evangelio los criterios, los valores, las corrientes de pensamiento, los modelos de vida que no concuerdan con el Reino de Dios; cuando se convierte en testimonio de los valores del Reino, de la vida nueva que trae consigo; cuando anuncia explícitamente el Evangelio a las personas no creyentes (predicación misionera) y desarrolla una adecuada *educación de la fe* de las creyentes (catequesis, homilía, enseñanza de la teología...); cuando trata de suscitar la conversión, es decir, la *adhesión del corazón* al Reino de Dios, al "mundo nuevo", al nuevo estado de cosas, a la nueva manera de ser, de vivir, de vivir juntos que inaugura el Evangelio, cuando crea *espacios comunitarios* donde la fe se alimenta, se comparte, se vive, y se estructura en comunidades cristianas vivas, que son luz del mundo y sal de la tierra; cuando celebra en los *signos sacramentales* la presencia de Jesús, el Señor y el don del Espíritu Santo, en medio de la comunidad; cuando desarrolla un *apostolado activo* en medio de los diferentes ambientes y situaciones. "Estos elementos pueden parecer contrastantes, incluso exclusivos. En realidad son complementarios y mutuamente enriquecedores. Hay que ver siempre cada uno de ellos integrado con los otros" (EN 24). La Iglesia evangeliza con toda su presencia, con todo aquello que ella vive, celebra, confiesa, proclama y es.

Algunas características fundamentales de la evangelización:

- La evangelización es anuncio y comunicación de una salvación que nos viene de Dios.
- La evangelización tiende a la conversión; pone a la persona ante una decisión: optar por Jesucristo y seguirle, adherirse a su persona a su proyecto y a la manera nueva de ser que en él se inaugura como posibilidad de salvación para todas las personas.
- La conversión reclama trabajar para que las actuales condiciones humanas se transformen en *situaciones de reconciliación*, de paz, de justicia, de fraternidad y amor inspiradas en el Evangelio. El signo de autenticidad es que las personas pobres son evangelizadas.
- Desde esta perspectiva, la evangelización se sitúa primordialmente como *testimonio*.

La catequesis es aquella acción de la comunidad cristiana que propicia el encuentro de la persona, la realidad, la historia y las culturas con Dios. En este encuentro la persona, la sociedad y la historia alcanzan su sentido más profundo y la orientación para la realización plena de la familia humana. La comunidad hispana de los Estados Unidos tiene características propias y una propia cosmovisión. El mundo de relaciones con uno mismo o con una misma, con las demás personas y con Dios reviste rasgos particulares. Por eso la catequesis, como el arte que ayuda a entender, profundizar y llevar a plenitud este mundo de relaciones, adquiere unas características propias.

Una nueva orientación básica: catequesis evangelizadora

- Nosotros/as de la comunidad hispana seguimos llenando las iglesias y la realidad de Dios y de la religión ejerce todavía una fuerte atracción. ¿Hasta cuando? El 50% de nuestra comunidad está constituido por jóvenes de menos de 25 años de edad y la mayoría de ellos/as no sienten interés por la religión. La juventud hispana representa el desafío más fuerte para la Iglesia. Es donde la Iglesia manifiesta su capacidad de recrearse para servir en la construcción de una persona y sociedad nueva. Necesitamos dar el paso de una pastoral "de administración" a una *pastoral evangelizadora*, misionera. Por eso optamos por:

- Una catequesis "momento esencial del proceso evangelizador" (DGC 63-64), que no se limite a fomentar el modelo tradicional del "buen cristiano o buena cristiana", sino que se vea comprometida a promover ante todo verdaderas personas creyentes, suscitando la conversión, la opción por el Evangelio, la decisión y la alegría de ser cristianos/as. A veces confundimos nuestro fuerte sentido religioso con una auténtica experiencia de Dios en Cristo Jesús. Damos por supuesta una base que en realidad no existe. Necesitamos una auténtica acción misionera con una propuesta clara de encuentro y seguimiento de Jesús, y más en este contexto donde el mundo pluricultural y los cambios rápidos echan al aire nuestras "convicciones" religiosas.

- Una catequesis "al servicio de la iniciación cristiana" (DGC 6568). Si antes el interés se centraba en la "enseñanza de la doctrina" (primacía del "saber" de la fe), hoy subrayamos la importancia insustituible del proceso de iniciación (prioridad del "ser" creyente), y por lo tanto del "primer anuncio", del anuncio del Kerigma y del *catecumenado* como instrumento de iniciación o re-iniciación en la fe cristiana. Necesitamos un proceso que nos lleve a un encuentro personal con Jesús resucitado-vivo y una autentica experiencia de Dios. Los caminos más cercanos a nuestra idiosincrasia son el de la religiosidad popular, del encuentro con la Biblia y de los grupos de oración.

- Una catequesis que comunique con *la persona*. Por la catequesis se realiza el ministerio de la comunicación de Dios y de la respuesta de la persona humana. La formación resultante de la educación en la fe favorece un libre seguimiento de Jesús y promueve en la comunidad eclesial relaciones de gran respeto por la dignidad de todas las personas. El encuentro personal con Dios da profundidad y mayor consistencia a nuestra persona, favorece el crecimiento de una justa estima personal, nos ayuda a valorar y cambiar las relaciones interpersonales haciéndolas más igualitarias y humanas.

UNA NUEVA IDENTIFICACIÓN DE LOS SUJETOS Y OBJETIVOS DE LA CATEQUESIS

- Una catequesis *de personas adultas y "adulta"*. La preferencia tradicional por el mundo de los niños/as cede el paso ante la prioridad de la catequesis de personas *adultas y adulta*, sin abandonar la educación religiosa de niños/as y jóvenes. Ante la crisis de la figura tradicional del "buen cristiano", se siente la necesidad de promover un nuevo modelo de persona cristiana adulta, de fe personalizada, actualizado culturalmente, activo y corresponsable, comprometido y crítico. Estamos acostumbrados/as a mandar a los niños y niñas al catecismo y nosotras, las personas adultas, nos hemos quedado con el catecismo de nuestros abuelos, quiere decir con algo que, en el presente de los Estados Unidos, suena obsoleto. Necesitamos también una catequesis que nos forme "personas adultas" en la comunidad y en la sociedad. No servimos al padrecito, sino que el padrecito y cada uno y cada una de la comunidad servimos a Dios y a su proyecto. Tenemos que asumir nuestra responsabilidad y decir 'nuestra palabra' en la comunidad.

- Una catequesis que mire a una "formación cristiana integral" (DGC 84) de la experiencia de fe. Del horizonte de la tarea catequética como transmisión de conocimientos religiosos, concentrada en algunas pocas dimensiones de la experiencia cristiana, se pasa a una visión más amplia del cometido catequético, una catequesis que abarca todas las dimensiones de la vida e integre profundamente a la persona. Una de las dificultades más serias que encontramos en nuestra vida cotidiana es unir fe y vida. Tenemos muy marcada la división entre lo humano y lo divino. Nos cuesta entender que la espiritualidad cristiana es vivir lo humano en divino.

- Una catequesis de talante grupal, comunitario y, si es posible, intergeneracional. A la catequesis prevalentemente individual sucede y se acentúa el papel necesario de la comunidad en todo proceso de crecimiento en la fe, ya que la comunidad resulta ser condición, lugar, sujeto, objeto y meta de la catequesis ("opción comunitaria": DGC 141, 158, 219, 221, 253, 257). Se considera urgente la creación de comunidades vivas, abiertas, convincentes, con sentido de Iglesia. Toda catequesis lleva a una integración a la vida comunitaria de los discípulos y discípulas de Jesús. La experiencia del pequeño grupo fraterno y servicial, convocado por la Palabra de Dios, introduce a la participación consciente en la comunidad, mostrando las infinitas riquezas que existen en la unión de los/las hermanos/as, construida con esfuerzo de oración, de comprensión, de perdón y de alegría. A veces, la aspiración interior de cada persona en nuestra comunidad es tener la posibilidad de constituir nuestro propio grupo. Necesitamos educarnos a vivir en comunidad y gozar de la comunión de done y ministerios diferentes.

- Una catequesis que de la prioridad al compromiso y no a la práctica religiosa. En lugar de tender, como ideal pastoral, a la promoción de "fieles practicantes", se siente ante todo la necesidad de poder contar con personas "creyentes comprometidas", enraizadas en la fe y abiertas a la acción y al compromiso en el mundo. Demasiado fácilmente dejamos a "otras personas" la guía de la comunidad cristiana y de la historia. Necesitamos una fe madura que nos ayude a "meternos en problemas" por la causa del Reino.

- Una catequesis como educación de la fe (DGC 84), y no solamente de preparación a los sacramentos superando el callejón sin salida de la pastoral sacramental y salvar la distancia entre "demanda" y "oferta" pastoral. A la tradicional orientación "devocional" de la catequesis sucede la preocupación primordial por la educación de actitudes de fe y de amor como "liturgia de la vida".

Lugar de la catequesis en la comunidad: "En este final del siglo XX, Dios y los acontecimientos, que son otras tantas llamadas de su parte, invitan a la Iglesia a renovar su confianza en la acción catequética como en una tarea absolutamente primordial de su misión. Es invitada a consagrar a la catequesis sus mejores recursos en personas y en energías, sin ahorrar esfuerzos, fatigas y medios materiales, para organizarla mejor y formar personal capacitado" (CT 15).

Características del/la catequista. El/la catequista es persona creyente, enviada por la comunidad para ser animador y educador de la fe de sus hermanos/as, en un proceso constante de formación. El/la catequista es el agente pastoral que, poseyendo una madurez humana y cristiana básicas y una cierta competencia pastoral, en nombre de la comunidad eclesial a la que pertenece, y "enviado/a" por el obispo o sus delegados, promueve y guía un itinerario orgánico y progresivo de formación cristiana, para un determinado grupo de personas. Es un portavoz de la comunidad eclesial, es un profeta, un educador, un testigo.

Diaconía, koinonía, martyría y liturgia....Estos "signos evangelizadores" manifiestan la misión de la Iglesia en el mundo: ofrecer a todas las personas, como signo y primicia del proyecto de Dios, los cuatro grandes dones de que es portadora: un nuevo talante de amor universal, una nueva forma de convivencia fraterna, un mensaje y un testimonio henchidos de vida y de esperanza, un conjunto de ritos transparentes y expresivos de una vida en plenitud. A través de estos signos la Iglesia cumple su misión en la historia y actúa su aportación específica e insustituible a la realización del Reino de Dios.

Dios se revela con hechos y palabras y "la evangelización se realiza con obras o palabras..., es enseñanza y compromiso" (DGC 39). Es, por tanto, artificial disociar doctrina y vida, como si se tratara de dos realidades alternativas o contrapuestas "es inútil insistir en la ortopraxis en detrimento de la ortodoxia: en el cristianismo son inseparables la una y la otra. Unas convicciones firmes y reflexivas llevan a una acción valiente y segura" (CT 22). El evangelio es anunciado con la palabra y con el testimonio de las obras, frutos ambos de la experiencia de la fe, porque "¿hay otra forma de anunciar el evangelio que no sea la de transmitir a otro la propia experiencia de fe?" (EN 46).

2. La comunidad cristiana "servidora" del mundo

- El "servicio" define la comunidad de los discípulos/as de Jesús: la vida es servicio. Por el misterio de la encarnación, Dios se ha hecho historia en Jesucristo. La diaconía es un aspecto fundamental de la figura de Jesús, a quien Isaías ya había anunciado como el Siervo de Yavé y de la humanidad (Is 52, 13-53, 12). El mismo Jesús se presentó como "el que sirve" (Lc 22, 27), como quien "vino a servir y no a ser servido" (Mt 20, 28).

Jesús, antes de dejar este mundo, realizó el gesto sacramental y profético del lavatorio de los pies para invitar a los discípulos/as a seguir su ejemplo de servicio (Jn 13, 1-15). La Iglesia, que san Ignacio de Antioquía definía como "ágape", tenía plena conciencia que el servicio es la expresión concreta del amor, según las palabras de san Pablo: "Háganse esclavos los unos de los otros por amor" (Gál 5, 13). Considerando que la vida cristiana consiste en un seguimiento de Cristo y en conformarse a él, la Iglesia antigua entendía la diaconía como un amor que se expresa en la humildad y la obediencia (Flp 2, 7-8), en la pobreza (2 Cor 8, 9), en una disponibilidad que llega hasta la inmolación (Mt 20, 28), en compartir las alegrías, los dolores, las exigencias y las aspiraciones de toda persona (Rom 12, 15; 1 Cor 9, 19-23).

El servicio cristiano no consiste en que uno dé algo al otro permaneciendo extraño a él; es superación de la alteridad, es condivisión, es darse. La Gaudium et Spes sitúa a la Iglesia al interior de la historia y de allí comprende su identidad y su misión, por eso "los gozos y las esperanzas, las tristezas y las angustias de las personas de nuestro tiempo, sobre todo de los pobres y de cuantos sufren, son a la vez gozos y esperanzas, tristezas y angustias de los discípulos de Cristo. Nada hay de verdaderamente humano que no encuentre eco en su corazón" (GS 1). La Iglesia, y cada persona, vivimos vinculadas a las demás, solidarias unas con otras y colaboradoras de Jesús en la construcción de la fraternidad.

- El signo de la diaconía, con su carga evangelizadora y su riqueza de expresiones (amor, servicio, promoción, liberación, solidaridad), responde al deseo de hallar una alternativa a la lógica de dominio y egoísmo que envenena la convivencia humana. La comunidad cristiana está llamada a manifestar un nuevo modo de amar y de servir, una tal capacidad de entrega a las demás personas que haga creíble el anuncio del evangelio del Reino. Hoy se subraya la urgencia de la evangelización desde la promoción integral de la persona y a partir de las personas pobres. A la preferencia tradicional por la acción religioso-cultual sucede la prioridad del servicio y la solidaridad, como compromiso histórico por la liberación integral de las personas.

- Que se entiende por "compromiso trasformador". El termino compromiso tiene la acepción de obligación contraída, palabra dada, empeñada. Es este sentido, la palabra compromiso se refiere a las exigencias sociales y públicas de la vida de las personas creyentes y a su presencia en la sociedad. Se habla así de compromiso temporal, o también de compromiso social o social-político, de compromiso por la justicia, de intento de la transformación de la sociedad desde las plataformas políticas y sindicales, de superar los límites individualistas y asistenciales de la caridad cristiana, buscando la promoción integral de las personas y la transformación de las estructuras sociales.

- La práctica de la caridad en la tradición de la Iglesia. Si el ejercicio de la caridad es constante en la tradición cristiana, dada la centralidad evangélica del amor al prójimo, son muy diversas las formas concretas que adopta a lo largo de la historia, según las situaciones culturales e históricas: en la Iglesia apostólica: participación de bienes, caridad organizada hacia las personas pobres, ayuda fraternal, solidaridad entre las Iglesias. En la época patrística: práctica de la caridad individual y de la limosna; trinomio ascético: ayuno, oración, limosna. En las edades media y moderna: formas distintas de beneficencia, de asistencia, de "obras de misericordia"; instituciones a favor de las personas pobres, de las enfermas, de las presas, etc. En la época contemporánea: instituciones y obras de educación, promoción, alfabetización, cooperación, etc.

Es posible señalar ciertos rasgos característicos de este tipo de ejercicio de la "caridad": el carácter prevalentemente individualista, asistencial y estático del ejercicio de la caridad. Se pone remedio a las necesidades de las personas, pero sin encarar las causas estructurales y sociales de tal situación. Las obras de asistencia y beneficencia no inciden en la transformación de la sociedad y no son liberadoras. Se dio la funcionalización (y hasta instrumentalización) de algunas formas de ayuda y de promoción en orden a la consecución de objetivos catequísticos y sacramental-litúrgicos y también, el ejercicio, quizá legítimo en su tiempo, de la suplencia con respecto a la sociedad civil; y la política, a veces necesaria, de oposición y distancia frente a las instituciones civiles.

- La nueva conciencia eclesial. Las profundas transformaciones de la sociedad y el impulso de nuevos estímulos culturales (globalización, conciencia social y política, autonomía del orden temporal, derechos humanos, movimientos de liberación, etc.) han obligado a una seria revisión de la misión eclesial de servicio al mundo y del testimonio de la caridad. Nuevos instrumentos de análisis e interpretación permiten hoy una visión más objetiva de las situaciones y problemas vinculados con la pobreza y la justicia. El desarrollo de la doctrina social de la Iglesia ha ampliado el horizonte del compromiso cristiano y ha creado una nueva sensibilidad hacia las dimensiones de la diaconía.

La reflexión teológica ha profundizado

algunos temas de importancia decisiva para la inteligencia de la diaconía eclesial:

- unidad entre orden de la creación y orden de la redención, entre historia humana e historia salvífica;
- nueva concepción de la salvación, en sentido integral, superando las estrecheses espiritualistas y meta-históricas de la visión tradicional;
- superación de los tradicionales dualismos entre orden "espiritual" y orden "temporal", entre sagrado y profano, entre Iglesia y mundo. Es la opción del Vaticano II por una antropología bíblica existencial que opta por una salvación integral, contra una antropología dualista que lleva necesariamente a dividir entre lo espiritual y lo material, entre la salvación del alma y la condena del cuerpo;
- cuestionamiento del dualismo jerarquía-laicado, que identifica de hecho a la primera con la Iglesia y asigna al laicado las tareas temporales, como algo secundario.

Todo esto ha contribuido a resituar el signo de la caridad y servicio en la entraña misma del quehacer eclesial, no ya al margen o como algo derivado de la actitud de fe. Ha dilatado considerablemente el ámbito de la diaconía, superando los límites individuales y asistenciales, y abriéndose al horizonte de la promoción integral de la persona y de la transformación de la sociedad en sus distintos órdenes: familiar, cultural, social, político, internacional, etc.

Podemos resumir el resultado de esta profunda revisión en estos puntos:

- La promoción integral de la persona y la transformación de la sociedad pertenecen esencialmente a la misión de la Iglesia, que es toda ella "diaconal". Es una exigencia que no afecta sólo al signo de la diaconía, sino sobre todo a la tarea fundamental y objetivo final de la acción pastoral, es decir, al proyecto mismo del Reino de Dios: "La Iglesia al prestar ayuda al mundo y al recibir del mundo múltiple ayuda, sólo pretende una cosa: el advenimiento del Reino de Dios y la salvación de toda la humanidad" (GS 45); "el cristiano que falta a sus obligaciones temporales, falta a sus deberes con el prójimo; falta, sobre todo, a sus obligaciones para con Dios y pone en peligro su eterna salvación" (GS 43).
- La promoción integral de la persona y la transformación de la sociedad son parte constitutiva de la evangelización. Así quedó consignado, en forma decisiva y vinculante, en las palabras del Sínodo de los obispos de 1971: "La acción en favor de la justicia y la participación en la transformación del mundo se nos presenta claramente como una dimensión constitutiva de la predicación del evangelio, es decir, de la misión de la Iglesia para la redención del género humano y la liberación de toda situación opresiva".
- El mundo actual, dominado por la división y la injusticia, es un mundo sometido a "estructuras de pecado" y a mecanismos "que no se puede no calificar como perversos". (Sollicitudo rei socialis 36-17.)
- La evangelización exige hoy la opción preferencial por las personas pobres, que son las primeras destinatarias de la misión y poseen un gran potencial evangelizador (Puebla 1142. 1147).
- El nuevo rostro de la diaconía eclesial. De este conjunto de reflexiones emerge un rostro renovado de la caridad de la Iglesia, los nuevos rasgos del signo de la diaconía:
- Horizonte universal: la diaconía no es sólo una tarea intra-eclesial (dirigida a los miembros de la Iglesia), sino que es servicio al mundo, dirigido a todas las personas "sin distinción de raza, condición social o religión" (AG 12), especialmente a las más pobres y necesitadas (ibíd.). Debe extender su radio de acción a todos los niveles de responsabilidad: personal, familiar, social, cultural, económico, político, internacional.
- Estilo evangélico: la diaconía eclesial debe presentar los rasgos evangélicos y traducirse en solidaridad, servicio, liberación, amor universal (cf. AG 12). Es un amor que prefiere

a las personas pobres y se identifica con ellas, no en sentido paternalista (ayuda a las personas pobres), sino como reconocimiento de su dignidad humana y de su protagonismo histórico y eclesial.

- El compromiso eclesial debe respetar la específica inspiración cristiana. La comunidad cristiana confiesa su identidad no en las obras realizadas, que puede tenerlas en común con personas no cristianas, cuanto por las motivaciones e ideales que la inspira y la función crítico-profética de la fe en el interior de la praxis histórica. Todo esto respetando la autonomía de lo temporal y la variedad de competencias, en un clima de diálogo y colaboración.
- Corresponsabilidad comunitaria: el testimonio de la caridad no puede dejarse exclusivamente a la iniciativa privada o la buena voluntad de algunas personas. Es toda la comunidad eclesial la que debe sentirse sujeto responsable de la diaconía, sin que esto excluya la participación de grupos o miembros "especializados". Y si algunas actividades exigen la labor de personas con competencias o dotes especiales, éstas deben poder contar con el sostén y solidaridad de la comunidad.
- Plena dignidad pastoral y evangelizadora del compromiso cristiano: la diaconía no debe reducirse a mero instrumento en función de otros objetivos pastorales considerados más importantes (como la catequesis o la frecuencia de los sacramentos). Los actos del compromiso eclesial pertenecen de por sí a la misión pastoral de la Iglesia y son ellos mismos acciones pastorales, en cuanto signo y testimonio de los valores del Reino.
- Signo de autenticidad evangelizadora: el carácter central del mandamiento del amor confiere a la diaconía una cierta prioridad en las funciones pastorales. El servicio al hermano/a es la premisa para que funcionen las demás expresiones de la vida de la comunidad; es el criterio de su autenticidad.

Esta descripción del signo de la diaconía justifica el desplazamiento de una pastoral prevalentemente cultural y "religiosa" a una opción evangelizadora desde la promoción integral de la persona.

- Comunidad cristiana y acción política. En sentido amplio se puede llamar "política" toda forma directa o indirecta de participación en la promoción del bien común y en el ejercicio del poder, por medio de distintas formas de presencia y actividad (educación, acción cultural, opinión pública, actividad pastoral, servicio social, etc.).

Hoy día se pondera mucho la importancia de la acción política para la transformación de la sociedad y para el futuro de la convivencia humana. La visión del ser humano y de la historia se ha transformado. De una actitud de contemplación pasiva y resignada, se ha pasado a la convicción de que la situación y el futuro del mundo son realidades que es posible proyectar y construir.

Los momentos de un correcto proceso metodológico del quehacer político son: conocer bien la situación social y política en que se vive, aplicando adecuados instrumentos de análisis e indagando las causas estructurales subyacentes; interpretar y enjuiciar la situación a la luz de la fe; cumplir con valentía el deber de la denuncia profética de los aspectos deshumanizantes del orden social o político, ejerciendo también la autocrítica, a la luz de los criterios evangélicos, de las propias instituciones y actividades; participar activamente en la acción política, respetando la justa autonomía de la esfera temporal y aportando al mismo tiempo el estilo propio de las personas discípulas de Cristo.

3. La realidad desafía la vocación "servidora" de la Iglesia

Nuestra sociedad está caracterizada por una serie de condicionamientos y situaciones que revelan la existencia de profundos cambios y de un dinamismo acelerado difícil de gestar y controlar. Esta realidad desafía la vocación "servidora" de la Iglesia.

La globalización—mundialización: vivimos en una sociedad, no en una economía. El mundo es una aldea. Las interrelaciones se han hecho más estrechas. Caracteriza el momento presente un estado de desarrollo planetario sin barreras, donde todo está próximo, accesible, donde la comunicación es abierta y donde las solidaridades y las interdependencias se acrecientan. La globalización es un proceso de naturaleza política, económica y cultural por la cual las políticas nacionales tienen cada vez menos importancia y las políticas internacionales cada vez más. La actual oleada de la "globalización" tiene un carácter parcial al ser sobretodo financiera y mutilada, al no llegar a todo el mundo. Prioriza las soluciones de mercado a la hora de dar respuesta a los problemas económicos y sociales. En realidad, lo que se universaliza es la cultura del primer mundo, sin apenas la posibilidad de autodefensa por parte de las culturas y economías locales.

La solidaridad entre los pueblos pide la condonación de la deuda externa de los países más pobres, la regulación del flujo de capitales; el derecho a la salud de los pueblos; una renta básica de ciudadanía, la internacionalidad de la justicia. La globalización, (des-) orden económico internacional, tiene que ir unida a unos principios de justicia social, y la economía mundial tiene que estar enmarcada en un nuevo bienestar social, en unas nuevas normas y condiciones medioambientales.

La fase histórica en la que se creía que el mercado era la única solución para todo, ya ha terminado. Aumenta el conservadurismo y se reduce el grado de mundialización. Renace el nacionalismo económico. El sentimiento de inseguridad, que tenía un carácter regional, tiende a mundializarse.

El pueblo hispano representa las consecuencias negativas de este proyecto neoliberal: no es pobre, es empobrecido, excluido y marginado. Muchas personas tienen que emigrar porque el sistema económico les afecta en su tierra y EU es causa importante de esta realidad. Y aquí: trabajo sumiso y barato. Son las nuevas personas esclavas en la sociedad más rica del mundo. La comunidad hispana tiene un mejor ingreso que en su tierra, pero no una mejor calidad de vida. Gran número no goza de los servicios de salud y los crecientes costos de los servicios médicos impulsan a soluciones caseras, espiritistas o, las personas que pueden salir del país, van a las ciudades de frontera. La comunidad hispana es trabajadora, pero más de la mitad de su ingreso se va en la vivienda. Por eso tienen que vivir varias familias en una misma casa o vivir en los garajes. Se necesitan de dos a tres trabajos para medio vivir. En las campañas electorales, las necesidades de la comunidad hispana (salud— educación— vivienda—trabajo) no se mencionan. La comunidad hispana no cuenta.

Interculturalidad. El área en que vivimos constituye el prototipo de lo que será el futuro de la humanidad: multicultural. Los grupos étnicos no viven por separado, se inter-relacionan por eso se hablar de inter-culturalidad. El proceso de globalización expresado en la cultura dominante, involucra todos los aspectos de la vida social: economía, política, cultura, educación, comunicación, información, religión etc. El aspecto más profundo es el que penetra en la misma identidad de las personas y los pueblos provocando la colonización cultural, educativa y religiosa. Este proceso cuenta con los medio de presión que le brinda el poder económico y político. Los regímenes liberales pretenden imponerla con la persuasión, y en el nombre de la razón y la ciencia. Ellos aspiran a conquistar la "hegemonía", es decir, una superioridad intelectual y moral libremente reconocida por el pueblo.

En la sociedad en que vivimos, se proclama la distinción entre dos clases de personas: las que han nacido para liderar y las que han nacido para depender, y, dado que la ley de la economía es la "competencia", las relaciones interpersonales están determinadas por la ley de la "agresividad". La motivación más eficaz es el egoísmo y la voluntad de prevalecer sobre las demás. En este contexto, pensar que la solidaridad pueda ser motivación eficaz es una ilusión fatal que puede determinar el fracaso de una economía.

El desarrollo científico y tecnológico. La "información" está modificando el panorama mundial con gran celeridad y provocando cambios sociales radicales. La información-comunicación es determinante en la comprensión de la persona del tercer milenio. Las nuevas tecnologías son uno de los instrumentos esenciales con que cuenta la globalización para expandirse y conseguir sus objetivos a nivel planetario. Tríada: globalización—nuevas tecnologías—sociedad de la información. El rico mundo de la comunicación mundial forma la sociedad de la información.

Mesa nitendo, computadora-internet, telefonía móvil, canales de radio-televisión digitales, soportes informáticos en forma de CD...nos encontramos en plena revolución multimedia. Esta revolución está transformando el homo sapiens, producto de la cultura escrita, en un homo videns, para el cual la palabra ha sido destronada por la imagen, la primacía de lo visible sobre lo inteligible. Todo ello nos conduce a una cultura del "pos-pensamiento", al triunfo de lo audiovisual, de lo digital. Los/las jóvenes encabezan esta nueva revolución. El mundo nuevo que está naciendo reclama una seria reflexión y diálogo. La red digital ya se está convirtiendo en una de las bases más importantes de creación de riqueza. La anterior economía industrial, basada en el acero o en la industria del automóvil, ha dejado paso a la cibernética, donde el conocimiento es más importante y decisivo que la mano de obra. La red está afectando a todas las áreas o dimensiones de nuestra vida cotidiana. Las normas sociales, las leyes, las instituciones, el modelo educativo y las costumbres resultan inadecuados e inapropiados para la nueva era.

En la comunidad hispana la vida es comunicación. El uso de los media limita la comunicación en los miembros de la familia, introduce patrones de juicio en pugna con la cultura y educación recibida, crea confusión y crisis de identidad, de pertenencia y de fe.

Desplazamiento. Las telecomunicaciones y el abaratamiento de los transportes, la globalización de los mercados ha producido un movimiento de masas. Más claramente: el hambre creada por el sistema económico mundial empuja la gente a buscar donde y como sobrevivir. Nuevas tensiones: miedo a lo diferente, que se traduce en rechazo al "otro", da lugar al racismo y a la xenofobia y está muy relacionado con la inmigración. Se trata de un sentimiento casi compulsivo. La alternativa a estos sentimientos alimentados por toda clase de estereotipos e incluso por las leyes restrictivas de los derechos de los inmigrantes, es la interculturalidad. La inmigración revela la otra cara de la humanidad: la condición de persona pobre y extranjera.

La comunidad hispana es abusada en su proceso migratorio y sufre las olas de auténtico racismo. La policía estatal actúa como si fueran agentes de inmigración usando métodos discriminatorios de perfil racial. Según la ONU la población mundial se estabilizará en 10.200 millones dentro de 100 años. El 98% del crecimiento tendrá lugar en los países pobres. Es inevitable que la gente vaya donde pueda vivir y ninguna ley, por muy represiva que sea, podrá frenarla. Por eso la migración será continua. La comunidad hispana sufre la inestabilidad e inseguridad del mercado, sufre el debilitamiento del trabajo frente al capital. Se gastan billones en la guerra, para ir a Marte, en las clínicas para animales...y se recortan los presupuestos para la salud y la educación de las personas pobres. El mercado laboral no favorece a la gente hispana: el trabajador/a hispano/a (aún después de tres generaciones de vivir en EU) es rezagado/a en cuanto a los salarios y beneficios en parte debido a su impreparación en el sector tecnológico.

Ecumene de las religiones. Se constata la enorme influencia que las religiones siguen ejerciendo en la conducta de gran cantidad de seres humanos y de la marcha de la humanidad. Las religiones llegan a un consenso sobre el diagnóstico de la enfermedad que aqueja hoy a la humanidad: la crisis radical que atraviesan la economía, la política y la ecología. Visualizan los dramáticos enfrentamientos entre los pueblos, las clases sociales, las razas, los sexos y las mismas religiones. Las denuncias se centran en el mal uso de los ecosistemas del planeta, en las desigualdades económicas y en el desorden social, tanto nacional como internacional. Los compromisos se centran en el trabajo y la lucha por una cultura de la no-violencia y del respeto a la vida; por una cultura de solidaridad, que desemboque en un nuevo orden mundial más justo; por una cultura de la tolerancia; por una cultura de igualdad entre mujeres y hombres, dentro del respeto a las diferencias.

El resurgimiento de lo religioso se traduce con frecuencia en manifestaciones irracionales e intolerantes: dogmatismo e integrismo, fundamentalismo y fanatismo, rigorismo moral y disciplinar, discriminación de género, limpiezas étnico-religiosas, práctica del terrorismo en nombre de Dios, procesos inquisitoriales contra las personas creyentes "heterodoxas"; anatemas contra las infieles, etc.

Los profundos cambios de la juventud y familia. En una sociedad post-moderna y neoliberal la familia es nuclear, privatizada, plural y funcional. Son familias en la que suele haber poco tiempo para la convivencia y el diálogo. Por eso se habla de familias funcionales, muy flexibles y adaptables a lo que el mercado de trabajo o las modas culturales reclaman. Familias muy influenciada por los medios de comunicación social. La TV ordenadores y video se convierten en niñera y hasta su principal educador/a. Ante la crisis social y estructural, la familia le tiene miedo al futuro. Se valora mucho la búsqueda de calidad de vida. Aumentan los estilos de familias: madres solteras, separados/as y divorciados/as, viudos/as, homosexual o lesbiana.

Muchos barrios donde viven los/las jóvenes hispanos/as están asolados por la violencia, cuyas causas son muy diversas: el narcotráfico, la inestabilidad familiar, las tensiones raciales, la presión de los compañeros, la actividad de las pandillas, las expectativas de la sociedad, la inercia del sistema policiaco y de las instituciones sociales. Esta violencia fomenta actitudes defensivas y agresivas, dificulta su educación escolar e impide su participación en actividades sanas. Se experimenta una perdida de identidad. A partir del 2015 la comunidad hispana tendrán la distinción de poseer el menor porcentaje de personas jóvenes graduadas de escuelas superiores entre los grupos étnicos del país. La calle será lugar privilegiado de educación y formación. La juventud hispana representa el desafío más fuerte para la Iglesia. Es donde la Iglesia manifiesta su capacidad de recrearse para servir en la construcción de una persona y sociedad nueva.

El deterioro ecológico. Hoy ninguna persona consciente puede ignorar que estamos destruyendo los diferentes ecosistemas de la tierra como consecuencia de los recursos que les robamos y los elementos contaminantes que vertemos sobre ellos. Si no tomamos medidas radicales, tendrá lugar una catástrofe planetaria. Pretender con unos recursos finitos, un crecimiento indefinido conduce necesariamente al colapso. Problemas ecológicos y retos a resolver: la contaminación ambiental, la súper población, la extenuación de los recursos, la carrera armamentista.

La opción preferencial por las personas pobres. A mediados del 1900 nace una nueva sensibilidad social: la humanidad empieza a tomar conciencia de las diferencias que separan los pueblos. Los adelantos técnicos y la acumulación de capital han producido un crecimiento económico desconocido: los recursos disponibles para satisfacer las necesidades humanas van en aumento, así como el nivel de bienestar social.

Este bienestar está muy desigualmente repartido. Si esto ya estuvo en la base del conflicto capital-trabajo en las sociedades industrializadas, ahora aparece de forma más grave en los contrastes entre mundo desarrollado y subdesarrollado. Mientras el nivel de bienestar de las clases trabajadoras industriales crece siempre más, en los países del tercer mundo las grandes mayorías se hunden en una miseria cada día más honda.

El contacto directo con la pobreza abrió los ojos a muchas personas creyentes para una nueva lectura de la Biblia, lo que llevó a tomar partido en favor de las personas pobres y en contra de las causas estructurales de la pobreza. En Medellín, la Iglesia Latinoamericana descubre su gran desafío: la pobreza creciente. La situación de injusticia social, que es fuente de tanta indigencia y miseria inhumanas, actúa como un revulsivo que exige a la Iglesia del continente replantear su actitud ante la pobreza.

En el sínodo de 1971 sobre la justicia en el mundo, la pobreza es ante todo injusticia. Se vive la contradicción entre el clamor de las personas pobres y el plan creador. Esta experiencia lleva a una nueva concepción de la justicia. Juan Pablo II trasmuta la justicia en solidaridad. La solidaridad es la clave de un sistema de valores alternativo al de la competitividad. La competitividad hace del otro un enemigo, la solidaridad lo convierte en algo propio y objeto de mi propia responsabilidad. Un mundo solidario sería un mundo más coherente con los planes del Creador. Este es el sentido último, y específicamente cristiano de la preocupación por la justicia. Las personas pobres pertenecen a la Iglesia por derecho divino (Paulo VI). Si alguien se adelantó a tomar partido abiertamente por las personas pobres fue el Dios de Israel. Ese es el camino de Jesús. Esta es la identidad y compromiso de la Iglesia.

4. Espacios y formas de servicio social

Espacios de "servicio"

Espacios sociales. Espacio social es cada una de las áreas donde el ser humano desempeña su actividad, en el que puede optar por construir o destruir, desvincularse o comprometerse en la construcción de una sociedad más justa y humana. La participación de la persona cristiana en la construcción de la sociedad se realiza en todas las esferas de lo humano.

Espacio antropológico cultural. Este espacio se relaciona con el ser humano como sujeto, que tiene dignidad, derechos y obligaciones, y pertenece a una sociedad y a una cultura concretas. Es punto de partida de la acción cristiana en el mundo que privilegia:

- la persona y la comunidad;
- el matrimonio y la familia, como estructura de madurez tanto humana como religiosa;
- la sociedad, como marco ético en el cual es posible la convivencia en la justicia;
- la educación, como fundamento del desarrollo personal y social;
- la cultura y los modelos de conducta de cada sociedad o grupo humano.

La persona es sujeto de derechos inalienables y sagrados, entre los que destacan el derecho a una vida digna, el trabajo justamente remunerado, la vivienda, los servicios de educación y salud...

Espacio socio-económico. Por espacio socio económico entendemos el ordenamiento de los bienes destinados a cubrir las necesidades de la persona. Este espacio juega un papel importante en la vida familiar, nacional e internacional para el desarrollo y la igualdad entre las personas. La comunidad cristiana tiene en cuenta este factor económico para:

- urgir un ordenamiento global de la economía que esté al servicio de todas las personas en general y de las pobres y marginadas en particular;
- reducir las desigualdades que atentan contra la dignidad humana y desvinculan a la persona de su trabajo y de sus frutos legítimos: pocas personas tienen mucho y muchas carecen de lo más fundamental para subsistir;
- superar las reducciones economicistas y liberales de algunos sistemas económicos, orientados al servicio de la acumulación del capital y de las riquezas, prescindiendo de la función social de éste y de la propiedad;
- alterar y modificar el sistema de desequilibrio que padece fundamentalmente la persona trabajadora de la industria y del campo;
- reformar las estructuras económicas que atenazan la organización cívico-política del ciudadano/a, e imponen prioridades económicas, sobre otras necesidades humanas.

Espacio socio-político. El espacio socio-político abarca el conjunto de las relaciones humanas que se expresan por medio de organizaciones que orientan el ordenamiento y organización de los Estados y naciones. En este terreno, el compromiso cívico adquiere un especial valor como instrumento de reforma, por lo que adquiere mucha importancia la participación activa de la persona en las asociaciones, en los sindicatos, en las asociaciones profesionales, en los partidos políticos...

La persona cristiana debe participar en la vida pública a fin de lograr la justicia tanto por parte de los poderes que configuran el Estado, como del mismo entramado social. La comunidad cristiana es sensible particularmente a:

- que sean reconocidos los derechos políticos y ciudadanos de todas las personas sin excepción;
- la legitimidad social de los regímenes políticos, ya que en la opresión o la privación de la libertad no es posible la convivencia armónica;
- la organización democrática de los poderes públicos;
- la promoción de la paz y la condena de la guerra; una paz basada en la justicia, que abarca todos los ámbitos de la vida, rechaza las filosofías belicistas que inspiran el armamentismo, los regímenes de Seguridad Nacional, y el enriquecimiento a costa de la fabricación y venta de maquinaria bélica;
- la promoción del diálogo entre las partes en conflicto, fortaleciendo los organismos que promueven la paz y la cooperación para la convivencia.

Espacio religioso. Llamamos espacio religioso a la realidad humana iluminada por la revelación cristiana, de modo especial en la persona de Jesús, que lleva a la comunidad cristiana a proclamar:

- la dignidad e igualdad de todas las personas por el hecho de ser creadas por Dios;
- los derechos humanos básicos de los individuos y de los pueblos que garantizan su desarrollo conforme al proyecto de Dios;
- la responsabilidad y participación activa en la historia social como respuesta a la llamada de Dios a colaborar con él en el desarrollo y perfección de la obra de la creación;
- la grandeza de la libertad, que alcanza a todos los estratos de la persona y de la sociedad, desde las actitudes personales hasta la superación de los escollos de la estructura social que impiden al ser humano vivir en libertad y ser libre.

Diversas formas de compromiso social

Cada cristiano/a, consciente de su situación concreta, de su particular vocación y aptitudes, como respuesta a la llamada de Jesús, puede adoptar diferentes opciones, entre las que destacamos: el testimonio de vida y la participación en asociaciones civiles y eclesiales.

El testimonio de vida. La actuación coherente del cristiano con la fe que profesa, es una forma concreta de compromiso social. La manera de situarse y obrar en el trabajo profesional, en la vida familiar, en las administraciones de los bienes y la utilización de los recursos económicos, en la enfermedad, en la injusticia, en el dolor, en la muerte…son cauce para la humanización de la vida social. No en vano "el hombre contemporáneo escucha más a gusto a los que dan testimonio que a los que enseñan, o si escuchan a los que enseñan es porque dan testimonio" (EN 41). La transformación social se inicia ya en el cristiano/a que, convertido/a a los valores del Evangelio, rehace sus actitudes profundas y sus relaciones con las demás personas y con las realidades materiales.

Participación en asociaciones civiles y eclesiales. Sistematizamos en tres momentos el servicio (diaconía) que presta la comunidad cristiana al mundo para contribuir a la liberación integral de las personas y de los pueblos:

- momento asistencial o de acogida, en el que se trata de dar respuesta a necesidades urgentes de las personas, proporcionándoles, temporalmente los medios básicos de subsistencia;
- momento de promoción, en el que se pretende capacitar a las personas o grupos para que, desarrollando sus propias habilidades y virtudes, consigan vivir de manera digna;
- momento de transformación de las estructuras, que tiene como objetivo modificar la trama social que genera la pobreza y la injusta desigualdad social. Este momento se lleva a cabo mediante: la denuncia de las situaciones injustas, la colaboración y participación de las personas cristianas en todas las acciones que busquen el bien común y la defensa de las más débiles.

Síntesis

- Ante la demanda de sentido y experiencia del mal, la comunidad cristiana, por medio del anuncio de Jesús de Nazaret, revela el amor del Padre e inaugura la venida del Reino. Es testimonio desinteresado, de la palabra libre, encarnada y valiente, llena de la fuerza profética. El signo de la martyría o función profética (primer anuncio, catequesis, predicación, reflexión teológica) brilla en el mundo como anuncio liberador y clave de interpretación de la vida y de la historia.

- Dios se revela con hechos y palabras y "la evangelización se realiza con obras o palabras..., es enseñanza y compromiso" (DGC 39). Es artificial disociar doctrina y vida, como si se tratara de dos realidades alternativas o contrapuestas. El evangelio es anunciado con la palabra y con el testimonio de las obras, frutos ambos de la experiencia de la fe.

- El "servicio" define a la comunidad de los discípulos de Jesús: la vida es servicio y un servicio hasta la entrega de la propia vida. El signo de la diaconía, con su carga evangelizadora y su riqueza de expresiones (amor, servicio, promoción, liberación, solidaridad), responde al deseo de hallar una alternativa a la lógica de dominio y egoísmo que envenena la convivencia humana. La comunidad cristiana está llamada a manifestar un nuevo modo de amar y de servir. A la preferencia tradicional por la acción religioso-cultual sucede la prioridad del servicio y la solidaridad con las personas pobres, como compromiso histórico por la liberación integral de las personas.

- Nuestra sociedad está caracterizada por una serie de condicionamientos y situaciones que revelan la existencia de profundos cambio. Esta realidad desafía la vocación "servidora" de la Iglesia.

- Espacio social es cada una de las áreas donde el ser humano desempeña su actividad, en el que puede optar por construir o destruir, desvincularse o comprometerse en la construcción de una sociedad más justa y humana. La participación se realiza en todas las esferas de lo humano. Donde hay una persona o una comunidad humana, allí hay un espacio para el amor, la entrega y el servicio.

Tarea

1. Hay varios grupos que van "evangelizando". Toma en consideración dos de ellos y describe las diferentes maneras de entender la evangelización.
2. Se dice que el mejor texto de catequesis es la persona del catequista. Explica: catequesis, catequista y testimonio.
3. Menciona cinco problemas sociales graves que nos desafían. ¿Cómo deberíamos responder desde el Espíritu de Jesús?
4. ¿Debemos los católicos meternos en política? ¿Por qué?

Conclusión

Es la madrugada de un día de verano. Unas personas amigas decidimos subir a la montaña. Dejamos Los Angeles, cruzamos el desierto de Mojave y avanzamos hacia Bear Valley…hacia la montaña…siempre más hacia la montaña.

Cuanto más subíamos, percibíamos que un aire fresco y ligero nos envolvía y nos llevaba lejos…siempre más lejos.

Nos quitamos las sandalias, y encontramos en la persona de lado una mano amiga que aceptaba nuestra confusión y alegría. Lo pusimos todo en común y en aquel terreno sagrado, en aquel partir el pan de nuestra vida, reconocimos al Señor.

Él nos inició al misterio del "subir" y nos fue enseñando los secretos que esconde la montaña. Nos enseñó a volar, a volar alto, hasta hacernos regalo de nuestras propias vidas.

Volvimos a Los Angeles y abrimos una agencia de viajes. Nos está yendo muy bien. Nuestra especialidad es: organizar excursiones a la montaña.

No hay descuentos en los boletos, pero garantizamos la plena satisfacción del viaje. Las salidas son frecuentes….Ven, es tu oportunidad.

Luigi y el equipo de maestras y maestros de catequistas de Los Angeles, California.

Notas